Theobald von Bethmann Hollweg

Betrachtungen zum Weltkriege

2. Teil: Während des Krieges

EHV
HISTORY

Theobald von Bethmann Hollweg

Betrachtungen zum Weltkriege

2. Teil: Während des Krieges

ISBN/EAN: 9783955643430

Auflage: 1

Erscheinungsjahr: 2013

Erscheinungsort: Bremen, Deutschland

EHV
HISTORY

Th. von Bethmann Hollweg

Betrachtungen zum Weltkriege

2. Teil

Während des Krieges

1 9 2 1

Verlag von Reimar Hobbing in Berlin

Das Manuskript dieses zweiten Bandes befindet sich bereits
seit dem Monat Januar in unseren Händen. Die Heraus-
gabe hat sich verzögert, weil der Verlag auf Grund früherer
von ihm getroffener Vereinbarungen mit dem Verlag der
fremdsprachlichen Ausgaben genötigt war, auf den Er-
scheinungstermin dieser Ausgaben Rücksicht zu nehmen.

Berlin, den 15. September 1921

Reimar Hobbing

Vorwort.

Mein Vater hatte seine Arbeiten an diesem zweiten Teile seiner Betrachtungen zum Weltkriege nahezu abgeschlossen, als ihn eine jähe Krankheit überfiel und dahinraffte. Ich übergebe das Manuskript in dem nicht völlig fertigen Zustande, in dem ich es vorfand, der Öffentlichkeit, ohne Änderung und Hinzufügung.

Es fehlt ein noch geplantes Kapitel über die Eigenart des Koalitionskrieges, unser Verhältnis zu den Bundesgenossen, den Kriegseintritt Italiens und Rumäniens. Der Abschluß des ersten Kapitels — eine Betrachtung zur Schuldfrage — wurde als seine letzte Arbeit in der Woche vor seinem Tode geschrieben und ist unvollendet geblieben. Eine abschließende Betrachtung zum zweiten Bande — das an den Schluß des letzten Kapitels gestellte Stück — ist Entwurf, dessen Überarbeitung und Beendigung mein Vater sich für die nächsten Tage vorgenommen hatte.

Das Buch enthält nichts, was mein Vater nicht selbst für den zweiten Band seiner Betrachtungen bestimmt hätte. Von den übrigen von ihm hinterlassenen Entwürfen, Aufzeichnungen und Materialien habe ich nichts aufgenommen. Hinweise auf Ergänzungen, die mein Vater nach Notizen und Bemerkungen in der Darstellung der Krisis vom Juli 1917 noch vorzunehmen beabsichtigte, sind aus Anmerkungen ersichtlich, die von den von meinem Vater selbst geschriebenen Fußnoten durch den Druck unterschieden und mit d. H. bezeichnet sind.

Hohenfinow, 14. Januar 1921.

Felix von Bethmann Hollweg.

Inhalt.

Seite

Vorwort V

1. Umrisse   1

Das Versailler Dokument und der deutsche Verteidigungskrieg. — Der Geist von 1914. — Der Wert der Gesamtleistung.
— Die erdrückende Übermacht der Koalition. — Die Bedeutung
Amerikas. — Die Großtaten des deutschen Volkes: ein Erbschatz der Nation.

Der Feldzugsplan und die politische Leitung. — Der Kriegs-
plan der Marine. — Der sofortige Einsatz der Flotte. — Der
Verlauf des Krieges bis 1917. — Die militärischen Notwendig-
keiten bestimmend für die Kriegführung. — Selbstbehauptung,
Ziel und Sinn des politischen und militärischen Handelns. —
Die Siege in Rußland und ihre Beziehung auf die anderen
Fronten. — Die politischen und militärischen Aufgaben am
Balkan. — Rumänien. — Amerika. — Die Gefahren der Lage.

Der Zusammenhang der Kriegsaufgaben. — Die Meisterschaft des Generalstabes, die Leistung des Heeres. — Die Trag-

weite unserer Offensiven. — Die Unmöglichkeit schneller Entscheidung. — Bedeutung der Selbstbehauptung.

Der Kaiser und seine Beurteilung der Lage. — Sein Wollen und sein Ziel.

Der Kaiser und die Armee. — Die Einwirkung des Hauptquartiers. — Herr v. Valentini. — Der Zugang zum Kaiser. — Zur Charakteristik des Kaisers. — Seine Stellung zum Kriegsziel und zu den inneren Reformen.

Die Volksstimmung und die Kriegsereignisse. — Die Kriegszielfrage. — Wandlung der Stimmung. — Annexionisten und Defaitisten. — Die Armee. — Siegeszuversicht nicht durch Eroberungsziele bedingt. — Die Kriegsziele und das wirkliche Wollen der Nation.

Neuorientierung. — Die inneren Gegensätze. — Die Bedeutung der unteren Schichten. — Die Politik der Diagonale. — Der innere Grund des Gegensatzes.

Heerführung und Politik. — Notwendigkeit politischer Mitarbeit militärischer Instanzen. — Belagerungszustandsgesetz und die stellvertretenden kommandierenden Generale. — Der Übergriff des Militärs in die Politik. — Gefahr der Parteinahme gegen die Staatsleitung.

Die Beziehungen zwischen der politischen Leitung und der Obersten Heeresleitung zur Zeit des Generals von Falkenhayn. — Militärische Unstimmigkeiten. — Der Wechsel in der Obersten Heeresleitung. — Hindenburg. — Anteil des Reichskanzlers an seiner Berufung. — Ingerenz des Generals Ludendorff auf die Politik. — Streben nach militärischer Diktatur trotz unbeschränkter Freiheit der Kriegführung. — Verlangen der politischen Unterordnung.

Das Vertrauen der Nation und die Machtstellung der Heerführer.

Friedensmöglichkeiten. — Negatives Resultat aller Sondierungen bis zum Frühsommer 1917. — Verständigungsbereitschaft und Kriegsleidenschaft. — Die Friedensmöglichkeit im Sommer 1917.

Das Versagen der deutschen Auslandspropaganda und seine Gründe. — Die Abneigung gegen die Deutschen. — Die Schlagworte der Gegner. — Ihre Wirksamkeit und ihre Grenzen. — Die Nachwirkungen der feindlichen Propaganda und ihrer Unwahrhaftigkeit.

Die Schuldfrage. — Ihre Bedeutung für Gegenwart und Zukunft. — Die russisch-serbische Expansionspolitik. — Englands Haltung zur russisch-serbischen Politik. — Rußlands Ziele im Orient. — Deren Verfolgung um den Preis des allgemeinen Krieges. — Französische Unterstützungen. — Die Balkanwirren. — Poincaré. — Der Balmoral-Brief. — Benckendorff über Frankreichs Stellung zu Krieg und Frieden. — Folgerungen. — Der russische Ministerrat vom 31. Dezember 1913/13. Januar 1914. — Die Konferenz vom 8./21. Februar 1914. — Ergebnisse. — Die russische Generalmobilmachung. — Zeugnisse für ihre Bedeutung. — Die Motive für die deutsche Kriegserklärung. — Notwendigkeit des offensiven Verteidigungskrieges.

2. Polen 85
Die Vorwürfe gegen die Polenpolitik der Mittelmächte. — Bismarcks Äußerung zu Hohenlohe. — Die polnische Frage

und die Teilungsmächte. — Das Polenmanifest. — Praktische Erwägungen. — Stärke der polnischen Selbständigkeitswünsche. — Mangel natürlicher Sympathie. — Die österreichischen Pläne. — Kritik der austro-polnischen Lösung. — Erträglichste Lösung ein selbständiges, mit Deutschland eng verbundenes Polen. — Die Wiener Abmachungen vom 11./12. August 1916. — Die Stellung des Militärs. — Die Anschauungen des Generalgouverneurs. — Beurteilung der russischen Friedensmöglichkeiten. — Drängen der Obersten Heeresleitung auf Erlaß des Manifestes. — Zustimmung des Reichskanzlers. — Völlige Übereinstimmung zwischen politischen und militärischen Stellen. — Polen und die Entente. — Der Beschluß vom 18. Oktober.

Hat das Polenmanifest den Frieden vereitelt? — Russische Ablehnung aller Sonderungen seit 1915. — Stellung des Zaren gegen Separatfrieden. — Die Macht der russischen Kriegsparteien. — Die Stockholmer Besprechungen. — Sassonows Sturz. — Keine Änderung der russischen Kriegspolitik. — Innere und äußere Politik in Rußland. — Die Einwirkungen der Westmächte auf die russische Politik. — Ergebnisse.

3. Der Ubootkrieg .   . 107

Die ersten Phasen. — Die Gefahr von Verwickelungen mit Amerika. — Notwendigkeit des Lavierens. — Die Haltung des Präsidenten Wilson. — Die Note vom 23. Juli 1915. — Verschiedene Sprache gegen Deutschland und gegen England. — Die deutsche Sussexnote. — Die Äußerung des Obersten House zum deutschen Botschafter. — Die kommerzielle und finanzielle Bindung Amerikas. — Fazit der beiden ersten Jahre.

X

Stellung des Admiralstabes 1915 und 1916. — Standpunkt der Obersten Heeresleitung. — Änderung ihrer Haltung 1916.

Stellung des Reichskanzlers. — Ihre Begründung. — Entscheidung des Kaisers vom 4. März 1916. — Falsche Behauptungen über Abschließung des Kaisers. — Das Ubootinterview des Admirals v. Tirpitz. — Seine Autorität und die öffentliche Meinung. — Demagogische Methoden der Propaganda. — Marine und Presse. — Rücktritt des Großadmirals v. Tirpitz. — Parteien der preußischen Rechten gegen die Reichsleitung. — Die öffentliche Meinung noch ohne Einfluß auf die Entscheidungen von 1916, aber als psychologischer Faktor bedeutungsvoll.

Abweisung des Versäumnisvorwurfs.

Ubootkrieg und Wechsel in der Obersten Heeresleitung. — Die Verhandlungen vom 31. August 1916. — Schwenkung des Zentrums. — Neue parlamentarische Lage. — Entscheidung in der Hand der Obersten Heeresleitung. — Die Telegramme vom 22. bis 26. Dezember. — Der 9. Januar. — Die Grundlagen der Entscheidung. — Die außerpolitische Lage. — Die Frage des Rücktrittes. — Die Gründe für das Bleiben des Reichskanzlers. — Der Vortrag beim Kaiser. — Schlußbetrachtung.

4. Wilsons Friedensaktion und das Friedensangebot der Mittelmächte   141

Die drei Themen der Wilsonschen Politik. — Wilson weder Hort des Völkerrechts noch neutral. — Vereitelung seiner Friedensmission durch seine Abhängigkeit von der Entente. — Die zwanzig Punkte des Senators Stone.

Unpopularität einer amerikanischen Friedensvermittlung. —
Gespräche des Reichskanzlers mit House und Gerard. — Wilsons
zaudernder Charakter. — Die militärische Lage im Sommer
1916. — Gerards Reise nach Washington. — Sein Mangel an
Orientierung. — Die Gründe des deutschen Friedensangebotes.
— Akademischer Charakter von Kriegszielprogrammen. —
Die Formulierung des deutschen Angebotes. — Der Zeitpunkt. —
Wilsons weiteres Zaudern. — Beschleunigung seines Schrittes
durch das deutsche Angebot.

Erste Wirkung des deutschen Friedensangebotes. — Offizielle Antwort. — Die Folge.

Die ungenützte Situation im November. — Wilsons Frie-
densnote vom 19. Dezember und die Antwort der Entente. —
Die Kongreßbotschaft vom 22. Januar. — Graf Bernstorffs
Telegramm vom 27. Januar. — Bewertung der Lage. — Der
Bruch. — Das Kreuzverhör im Senat.

5. Das erste Halbjahr 1917   . 167
Gründe für das Verbleiben des Reichskanzlers im Amte. —
Der Geschäftsverkehr mit der Obersten Heeresleitung. — Der
Ansturm der Gegner im Innern.

Zwölfkommißgesetz. — Spaltung der Sozialdemokraten. —
Wirtschaftliche Schwierigkeiten. — Herrenhaus gegen Reichstag. — Rede im Abgeordnetenhause vom 14. März. — Ausbruch der russischen Revolution.

Wirkung der russischen Revolution auf die inneren deutschen
Verhältnisse.

Wahlrecht und Parlamentarisierung. — Die Stellung Preußens zum Reich. — Die Schwierigkeiten der Parlamentarisierung.

— Blick auf die gegenwärtigen Verhältnisse. — Die Thronrede vom 13. Januar 1916. — Reichstagsrede vom 27. Februar 1917. — Heranziehung der Parlamentarier. — Reichstagsdebatte vom 29. März 1917. — Verfassungsausschuß.

Verringerung der Brotration. — Der amerikanische Kell. — Ermächtigung zur Vorbereitung einer kaiserlichen Kundgebung. — Kritik des Pluralwahlrechts. — Widerstände gegen das gleiche Wahlrecht. — Verhandlungen im preußischen Staatsministerium. — Die Osterbotschaft.

Wirkung der Osterbotschaft. — Die Gewerkschaften. — Der Reichskanzler gegen die linksradikale Agitation. — Verstärktes Vertrauen im Volke. — Proteste gegen die feindlichen Spaltungsversuche. — Die Idee des sozialen Kaisertums. — Die innerpolitischen Auffassungen des Kaisers. — Seine militärische Umgebung. — Die Gegnerschaft der Obersten Heeresleitung. — Die Vorstöße der Parteien im Verfassungsausschuß. — Die Offizierspatente. — Schwere Verstimmung des Kaisers. — Differenzen mit dem Minister des Innern.

Die militärischen Ereignisse des Frühjahrs. — Die Entwickelung in Rußland. — Der „Friede ohne Annexionen und Entschädigungen". — Reichstagsrede vom 15. Mai.

Österreich-Ungarn. — Der junge Kaiser. — Graf Czernin. — Elsaß-Lothringen. — Der österreichische Vorschlag vom 3. April. — Das Exposé des Grafen Czernin und die Antwort des Reichskanzlers. — Die Wiener Besprechung vom 13. Mai. — Die Sixtus-Affäre.

Anzeichen von Friedensneigungen. — Günstige Verschiebung der Gesamtlage. — Die ungünstigen Faktoren. — Zustand der Schwebe. — Die Möglichkeiten für einen Verhandlungsfrieden. — Der Besuch des Nuntius Pacelli. — Der Brief des Papstes. — Der Auftrag Pacellis. — Seine Fragen und die Antworten des Reichskanzlers. — Empfang des Nuntius beim Kaiser. — Die Äußerungen des Kaisers über den Frieden.

Verstiefung der inneren Gegensätze. — Herr von Heydebrand in Herford. — Die Stimmung der Massen. — Pessimistische Gerüchte. — Gegensatz der militärischen und politischen Leitung. — Fehlschlagender Versuch einer Verständigung.

Ausbruch der inneren Krisis. — Genehmigung des Kaisers zur Berufung von Parlamentariern in die Regierung. — Reichstag und preußisches Wahlrecht. — Vortrag beim Kaiser über das Wahlrecht. — Kronrat vom 9. Juli. — Berufung des Kronprinzen. — Rücktrittsangebot vom 10. Juli. — Kabinettsordre über das preußische Wahlrecht vom 11. Juli.

Die Vorgänge im Hauptausschuß des Reichstags. — Pessimismus. — Die Rede des Abgeordneten Erzberger vom 6. Juli. — Ziele und Widersprüche der parlamentarischen Aktion.

Außerparlamentarische Einflüsse. — Intriguen. — Aussprache des Reichskanzlers mit dem Kaiser am 7. Juli. — Immediatvortrag der Generale. — Die Friedensresolution. — Die Oberste Heeresleitung und die Parteien. — Betreiben des Kanzlerwechsels. — Eingreifen des Kronprinzen. — Das Ultimatum der Heerführer. — Abschied des Reichskanzlers.

Schlußbetrachtung.

Anlagen · 239

1. Der österreichisch-serbische Streit · 241

XIV

Denkschrift des Reichskanzlers a. D. von Bethmann Hollweg aus seiner an den 1. Unterausschuß des Untersuchungsausschusses erstatteten Auskunft. (Beilagen zu den stenographischen Berichten des Untersuchungsausschusses, 1. Unterausschuß
Nr. 1, Zur Vorgeschichte des Weltkrieges, S. 12—23.)

2. Denkschrift des Reichskanzlers über den Ubootkrieg vom 29. Februar 1916   . 260

(Beilagen zu den stenographischen Berichten des Untersuchungsausschusses, 2. Unterausschuß, Nr. 3, Teil IV, Zur
Vorgeschichte der Erklärung des uneingeschränkten Ubootkrieges. S. 149—157).

3. Telegramm des Reichskanzlers an den Botschafter Grafen Bernstorff vom 29. Januar 1917 über die Friedensvermittelung .   274

(Beilagen zu den stenographischen Berichten des Untersuchungsausschusses, 2. Unterausschuß, Nr. 1, Teil I, Diplomatischer Verkehr Berlin-Washington, S. 74—76).

1.

Umrisse.

Seit zwei Jahren ruhen die Waffen. Mit einem europäischen Chaos hebt das Zeitalter der Freiheit und Gerechtigkeit an, das unsere Gegner der Welt verheißen haben. Die Unhaltbarkeit eines Mechanismus, den Haß und Furcht ausklügelten, liegt vor aller Augen. Daß nur europäische Politik Europa retten, daß nur sie den allgemeinen Drang nach einer Wandlung der sozialen und internationalen Struktur des Völkerlebens in gesunde Bahnen leiten kann, — diese hausbackene Wahrheit ist bisher in der großen Illusion der Gegner untergegangen, ihren mühsam errungenen Sieg durch Mißhandlung der Besiegten vervollständigen zu können. Die weltgeschichtliche Schuld, den Krieg bis zum Weißbluten der Gegner getrieben zu haben, ist durch den Diktatfrieden von Versailles und seine bisherige Ausführung bergehoch getürmt worden. In seinen greisenhaften Zügen der Vergangenheit entstammt das Versailler Dokument derselben imperialistischen Rüstkammer, in der der Weltkrieg geschmiedet wurde. Jeder Versuch, für Deutschlands Gegner eine höhere Ethik in Anspruch zu nehmen scheitert an dem unverhüllten, im Vertragsbruch und Machtmißbrauch beurkundeten Begehren, Deutschland politisch und militärisch unschädlich zu machen, wirtschaftlich und moralisch zu verkrüppeln. Trotz der grotesken Erpressung deutschen Schuldbekenntnisses ist der Versailler Friedensvertrag die Probe auf die Richtigkeit der deutschen Auffassung der Kriegsursachen. Die 26 feindlichen Staaten haben mit ihrer Unterschrift den Krieg endgültig zum deutschen Verteidigungskrieg gestempelt.

Drang nach Abschüttelung der Fesseln seines äußeren und inneren Lebens war der Geist, in dem das deutsche Volk im August 1914 in den Krieg zog. Die jahrelange Einschnürung durch die Entente war eine Provokation gewesen, wie sie in gleicher Schärfe wohl noch nie gegen eine große, in überquellender Entwickelung stehende Nation gerichtet worden ist, und das feindliche Übelwollen hatte sich fortgesetzt so drastisch bekundet, daß der Kriegsausbruch als das Ergebnis lange vorbereiteter feindlicher Unternehmungen empfunden wurde. Zu den Waffen eilte die Nation, nicht nur um die Heimat vor Zerstörung zu bewahren, sondern auch in der Hoffnung, die Schranken niederlegen zu können, mit denen feindliche Mißgunst und Neid ihre freie Entfaltung einzuengen bestrebt gewesen waren. Innerpolitische Momente liefen parallel. Höchste Kraftentfaltung wurde von einer Nation gefordert, die aus dem Gestrüpp der Parteidoktrinen und aus der Wildnis der Klassenverhetzung den Weg zum Nationalstaat noch nicht gefunden hatte. Als das Volk in dem Nachtdunkel äußerer Gefahr zu seinen

4

Fahnen stürmte, strahlte nicht den Schlechtesten das Bild einer innerlich versöhnten und zu straffem Handeln politisch befähigten Nation als blendendes Licht voran. Nur Gefühle der Ehrfurcht können die Erinnerung an eine Zeit tragen, wo aller Eigennutz und alle Neigung zu selbstgenügsamer Absonderung in ein Gemeinsamkeitsgefühl hinwegschmolzen, das mit der ganzen Kraft bewußter und instinktiver Vorstellung im Vaterland eine menschliche Ordnung höherer und heiliger Art erkannte, wert des letzten Einsatzes von Gut und Blut.

Mehr als an die Hochstimmung der ersten Wochen klammern sich in der Ungeheuerlichkeit unseres Zusammenbruchs die Gedanken an die Gegensätze, wo unter dem physischen und moralischen Druck des nicht endenwollenden Krieges neben den edelsten heroischen Kräften niederste menschliche Leidenschaften aufkamen und alte deutsche Uneinigkeit in Rechthaberei, Verdächtigung und parteilicher Interessenpolitik wieder durchbrach. Verfälscht aber würde das Bild des deutschen Schicksalskampfes, wollte man in dieser Zersplitterung und Vergeudung der Kräfte den entscheidenden Grund unserer Niederlage sehen. Unvergänglich steht hinter allem Menschlichen und Allzumenschlichen, das auch in die größten Weltgeschehnisse unauftrennbar verwoben ist, der Wert der Gesamtleistung. Vier Jahre lang hat sich Deutschland an der Seite seiner Verbündeten gegen eine sein Lebensmark aushöhlende Blockade und gegen eine vielfache Weltübermacht mit wuchtigen Schlägen behauptet. Versagt hat seine Widerstandskraft erst, als, von dem Zusammenbruch seiner Bundesgenossen begleitet, amerikanische Kriegshilfe das feindliche Übergewicht an Menschen und Material zum Überquellen brachte. Einer Koalition, der eine Bevölkerung von 878 Millionen die Streiter stellte, die frei über die Kriegsmittel fast der ganzen Welt verfügte, sind die nahezu hermetisch abgeschlossenen Zentralmächte mit ihren 143 Millionen Menschen nach heißestem Ringen zum Opfer gefallen. Das ist der weltgeschichtliche Vorgang. Keine Schmach der Endkatastrophe, kein Übermut, in den die Feinde den Stolz auf ihre Taten kleiden, kann diese nackte Tatsache aus der Welt schaffen. Daß wir den Krieg nicht haben zu Ende bringen können, bevor Amerika in ihn eintrat, und dann wieder nicht, bevor Amerikas Kriegsmacht tatsächlich auf den Schlachtfeldern erschien, ist unser Verhängnis geworden.

Die nagende Frage aber, ob wir aus eigener Schuld, aus Schuld von Einzelpersonen oder der Gesamtheit, den feindlichen Vernichtungswillen nicht vorher haben brechen können, darf nicht zu dem Abgrund werden, der die Leistungen des deutschen Volkes in selbstmörderischer Verunglimpfung verschlingt. Seine Großtaten sind und bleiben ein Erbschatz der Nation auch für neues Wirken. Ob dem europäischen Völkerleben den in Versailles eröffneten Aussichten zuwider und über das bolschewistische

6

Dunkel hinaus eine Epoche friedlicher Gemeinsamkeit beschieden sein wird, verbirgt die Zukunft. Aber auch Friedensarbeit wird nicht ohne den Geist von Mannhaftigkeit und Selbstaufopferung bestehen, den im Kriege bis an die letzten Grenzen der Kraft bewährt zu haben, ein ewiger Ruhmestitel des deutschen Volkes bleiben wird.

*　　　*

*

Wie bei der Einleitung des Krieges die politischen Maßnahmen nach den Bedürfnissen des für unabänderlich erklärten Feldzugsplanes zu gestalten waren, so haben auch im Kriege nur die militärischen Gesichtspunkte technischer Möglichkeit und strategischer Wirkung die großen Operationen ausschlaggebend bestimmt. An der Aufstellung des Feldzugsplanes selbst ist die politische Leitung nicht beteiligt gewesen. Auch nicht an den Änderungen, denen der Schlieffensche Plan schon geraume Zeit vor dem Ausbruch des Krieges unterzogen worden ist. Endlich nicht an den Abweichungen von dem so modifizierten Plan bei seiner praktischen Ausführung. Überhaupt ist während meiner ganzen Amtstätigkeit keine Art von Kriegsrat abgehalten worden, bei dem sich die Politik in das militärische Für und Wider eingemischt hätte. Unter ihren drei Chefs, mit denen ich zusammen gearbeitet habe, hat mir die Oberste Heeresleitung von den großen Operationen, die sie vorhatte, stets vor der Ausführung in allgemeinen Zügen Kenntnis gegeben. Niemals aber hat die Politik die Kriegführung in ihren Operationen behindert oder zu Aktionen veranlaßt, die nicht militärischen Plänen entsprangen.

Eine generelle und große Ausnahme hat, wie selbstverständlich, der Ubootkrieg gemacht. Hier stand Amerikas Zutritt zu unseren Feinden auf dem Spiel. Politische und militärische Momente waren untrennbarer als je verwoben[1].

Der Kriegsplan der Marine gab nach den mir gemachten Mitteilungen die allgemeine Richtlinie an, durch den Kleinkrieg einen Kräfteausgleich zu suchen, der die Chancen einer Seeschlacht, die dann unter dem Einsatz aller Machtmittel geschlagen werden sollte, so erfolgreich wie möglich gestaltete. Daß einzelne Marinestellen gewünscht haben, im Widerspruch hiermit gleich bei Kriegsausbruch die englische Flotte an der englischen Küste zur Schlacht zu zwingen, ist wahrscheinlich. Sollten sie bei der befehlenden Stelle, dem Kaiser, einen solchen sofortigen Einsatz der Flotte beantragt haben, so ist mir dies vorenthalten worden. Unter meiner Zuziehung ist es nicht

---

[1] Zu momentanen, aber beglichenen Differenzen haben die Luftangriffe auf England geführt: Ich habe meinerseits unverändert an dem Standpunkt festgehalten, daß nur für die Kriegführung wesentliche Anlagen anzugreifen seien. Der Moment, wo darüber hinausgehende Angriffe den Krieg beenden konnten, ist nach meiner Auffassung niemals eingetreten.

geschehen. Damit fällt die Behauptung, ich hätte, aus welchen Gründen immer, den sofortigen Flotteneinsatz verhindert und damit eine der größten Kriegschancen aus der Hand gegeben, in sich zusammen. Die Beschuldigung schlägt auf diejenigen Stellen zurück, welche damals vielleicht in Privatgesprächen und Briefen ihren Unmut über Nichtverwendung der Flotte geäußert, es aber unterlassen haben, die Sache offiziell an derjenigen Stelle zum Schwur zu treiben, die die letzte Entscheidung hatte. Nur wenn das geschehen wäre, und wenn sich dabei politische Bedenken stärker als militärische Gründe erwiesen hätten, könnte die Verantwortung dafür, daß wir bei Kriegsausbruch keine große Seeschlacht provoziert haben, der politischen Leitung zugeschoben werden.

Die Stellung, die der Krieg der politischen Leitung gegenüber den militärischen Operationen zu Lande und zu Wasser einräumte, wurde durch die Dinge selbst bestimmt. Unmöglich konnte sich der militärische Laie anmaßen, militärische Möglichkeiten, geschweige denn militärische Notwendigkeiten zu beurteilen. Militärische Notwendigkeiten aber sind es nach meinen Eindrücken gewesen, welche die Kriegführung geleitet haben. Auch hinter der glänzendsten Initiative, die der Generalstab entfaltete, stand der militärische Zwang. Wie der Zwang gelöst wurde, konnte nur das Militär auch da entscheiden, wo militärische und politische Forderungen Hand in Hand gingen.

Bis zur Marne haben wir dem Kriege sein Gesetz vorgeschrieben. Von der Marne bis zur Niederlage Rumäniens rangen wir mit den Ereignissen um die Führung. Zumeist in erzwungener Abwehr, mit kurzen Intervallen in freier Entschließung, immer im Kampfe nicht nur um den Erfolg, sondern um unsere Existenz. Ernster als die Gegner bedrohten uns in jener Zeitspanne Fehlschläge mit der Vernichtung. Nachdem die Front im Westen erstarrt war, während der Russe den österreichischen Bundesgenossen schwer bedrückte, galt es diesem Luft zu schaffen und den Osten nach Möglichkeit zu sichern. Hier griffen außerpolitische und militärische Gründe aufs engste ineinander. Ein sichtbarer Erfolg mußte errungen, die Russenfront entlastet sein, ehe Italien losschlug. Bis dahin mußten politische Mittel das Eingreifen Italiens zum mindesten verzögern. Schuf schon nach Ansicht unseres österreichischen Bundesgenossen, dessen Selbstvertrauen häufig geringer war als seine schließliche Leistung, Italiens Kriegseintritt eine nahezu hoffnungslose Lage, so mußte vollends ein gleichzeitiges Eingreifen Rumäniens, das von Italien wie von den Alliierten betrieben wurde, auch höchstem Vertrauen den Verlust des Krieges bedeuten. Dringlich war es daher, daß der Schlag an der Ostfront, wenn er schon Italien nicht mehr zurückhalten konnte, an einer für die Rumänen eindrucksvollen und nicht ungefährlichen Stelle erfolgte, um in seiner mit politischen Mitteln zu unterstützenden Auswirkung

10

wenigstens eine rumänische Intervention zu verleiden. Der glänzende Sieg bei Gorlice, die bedrohte Karpathenfront völlig entlastend, Österreichs Widerstandskraft neu belebend und zur Verteidigung der neuerstehenden Südfront befähigend, bannte zugleich die rumänische Gefahr. Und doch befreite er uns nur von höchster Not des Augenblicks, während ein ähnlicher gegnerischer Schlag nach menschlichem Ermessen unseren Untergang bedeutet hätte.

Auch nach der Schlacht bei Gorlice blieb politisch und militärisch Selbstbehauptung Ziel und Sinn unseres Handelns. Da der russische Raum militärisch nicht bezwungen werden kann, galt der russische Feldzug des Sommers 1915 der Sicherung des Ostens auf kürzester Linie. Daß die militärische Niederlage in der Folge Rußland über politische, moralische, wirtschaftliche Krisen zum Frieden führen werde, blieb Hoffnung. Erst zwei Jahre später, — zu spät, und in der Form eines den russischen Faktor auch für den Sieger entwertenden, totalen Zusammenbruchs — ist diese Hoffnung erfüllt worden.

Die militärische Ausnutzung der Siege über Rußland bis zur Grenze des Erreichbaren mußte nicht nur durch ein Risiko im Westen, dessen Größe bei den Durchbruchsversuchen im Artois und in der Champagne offenkundig wurde, sondern auch durch ein nicht minder großes Risiko im Südosten erkauft werden.

Die Behandlung des Balkans war für beide kriegführenden Parteien die schwierigste und verwickeltste Aufgabe der ersten Kriegsjahre. Um seine Haltung kämpften
beide Parteien in Geschick und Ungeschick, in Glück und
Mißgeschick einen heißen politischen Kampf. Auch hier
bedeutete der Erfolg für uns zunächst nur Selbstbehauptung, für die Gegner den Sieg. Österreich-Ungarn
kämpfte unglücklich gegen Serbien. Den Rumänen
mußte die siebenbürgische Beute leichter und lockender
als die beßarabische scheinen. Auch im besten Fall blieb
ihre Neutralität zweifelhaft und immer von neuem durch
militärische Erfolge und politische Mittel zu befestigen.

Nachdem es der „Goeben" gelungen war, den ihr aus
politischen Gründen am Tage des Kriegsbeginns übermittelten Befehl auszuführen und sich nach Konstantinopel durchzuschlagen, konnte die Türkei gewonnen
werden. Dieser politische Erfolg war dreifach nötig. In
den Meerengen mußte die einzig leistungsfähige Verbindung zwischen dem östlichen und den westlichen Gegnern unterbunden, es mußte die militärische Aufrüstung
Rumäniens durch die Westmächte getroffen, eine für die
Haltung auch des übrigen Balkans politisch wie militärisch unentbehrliche Machtposition geschaffen werden.
Während die Türken zuerst mit der Flotte, dann mit
einem Landheer der Alliierten, von Granaten wie von
Lebensmitteln entblößt, schwer und zäh um die Meerengen rangen, galt es das von den Gegnern mit den

äußersten Mitteln umworbene und bedrängte Griechenland in Ruhe zu halten, einen bulgarisch-türkischen Ausgleich zu vermitteln, einen bulgarisch-serbischen zu verhindern, so in Bukarest und Athen die Diplomatie der Alliierten in Schach zu halten, in Sofia aber mattzusetzen. Der während des Sommers 1915 um diese Fragen brennende Kampf stellte die politische wie die militärische Leitung vor schwerste Entscheidungen. Wie politisch auf eine serbische Expedition gedrängt werden mußte, um den bedrohten Türken die Hand zu reichen, ein bulgarisches Bündnis wirksam zu machen und so den Balkan für uns zu sichern, so mußte die militärische Leitung auf vollste Ausnutzung der Siege über Rußland äußerstes Gewicht legen. Auch hier war der Pfad schmal, der schließlich über glückliche Maßnahmen gegen einen stärkeren, aber in dieser Frage militärisch und politisch weniger glücklich operierenden Gegner zum Erfolg führte. Knapp ehe sich der von Briand betriebene Plan politisch auswirken konnte, durch die Landung in Saloniki den Krieg an der noch flüssigen Front zugunsten der Entente zu entscheiden, hatten deutsche und bulgarische Truppen sich in Serbien die Hand gereicht und eine atemlose Spannung sich zunächst zu unseren Gunsten gelöst.

Nach dem serbischen Feldzug entschied sich die Oberste Heeresleitung für den Angriff auf Verdun. Während dort zuerst die Franzosen, dann wir an der Somme anfängliche Erfolge zum Stehen brachten, änderte sich das

Gesamtbild zuerst im Süden, dann im Osten. Eine von Österreich-Ungarn auf eigene Faust unternommene Offensive in Tirol blieb stecken. Der Entlastungsstoß des Generals Brussilow führte zum Zusammenbruch der österreichisch-ungarischen Nordfront von Wolhynien bis zur Bukowina. Alles war von neuem in Frage gestellt: Rumänien, die russische Überlegenheit wie die Schwäche Österreich-Ungarns vor Augen, glaubte des Erfolges endlich sicher zu sein und trat in den Krieg ein. Rumänien wurde geschlagen und die Front erstand im Spätherbst 1916 von neuem. Im Winter 1916/17 lagen offensive Möglichkeiten nicht vor. Die Oberste Heeresleitung, besorgt um die Westfront, erzwang, von großen Teilen des Volkes bejubelt, den rücksichtslosen Ubootkrieg. Amerika trat aktiv in den Krieg ein. Neue und schwerste Gefahren tauchten auf, wenn der Ubootkrieg nicht glückte.

Kein Versuch, den Verlauf des Krieges auch nur in ganz groben Umrissen zu zeichnen, wird der gewaltigen Größe der Geschehnisse gerecht. Stets griffen politische und militärische Momente untrennbar ineinander. Alle Teile und Seiten der Gesamtaufgabe des Krieges, die wirtschaftlichen, die militärischen, die innen- und außenpolitischen Fragen hingen aufs engste zusammen. Gleich dringend, unaufschiebbar und unerläßlich stellten sie ihre

14

Forderungen, Forderungen, die sich im einzelnen vielfach widersprachen und gegenseitig störten. Die große Direktive, die zu befolgende einheitliche Linie war nur aus unseren militärischen Aussichten zu entnehmen.

Die Leistung der Armee war eine ungeheure und wird in alle Zukunft eine ungeheure bleiben, auch wenn einmal die Kritik Fehler der Führung aufdecken sollte. Die Organisation eines ganzen Volkes in Waffen, die Vorsorge für seine Streitbarkeit, die Bewältigung der mit einem Koalitionskriege notwendig verbundenen Komplikationen, die Leitung eines Millionenheeres auf den Kriegsschauplätzen einer Welt, kurz die stete Ingangshaltung und Belebung eines geradezu ungeheuren Räderwerks, das uns in den Abgrund riß, wenn es an einer Stelle versagte, sind Taten des Generalstabes von so souveräner Meisterschaft, wie sie in der Geschichte aller Zeiten einzig dasteht. Nichts gleicht ihr als die Leistungen eines Heeres, an dessen Größe in Entschlossenheit, Ausdauer und Todesverachtung Worte überhaupt nicht heranreichen.

Und doch wurde der Gesamtverlauf des Krieges bis in den Herbst 1917 dadurch charakterisiert, daß sich auch unsere größten Siege niemals zu vollem Erfolge auswirkten. Weder unsere erste Offensive im Westen, weder Tannenberg und die Masurenschlacht, noch Gorlice, weder der serbische, noch der rumänische, noch der italienische Feldzug. Politisch gesehen waren alle unsere Siege nur glückliche Verteidigung. Niemals aber war die Situation auf der einen Seite so gut oder so schlecht, daß sie zum Frieden zwang.

Durch die Marneschlacht hatten wir die Aussicht, den Krieg durch militärische Schläge bald zu beenden, eingebüßt. Mit dem Augenblick, wo die Wirklichkeit einen schnell entscheidenden Sieg an der Westfront nicht mehr erwarten ließ, mußten wir uns auf eine fast unbegrenzte Kriegsdauer gefaßt machen. Denn auch die militärische Lage im Osten machte die Möglichkeit einer Absprengung Rußlands mehr als unwahrscheinlich. Dann aber glichen wir der an Zahl schwächeren Besatzung einer von einer Übermacht zernierten Festung. Wie wir trotz glänzendster Einzelsiege zu einem glücklichen Ende kommen sollten, war die Schicksalsfrage geworden. Das Ziel der Selbstbehauptung, diese Parole, die die Marneschlacht ausgegeben hatte, ist durch kein kriegerisches Ereignis der Folgezeit verrückt worden.

Daß ein Verständigungsfrieden die Niederlage sei, war unpolitisch gedacht. Behaupteten wir uns selbst, dann gewannen wir den Krieg.

Auch aus dem „nassen Dreieck" heraus hatten wir in der Vorkriegszeit eine Macht entwickeln können, die selbst dem britischen Weltimperium so bedrohlich erschienen war, daß England sich fest an Rußland und Frankreich

16

als an unſere erklärten Gegner gekettet hatte, um uns bei kommender Gelegenheit einen tüchtigen Schlag zu verſetzen. Nicht an zu engen Grenzen, ſondern daran hatte Deutſchland gekrankt, daß es dauernd von einer überlegenen Koalition bedroht wurde, die an ihre End; ziele nur kommen konnte, wenn ſie uns niederſchlug. Daher die Unraſt unſerer inneren und äußeren Zuſtände. Von dem Alp ewig drohenden Krieges befreit, konnte Deutſchland ſeine Stärke auch innerhalb unveränderter Grenzen ausleben. Und verjagt wurde das Kriegsge; ſpenſt, wenn die Feinde einſahen, daß ſie den Zweck nicht erreichten, um den ſie in den Krieg gegangen waren. Konnten ſie uns jetzt von dem Platz an der Sonne nicht vertreiben, dann durften wir nach menſchlichem Ermeſſen hoffen, daß ſie ſo bald keinen abermaligen Verſuch wagen würden. Eher wäre dann Vernunft in Europa ein; gekehrt, als ſie es jetzt tun zu können ſcheint.

Vielleicht größer, aber ganz irreal waren die Pläne, uns für alle Zukunft durch Hinausſchieben unſeres Macht; bereichs von den natürlichen Gefahren unſerer eingekeil; ten geographiſchen Mittellage zu befreien. Ein ſolches Weltimperium ſetzte Amputationen unſerer Feinde vor; aus, die, anſtatt uns Ruhe zu bringen, den allgemeinen Kriegszuſtand verewigten. Nur Machtfetiſchismus und phantaſtiſche Selbſtüberſchätzung konnten ſich zutrauen, unſere ſämtlichen Gegner auf alle Dauer phyſiſch und moraliſch zu verſklaven.

Der Kaiser hat nach meinen Eindrücken die Gesamtlage stets ähnlich beurteilt.

Im Einklang mit der militärischen Leitung sah er vom
ersten Tage an trotz aller Zuversicht die ganze Größe der
Gefahr. Siegessichere Überhebung beherrschte ihn nicht.
Gleich die ersten Ereignisse an der Ostfront, obgleich im
Rahmen unserer Pläne für den Zweifrontenkrieg nicht
völlig überraschend, zeigten doch den ganzen Ernst der
Lage. In Japans Sommation und Kriegserklärung
kündigte sich die Entwicklung des europäischen Krieges
zum Weltkriege an. Dann freilich nährten der Sieg von
Tannenberg und die anfänglichen Erfolge im Westen
auch im Großen Hauptquartier sanguinische Hoffnungen
auf ein siegreiches Kriegsende noch im Jahre 1914. Mit
der Marneschlacht aber verflogen diese Erwartungen.
Von da an hat mir der Kaiser stets in der Ansicht zugestimmt, daß wir den Krieg gewännen, wenn wir uns
selbst behaupteten. Wohl ließ sich, wenn ihm seine Generale große Siege meldeten, sein stürmisches Tempera-
ment auch zu abweichenden Äußerungen hinreißen, ebenso wie äußerste nervöse Anspannung mitunter ein Gegen-
gewicht in der Bekundung übertriebener Erwartungen
suchte. Niemals aber haben die unerreichten Waffen-
taten seiner Wehrmacht dem Kaiser auch nur von fern
und ernsthaft den Gedanken eingegeben, ihm innerlich
fremde Weltherrschaftsgelüste mit deutschem Blut zu befriedigen. Dem menschenmordenden Kriegshandwerk,

18

das seinen religiösen und sittlichen Überzeugungen zuwider war, Einhalt zu tun, deutsche Macht sich wieder in friedlicher Weltarbeit bewähren zu sehen, war sein Wollen und Ziel. Weil es tiefinnere Überzeugungen ausdrückte, hat das Friedensangebot vom Dezember 1916 den Kaiser so tief bewegt. Und als ich bei meiner Verabschiedung die letzte Bitte aussprach, etwaige Friedensmöglichkeiten auch nicht für angeblich notwendige, bei fortschreitender Kriegstechnik aber leicht trügerische strategische Sicherungen preiszugeben, fragte mich der Kaiser erstaunt, ob ich ihn denn nicht genug kenne, um eine solche Bitte überhaupt noch für nötig zu halten.

Man hat die Ansicht geäußert, der Kaiser habe sich in der Abgeschiedenheit des Großen Hauptquartiers seine Anschauungen ohne die rechte Fühlung mit den maßgebenden Faktoren der Nation gebildet. Das halte ich für irrig.

Das fast ständige Verweilen des Kaisers im Großen Hauptquartier war eine Konsequenz seiner Stellung zur Armee und in der Armee. Dabei war nicht die Annahme maßgebend, daß der Kaiser die militärischen Operationen persönlich leite. Die großen militärischen Aktionen hätten auch bei vorübergehender Anwesenheit zu seiner Entscheidung gebracht werden können. Aber das höchst persönliche Verhältnis des Kaisers zu seinen

Offizieren und zur Truppe, erwachsen aus dem Wesen und aus großen Traditionen der preußischen und deutschen Armee, war ein psychologisches Moment, das Berücksichtigung forderte. Ein König von Preußen, ein Deutscher Kaiser, im Kriege nicht inmitten seines Heeres, das war eine dem soldatischen Empfinden des Kaisers sowohl wie der Armee unerträgliche Vorstellung. Materiell lagen die Verhältnisse ja zweifellos anders als in früheren Kriegen. Der Machtumfang, zu dem sich Deutschland ausgewachsen hatte, verschob zusammen mit den Dimensionen des Weltkrieges die Stellung auch des Monarchen. Hatte sich aber gleichwohl bis zum Ausbruch des Krieges eine Auffassung herrschend erhalten, welche das Oberkommando des Kaisers als überragende Funktion der kaiserlichen Gewalt ansah, dann konnte im Kriege ohne die fühlbarsten Rückwirkungen auf das Gefüge der Armee nicht ein Band gelockert werden, das soldatisches Fühlen so fest zusammengewoben hatte. Jedenfalls für die beiden ersten Kriegsjahre, in denen das Allgemeingepräge der Armee noch wesentlich das alte war, traf dieser Gedanke zu. Später, als sich der Charakter in Führern und Truppe allmählich wandelte, und als das Gestirn der beiden großen Heerführer alles zu überstrahlen begann, hat dieses Moment an Stärke verloren.

Unzuträglichkeiten nach anderer Richtung waren nicht zu verkennen.

20

Im Großen Hauptquartier umfing den Kaiser vorwiegend militärische Luft. Die politische Atmosphäre der Heimat schlug nur in gebrochenen Wellen an ihn heran. Wohl fand auch ziviles Urteil in der nicht militärischen Umgebung Seiner Majestät fortlaufend diejenige Vertretung, die nur persönlicher Kontakt gewährt. Das persönliche Vertrauen, das der Kaiser dem Chef seines Zivilkabinetts schenkte, gab vor allem diesem die Möglichkeit zu freiester Aussprache. Das klare und nüchterne politische Urteil und die vollendete, keiner Intrige fähige Unparteilichkeit, mit der Herr von Valentini auf konservativer, aber allen Forderungen der Zeit aufgeschlossener Grundanschauung seines Amtes waltete, hat es mir als überaus empfindlichen Schaden erscheinen lassen, daß er später auf Betreiben der Obersten Heeresleitung von seinem Platze verdrängt wurde. Trotzdem bestand, zumal ich selbst nur vorübergehend im Großen Hauptquartier sein konnte, namentlich von der zweiten Hälfte des Krieges an eine gewisse Imparität. Ihrem im Kriege natürlichen Übergewicht konnte die militärische Leitung die ganze Autorität hinzufügen, die das unbedingte Vertrauen der Nation dem Generalfeldmarschall von Hindenburg und dem General Ludendorff verlieh.

Merkwürdig war es, daß unter diesen Verhältnissen gerade die Parteien der Rechten, denen die Oberste Heeresleitung näher stand als irgendwelchen anderen, fortgesetzt darüber klagten, keinen genügenden Zugang zum Kaiser zu haben. Eher hätte die Linke, deren persönlicher Konnex mit dem Kaiser von vornherein geringer war, und deren freie Meinungsäußerung in der Presse entschieden enger beschränkt wurde, derartige Beschwerden erheben können. Ganz abwegig war unter allen Umständen die Vorstellung, als hätte ich im Verein mit anderen Persönlichkeiten aus der unmittelbaren Umgebung Seiner Majestät den Kaiser geflissentlich von der Außenwelt abgeschnitten. Richtig ist, daß der Kaiser im Großen Hauptquartier weniger Politiker und sonstige prominente Persönlichkeiten der Öffentlichkeit sehen konnte und gesehen hat, als es in Berlin möglich gewesen wäre. Richtig auch, daß der Kaiser gegen die Agitationen der alldeutsch gefärbten Kreise zurückhaltender gewesen ist, als meinen Gegnern lieb war. Aber es ist ein Irrtum, wenn man dies auf Einwirkungen von dritter, insbesondere auch von meiner Seite zurückführt. Mir mußte im Gegenteil daran liegen, daß der Kaiser in alle Strömungen und Gegensätze innerhalb der Nation vollsten Einblick hatte, wenn ich eine Politik durchsetzen wollte, die gerade durch diese Kontraste bedingt wurde. Jeder Versuch, den Kaiser hierüber in Unwissenheit zu halten, wäre töricht und gewissenlos, übrigens auch, jedenfalls während meiner Amtszeit, völlig aussichtslos gewesen.

Der Kaiser war ein ganz ungewöhnlich scharfsichtiger Beobachter. Der Schnelligkeit seiner Auffassung entging so leicht kein Vorgang des öffentlichen Lebens, und in einem rastlos arbeitenden Gehirn und einem geradezu staunenswerten Gedächtnis verarbeitete und gestaltete er seine Wahrnehmungen zu dem Bilde, in dem er die Grundlinien für seine Entschlüsse suchte. Kritiker mögen behaupten, der Kaiser habe die Wirklichkeit unter unrichtigem Gesichtswinkel gesehen, habe die verschiedenen Faktoren falsch gegeneinander abgeschätzt und sei deshalb zu irrigen Entscheidungen gekommen. Aber daß der Kaiser sich keine Rechenschaft von den Elementen gegeben hätte, auf denen sich unser politisches Leben aufbaute, heißt ihn fundamental verkennen.

Jetzt im Kriege wußte der Kaiser sehr genau, welche Gegensätze in den großen Fragen der Kriegsziele, der inneren Reformen, des Ubootkrieges die Nation spalteten. Die Öffentlichkeit hallte ja von dem Streit wider. Und mehr noch. Wenn ich es unternehmen darf, persönlich gewonnene Eindrücke zu äußern, so durchlebte und erlebte der Kaiser die gärende Entwicklung, in die der Weltkrieg Deutschland warf, auch in seinem eigenen Innern. Um seine Seele warben: dort unter dem Nimbus seiner großen Feldherren Kräfte, denen die Dynastie, denen Preußen, denen Deutschland Unendliches verdankte; hier Träger einer Entwicklung, deren wachsender Bedeutung sich der Kaiser seit seinem Regierungsantritt innerlich nie verschlossen hat. In vollster Stärke empfand der Kaiser als oberster Offizier seiner Armee die persönliche Verantwortung dafür, ihr unverfälscht den

Geist zu erhalten, der sie groß gemacht hatte. Aber er war sich auch der Konflikte bewußt, die überall da entstanden, wo alte militärische Traditionen in politischen Gegensatz zu den Anforderungen einer heraufkommenden neuen Zeit traten.

Aus gelegentlichen mündlichen Außerungen sind falsche Schlüsse auf die wahre Stellung gezogen worden, welche der Kaiser in diesem auf ihn eindrängenden Widerstreit eingenommen hat. Überquellende Phantasie, momentane Stimmung, sehr häufig auch die Absicht, den Hörer in einer ganz bestimmten Richtung stark zu beeindrucken, sind in solchen Fällen mehr beteiligt gewesen als letzte Überzeugungen. Denn über sein innerstes Denken und Wollen hat der Kaiser trotz allen Mitteilungsdranges aus den verschiedenartigsten Motiven oft selbst einen Schleier gebreitet. Bei Außenstehenden, die keinen Einblick in die komplizierte Natur des Kaisers hatten, sind darum gerade aus persönlichen Berührungen vielfach die seltsamsten Vorstellungen entstanden. Auch jetzt im Kriege ist vor dem Beiwerk oft die Hauptsache nicht gesehen worden.

Wichtigste Momente für das innere Leben der Nation, stark zugleich nach außen wirkend, sind die Fragen der Kriegsziele und der inneren Reformen gewesen. Für beide wurden bei Kriegsausbruch feste Linien vorgezeichnet, die der Kaiser, solange ich es habe beobachten können, konsequent eingehalten hat. Den Verteidigungscharakter

24

des Krieges proklamierten die Worte der Thronrede vom 4. August: „Uns treibt nicht Eroberungslust." Die Überzeugung aber, daß nun die Schranken fallen müßten, die das Zusammenwachsen des Volkes zum wahren Nationalstaat hinderten, verkündete der Satz: „Ich kenne keine Parteien mehr, ich kenne nur noch Deutsche." Das Friedensangebot vom Dezember 1916 und die Osterbotschaft von 1917, beides Aktionen, die den persönlichen Überzeugungen des Kaisers entsprachen, lagen fest in dieser Linie. Was der Kaiser in seinem Innersten fühlte und wollte, das brach hier durch. Nur aus solchen bestimmenden Zügen aber lassen sich die den Kaiser wirklich bewegenden Absichten auch da erkennen, wo sie von scheinbar widersprechenden Gesten verdeckt werden.

Im Volk wurde die Schwere der ungeheuren Aufgabe, die der Krieg uns stellte, wohl zunächst unterschätzt. Fast ohne Grenzen war das Vertrauen in unsere militärische Überlegenheit. Diese unbedingte Siegessicherheit, die sich auch durch den Ausgang der Marneschlacht und die trotz glänzendster Schläge ganz unentschiedene Lage im Osten nicht irremachen ließ, war unbeschadet aller darin liegenden Selbsttäuschung ein moralischer Faktor von ungeheurer Bedeutung. Leicht ist die nachträgliche Rüge, die die Auswüchse dieser Stimmung mangelhafter Informierung über die Wirklichkeit zur Last schreibt. Wer

will jetzt entscheiden, ob die Widerstandskraft der Nation
gegen eine Weltübermacht so glänzend und so lange intakt geblieben wäre, wenn im September 1914 die Oberste
Leitung unverblümt ausgesprochen hätte, mit der Marneschlacht sei unser Kriegsplan in der Anlage gescheitert?
Wie hätte solche Ernüchterung auf den noch schwerer als
wir selbst bedrängten österreichischen Alliierten gewirkt?
Wer will behaupten, daß es uns dann noch möglich gewesen wäre, Italiens Endentscheidung wenigstens hin-
auszuschieben und Bundesgenossen zu erwerben, wie wir
sie in der Türkei und Bulgarien gefunden haben? Nicht
in der Siegesstimmung, sondern in ihrem Mißbrauch
zu unzeitiger Aufstellung ausschweifender Kriegsziele lag
der Schaden. Und wohl konnten die intellektuellen
Kreise, die das Volk in die Kriegszielbewegung hinein-
trieben, auch ohne ausdrücklichen Hinweis erkennen, daß
zum mindesten kein Diktatfrieden vor der Tür stand.
England hatte sich durch das Londoner Abkommen vor
jedem Separatfrieden seiner Alliierten gesichert. Italien
betrieb, aller Welt erkennbar, seinen Anschluß an die
Entente. Die Rückkehr der französischen Regierung von
Bordeaux nach Paris unterstrich die Ergebnisse der
Marneschlacht. Vor Ypern verblutete die jüngste deutsche
Jugend. Und während die Westfront zum Schützen-
graben erstarrte, wuchs die Russengefahr ständig nach.
Nichts wurde versäumt, wenn man von den Kriegszielen
schwieg. Sollten in den ersten Monaten des Jahres 1915

26

Friedensmöglichkeiten bestanden haben — persönlich bezweifle ich es —, dann sicherlich höchstens für einen Frieden des status quo ante, mit Entschädigungen an Belgien, also genau für das Gegenteil der damals aufgestellten Programme.

Größere Kriegsziele haben anfangs unzweifelhaft auch in der Gesamtbevölkerung, und zwar ohne Unterschied der politischen Richtung, Boden gehabt. Daß ein sehr viel stärkeres Deutschland aus dem Kriege hervorgehen müsse, war der siegenden Truppe und der so siegessicheren Heimat gewiß. Allgemeiner Gefühlsstimmung auch entsprang die Vorstellung, daß gänzliche Preisgabe des mit soviel Blut eroberten Landes Pflichtverletzung gegen die Gefallenen sei. Belgische Aspirationen insonderheit waren in dem Haß gegen England volkstümlich. Richtiges instinktives Gefühl erkannte, daß der Krieg, wie sein Ausbruch nur durch Englands Politik möglich geworden war, so jetzt in seinem Verlauf von England bestimmt wurde. In Belgien zu suchende Sicherungen gegen England waren so populär, daß sie von einer großen Reichstagsmajorität bis in das Frühjahr 1917 zähe festgehalten wurden.

Früher indes, als es in den Parlamenten zum Ausdruck kam, hat sich die Stimmung der breiten Bevölkerungsschichten gewandelt. Daß wir völlig besiegt werden könnten, wurde nicht geglaubt. Aber daß umgekehrt wir es sein würden, die die Feinde zu Paaren trieben, war eine Vorstellung, die gerade dem gemeinen Mann nicht einging, weil er aus den Tatsachen der Blockade und der feindlichen Übetzahl nüchtern praktische Schlüsse zog. Wenn der Frieden nicht näher kam, obwohl wir tief in Feindesland standen, wenn den Gegnern fortgesetzt neue Bundesgenossen zuwuchsen, während bei uns zusehends alles knapper wurde, dann sagte sich einfacher Menschen= verstand, daß die Zeit gegen uns laufe. Solcher Stim= mung wurde der Streit um die Kriegsziele immer un= verständlicher. Siegen wollte man, damit der Krieg zu Ende gehe, aber nicht, um Länder zu erobern. Der Uboot= krieg ist Anfang 1917 weithin so freudig begrüßt worden, nicht weil man die flandrische Küste, sondern weil man den Frieden von ihm erhoffte. Daraus sprach keine von der Kriegsnot hervorgerufene Unbeständigkeit oder Ver= zagen am endlichen Ausgang. In seinem unbegrenzten Vertrauen, daß der Krieg unter Hindenburg und Luden= dorff nicht schlecht enden könne, hat das Volk sein Letz= tes hingegeben. Aber wenn es nicht schlecht ging, wollte es auch das Ende sehen.

Solche Auffassungen, allmählich sich entwickelnd, sind nach meinen Eindrücken seit dem Winter 1916/17 ver= breiteter gewesen und tiefer gegangen, als es Presse und Parlament glauben machen wollten. Sie wurden mit der Zeit zum Allgemeingefühl der Kreise, die ihre Stimme zwar nicht öffentlich erhoben, hinter denen aber die Realitäten standen.

28

Selbstverständliche Folge meiner Auffassung der Gesamtlage war, daß ich den öffentlichen Streit um die Kriegsziele zu unterdrücken strebte, soweit ich es konnte. Weder der Annexionismus, noch ein durch dessen Auswüchse provozierter pazifistischer Defaitismus erleichterten die uns durch die Kriegslage diktierte Aufgabe, Friedensgeneigtheit der Feinde zu fördern. Gestärkt wurden ausschließlich die feindlichen Kriegstreiber. In deutschen Eroberungsgelüsten so gut wie in deutschen Entsagungsbeteuerungen erstanden den Gegnern wertvollste Bundesgenossen.

Daß die Aufstellung weiter Kriegsziele geeignet sei, bei uns selbst Siegeswillen zu erhalten, war Irrglaube. Bemächtigte sich der Massen, ohne die der Krieg nun einmal nicht zu führen war, die der Wirklichkeit entsprechende Vorstellung, daß wir zu tun hätten, um die feindliche Übermacht abzuwehren, dann begeisterten weite Kriegsziele nicht mehr, sondern brüskierten einfachen Menschenverstand. Auch in ihrer Erhebung über das Niveau der Alltäglichkeit dürfen sich Ideen, die ein Volk mit sich fortreißen wollen, niemals von der Wirklichkeit so weit entfernen, daß sie als Ausgeburten hohler Phantastik erscheinen. Sonst wird das Gegenteil erreicht und noch dazu Argwohn geweckt. Parteipolitische Agitation hat es im Verlauf des Krieges nicht schwer gehabt, die Kriegsziele der Annexionisten gerade unter den von der Kriegsnot am härtesten bedrückten und eben darum gefährdetsten

Maſſen mit dem Verdacht der Verfolgung von Sonder-
intereſſen zu belaſten.

Auch die Stimmung im Heer habe ich nicht anders
beurteilen können. Der deutſchen Armee hat die Siegeszuverſicht, ohne die keine Armee kämpfen und ſiegen kann,
bis zum Ende nicht gefehlt. In ſeinem Pflicht- und
Vaterlandsgefühl hat der deutſche Soldat das ſchier
Übermenſchliche geleiſtet, weil er ſo felſenfeſt der Führung
von Hindenburg und Ludendorff vertraute. Niemals
aber hat in dem blutigen Ernſt der Lage, den die Truppe
doch am unmittelbarſten ſpürte, der Gedanke aufkommen
können, als lohne es ſich nicht, dem Trommelfeuer ſtand-
zuhalten, weil nachher doch ein fauler Friede abgeſchloſſen
würde. Umgekehrt hätte zum mindeſten vom Winter
1916/17 an die Beſorgnis niederſchlagend gewirkt, daß
trotz aller Heldentaten der Frieden an Eroberungszielen
ſcheitern könne. Wie in der Heimat, ſo war in der Armee
Siegeszuverſicht von Eroberungsabſichten unabhängig.

Verteidigungszwang hat das Volk bei Kriegsausbruch
wunderbar zuſammengeführt. Wankte die Einigkeit,
redeten die Söhne desſelben Volkes um des Phantomes
von Kriegszielen willen ſo verſchiedene Sprachen, daß
keiner mehr den anderen verſtand, dann konnte völliger
Zerfall nur verhütet werden, wenn ſich die Nation wieder
zu dem Geiſt zurückfand, der ſie im Auguſt 1914 beſeelt
hatte. Dort lag der einzige große Gedanke, der Einigungs-
kraft hatte. Er entſprach der Kriegslage und dem wirk-

lichen Wollen der Nation, die fern von alldeutschen Extra=
vaganzen nur die Stellung in Europa und der Welt zu
behaupten bestrebt war, auf welche ihre Tüchtigkeit ein
unzerstörbares Recht hat. Meine Politik ist darauf ein=
gestellt gewesen, das Volk aus dem Überschwang der
ersten Monate auf den Boden der Wirklichkeit zurückzu=
führen. Abrupt konnte das nicht geschehen, wenn nicht
ein Zwiespalt gefördert werden sollte, in dem Kampfes=
wille und Zuversicht gleichermaßen untergingen. Eigene
Erkenntnis der wirklichen Lage, die sich nur allmählich
entwickeln konnte, mußte hinzukommen, um deren zwangs=
mäßige Wirkung ohne Einbuße an Kraft hinzunehmen.
Ein krisenloser Verlauf wäre erreichbar gewesen, wenn
die Verfechter weiter Kriegsziele in ihren Ansichten nicht
immer aufs neue durch den Rückhalt bestärkt worden
wären, den sie seit dem August 1916 bei der militärischen
Leitung fanden.

Die Parteinahme für weite Kriegsziele hat sich so
ziemlich mit der Gegnerschaft gegen die sogenannte Neu=
orientierung gedeckt. Und umgekehrt. Jedenfalls bil=
dete sich ein solches Verhältnis im Verlauf des Krieges
heraus. Nur die Nationalliberalen nahmen vielleicht
eine Sonderstellung ein.

Jenes Wort des Kaisers, daß er nur noch Deutsche,
keine Parteien mehr kenne, fand zunächst stärksten Wider=

hall. Deutsche Parteisucht fühlte sich getroffen. Bald aber verblaßte für viele der 4. August aus einem heiligen Vermächtnis zu einer freundlichen Erinnerung. Der Burgfrieden, der einen kurzen Krieg vielleicht überdauert hätte, brach mit dessen zunehmender Länge und Härte zusammen. Selbst die Erfahrungen des Krieges haben die Erkenntnis politischer Notwendigkeiten nicht so weit zu stärken vermocht, daß die inneren Gegensätze, unter denen wir in den Krieg gezogen waren, überwunden werden konnten.

Ein Weltkrieg wie dieser, der die letzten Kräfte des Volkes in Anspruch nahm, konnte nur in innerer Fühlung mit den unteren Massen des Volkes geführt werden. Eine Staatsleitung, in geistigem und prinzipiellem Gegensatz zu der Gesinnung und dem Empfinden der Volksmassen, war von vornherein zu dem Schicksal der russischen Regierung verurteilt. Die Geschichte unseres Zusammenbruchs, des Gegensatzes im Denken der oberen und unteren Schichten des Volkes, der sich gegen Schluß des Krieges auch in der Armee ankündigte und heute in einen Gegensatz zwischen Heimat und Heer umgedeutet wird, liefert für die Richtigkeit meiner Überzeugung einen grausamen Beweis.

An der Notwendigkeit innerer Reformen konnte nur zweifeln, wer den Krieg nicht als Weltereignis und ohne Zusammenhang mit der Gesamtentwicklung der Menschheit und ihres Geistes denken zu können glaubte. Daß

32

eine Niederlage die alte Grundlage des Staates zum mindesten bedrohen, die Vorzugsstellung der bisher den Staat tragenden Schichten gefährden, wenn nicht umstoßen werde, war klar. Aber auch der vollkommenste Sieg mußte den Einfluß der unteren Schichten auf den Staat, ihre Mitarbeit und Mitverantwortung zur Folge haben. Siegreichen Soldaten konnte bei der Rückkehr aus diesem Kriege die Beseitigung der Zustände nicht verweigert werden, die sie als politische Degradation empfanden.

Aber auch, wer dies leugnete, wem die innere Reform nicht Sache politischer Überzeugung, sondern nur Frage der Taktik war, konnte nicht übersehen, daß die Neuorientierung Kriegsnotwendigkeit war.

Unmittelbar konnte der Krieg und die Kriegführung nur durch die unteren Schichten gefährdet werden. Wohl war die Entschlossenheit, mit der sich bei Kriegsausbruch auch die Sozialdemokratie der Verteidigung des in seinen unendlichen Werten nun erkannten Heimatstaates gestellt hatte, ganz echt gewesen, von keinem Opportunismus und keiner Gefühlswallung des Momentes verfälscht. Viel zu systematisch und fest aber war ihren Massen der Klassenhaß eingehämmert, als daß nicht ein Umschlag drohte, wenn unter dem Druck eines langen Krieges die trotz aller feindlichen Ablehnung ideologisch festgehaltenen Vorstellungen von internationaler Solidarität gegen die Erfüllung nationaler Pflichten an-

3

kämpften, gleichzeitig aber eine Politik der Reaktion alte
Kränkung über erlittene Verfehmung neu reizte, Arg=
wohn und Mißtrauen gegen den Staat und die herr=
schenden Klassen frisch belebte. Die von sozialdemokra=
tischen Partei= und Gewerkschaftsführern mir unaus=
gesetzt betonte Notwendigkeit politischer Zugeständnisse
entsprach gewiß auch parteipolitischen Zielen. In der
Hauptsache aber war sie der Ausfluß der in den wirk=
lichen Zuständen begründeten Besorgnis, sonst die Auto=
rität über die Parteigefolgschaft zu verlieren. Mittel
äußerer Gewalt konnten wohl in vereinzelten Ausnahmen
mißleitete Leidenschaften bändigen, niemals aber wan=
kende Volksmassen bei Vaterlandsgeist erhalten. Nur
offene und vertrauensvolle Heranziehung zum Staate
versprach Erfolg. Tausendfältig und tagtäglich in Kampf
und Arbeit bis an die Grenzen der Möglichkeit bewährter
Sinn konnte nur mit Vertrauen erwidert werden.
Fehlte das Vertrauen, oder wagte man nicht, es aus=
zusprechen, aus Furcht, später enttäuscht zu werden, dann
waren wir von Beginn an bankerott. Eine nach dem
Willen eines Teiles der deutschen Oberschicht in Staats=
feindschaft weggestoßene Sozialdemokratie hätte wäh=
rend des Krieges und vollends nach dem Zusammen=
bruch den äußersten Radikalismus weder abwehren kön=
nen noch wollen.

Trotzdem blieb die Politik gebunden. Zu äußerer Ex=
plosion durften die inneren Gegensätze nicht gebracht

34

werden. Der Krieg erforderte die Zusammenarbeit aller Parteien. Welche Verwirrung ein Versuch angerichtet haben würde, etwa im August 1914 das nun einmal ein Kernstück der Reform bildende preußische Wahlproblem durch eine Vorlage an den Landtag oder gar an den Reichstag endgültig aus der Welt zu schaffen, illustrieren die Formen, unter denen noch im Sommer 1918 die Konservativen und die Nationalliberalen die Wahlreform bekämpft haben.

Um der Einheit des Volkes willen konnte während des Krieges keine andere Politik als die der Diagonale geführt werden. Zumal in Zeiten der Erregung und Leidenschaft, in der die Extreme sich bekämpfen und im Kampf selbst weiter steigern, ist eine solche Politik nur undankbar. Sie wird von beiden Seiten angegriffen, muß sich stets von Fall zu Fall ihre Anhänger suchen und entbehrt sowohl des Glanzes wie der momentanen Durchschlagskraft, die einer Politik der Rücksichtslosigkeiten zukommt. Solange aber das deutsche Volk keine innere geistige und nationale Einheit geworden sein wird, solange seine Parteien nicht durch gemeinsame Verantwortung gelernt haben, rechts und links, oben und unten, in einer und derselben Sprache und Grundgesinnung zu denken und zu reden, wird das Deutsche Reich, ob Republik, oder Monarchie, in Zeiten der Not aus der reinen Parteipolitik immer wieder auf diese Politik der Diagonale als die einzig mögliche zurückgreifen

3*

müssen. Entschiedene Maßnahmen, offener Kampf in inneren Fragen war möglich und vielleicht notwendig, wenn der Friede gesichert, der äußere Kampf beendet war. Während des Krieges war mir nationales Gebot, zwischen Leidenschaften, Gegensätzen und Verführungen den schmalen Weg der Besonnenheit zu gehen.

Nun auch meinerseits Parteien oder Personen oder gar das Volk anzuklagen, liegt mir fern. Den Gegensätzen, welche in den Fragen sowohl der inneren Reformen wie der Kriegsziele zutage traten, lagen in der Tiefe Vorstellungen zugrunde, die über Parteianschauungen weit hinausgriffen. Ist sie mir auch irrtümlich erschienen, so wurde auf der einen Seite doch die innere Überzeugung vertreten, daß innerpolitische Reformen sichere Vorboten des Zerfalles und damit auch der Niederlage seien, während die Nation durchhalten werde, wenn ihr als Kampfpreis große Ziele gezeigt würden. Selbst ein siegreich durchfochtener Krieg aber sei verloren, wenn unsere Zukunft nicht durch große Eroberungen gesichert werde. Umgekehrt lebte die andere Seite der Überzeugung, daß die breiten Massen nur in der Gewißheit kriegswillig erhalten werden könnten, daß ihre Brüder und Söhne nur für die Verteidigung des Landes bluteten und daß den Siegern eine Zukunft politischer und sozialer Befreiung gesichert sei. Weil der Streit so letzten Endes um den Gewinn oder Verlust des Krieges ging, ist er, einmal entbrannt, so heiß und unversöhnlich ge-

36

worden. Nur Einigkeit der obersten Gewalten hätte ihn dämpfen können.

* *

*

Widerstreit zwischen politischer und militärischer Auffassung im Kriege ist so alt wie die Kriegsgeschichte. Militärisches Gemeingefühl hat von jeher zu der Auffassung geneigt, daß die Politik zu schweigen habe, wenn Mars die Stunde regiere. Die Verhältnisse des Weltkrieges haben diese Auffassung auf die Spitze getrieben.

Wohl noch niemals ist die Gesamtheit einer großen Nation so in den Dienst des Krieges gezwungen gewesen wie jetzt. Nicht allein gegen unsere Wehrmacht richtete sich die Kriegführung der Feinde. Auch die Gesamtbevölkerung des Landes mit Frauen, Kindern und Greisen war feindliches Angriffsobjekt. Ausgehungert sollte sie kapitulieren. Was nicht an der Front mitkämpfen konnte, kämpfte daheim gegen die Blockade. Die ganze Nation war ein streitendes Heer.

In diesen ungeheuren Dimensionen des Krieges wurden die Grenzen zwischen Heerführung und Politik flüssig. Auch in der inneren Politik gab es keine Aktion, die nicht der Kriegstüchtigkeit der Nation galt. Ob wir an den Fronten standhalten würden, war die allein entscheidende Frage. Das Begehr der Heeresleitung auf tätige

Mitwirkung auch in politischen Dingen entsprang ihrer Verantwortung für den Verlauf der militärischen Operationen.

In Einzelheiten erforderten die tatsächlichen Verhältnisse in weitem Umfange politische Mitarbeit militärischer Instanzen. Die militärischen Beziehungen zu den Bundesgenossen, als solche notwendig in militärischer Hand, waren dauernd mit politischen Fragen verquickt. Überwiegend administrativer und politischer Natur war die Verwaltung der ausgedehnten Okkupationsgebiete, die, soweit sie Etappenbezirke waren, unter militärischer Botmäßigkeit stehen mußten. Die Beschaffung des Kriegsbedarfs, worauf fast die gesamte Industrie eingestellt werden mußte, ließ sich nur unter dauernder militärischer Kontrolle regeln. Vor allem übertrug das Belagerungszustandsgesetz wichtigste politische Entscheidungen den stellvertretenden kommandierenden Generalen.

Das Gesetz war veraltet und hätte im Frieden längst geändert werden sollen. Dahingestellt freilich sei, bis zu welchem Umfange dabei die militärischen Zuständigkeiten auf politische Behörden hätten rückübertragen werden können. Auf alle Fälle mußten die stellvertretenden kommandierenden Generale bei der Handhabung politischer Funktionen unmittelbar von der politischen Leitung abhängig gemacht werden. Ihre Immediatstellung zum Kaiser bot weder Ersatz, noch entsprach sie den Zeitverhältnissen. Die in Jahrzehnte zurückreichende Versäumnis konnte jedoch während des Krieges grundlegend nicht nachgeholt werden. Auch hier wären Konsflikte zwischen den politischen Parteien entstanden, die während des Krieges vermieden werden mußten. Denn gerade jene Vorschriften wurden von den Militärs und den sie stützenden Parteien als ein wesentlicher Bestandsteil militärischer Macht im Kriege argwöhnisch gehütet, und ein Rütteln daran ließ sich dem Deutschen Kaiser und König von Preußen leicht als Eingriff in seine Rechte als Oberster Kriegsherr darstellen.

Einschneidend wirkten diese Zustände auf die Beeinflussung der öffentlichen Meinung.

Presse, Vereine und Versammlungen unterstanden der vollziehenden Gewalt der stellvertretenden Generalkommandos. Wo Tendenzen, obwohl sie an sich rein politischer Natur waren, auch militärische Interessen zu berühren anfingen, ließ sich nirgends endgültig bestimmen. Mit etwas mehr oder weniger Zwang konnte alles in die militärische Sphäre gezogen werden. Auf dem Gebiet der Presse machte sich ein weiteres Moment geltend. Basis aller Orientierung der öffentlichen Meinung war Information über die militärische Lage. Nach dem Stand an den Fronten richtete sich alle innere Stimmung. Solche Informationen aber konnten nur militärische Instanzen geben. Sie allein verfügten über die Unterlagen, sie vor allem konnten die militärischen Interessen abwägen, denen die Informationen angepaßt werden sollten. — Dies natürliche, in den Tatsachen begründete militärische Übergewicht ist es gewesen, das zu der Einsetzung des militärisch aufgezogenen Kriegspresseamts geführt und das die allgemeine Bedeutung dieser Behörde begründet hat.

So waren die politischen und militärischen Funktionen fast überall auf das engste ineinander verflochten. Weil sachliche Gründe sie erzwangen, mußte die Verkoppelung ertragen werden. Und sie wäre auch, trotz aller natürlichen und unvermeidbaren Reibungen, schadlos ertragen worden, wenn nicht die militärischen Stellen von Beginn des Krieges an, und dann in seinem Verlaufe stetig wachsend, darauf ausgegangen wären, ihre Machtbefugnisse nach der politischen Seite zu erweitern. Weniger in der Absicht, die politische Leitung zu unterstützen, als um den eigenen Willen auch gegen die politische Leitung durchzusetzen. Berechtigtes militärisches Selbstgefühl wuchs sich zu dem Glauben aus, auch alle politischen Dinge zu meistern, und von der Überzeugung des Besser-Machen-Könnens zu dem Versuch des Besser-Machen-Wollens, der Einflußnahme auf alle nichtmilitärischen Dinge war nur ein Schritt. Absprechende Kritik über die Arbeit des „Zivils" war allen denen geläufig, die Unkenntnis der politischen Geschäfte in dem Irrtum hielt, auch die politischen und diplomatischen Aufgaben seien nach militärischen Methoden und in militärischem Geiste zu lösen. Politische Gegensätze haben der Kritik vielfach den Beigeschmack feindseliger Animosität gegeben.

40

Der preußische Offizier, der auch dem deutschen Offizierkorps die Farbe gab, war zum überwiegenden Teil konservativ. Soweit er liberal war, höchstens nationalliberal. Ein aktiver Offizier mit fortschrittlichen oder gar sozialdemokratischen Tendenzen war in Preußen ein Ding der Unmöglichkeit. Platzten die innerpolitischen Gegensätze so scharf und leidenschaftlich aufeinander, wie es im Kriege geschehen ist, dann stand der Offizier, auch wenn er sich sonst nicht viel um Politik kümmerte, in seinem Herzen auf seiten der Rechten. Berief ihn seine Stellung, wie es vor allem bei den stellvertretenden kommandierenden Generalen, aber auch bei manchen Heerführern und Generalstäblern der Fall war, zu einer Tätigkeit mit politischem Einschlag, dann setzte sich die innere Stimmung auch in reale Aktionen um. Der Gedanke, daß Parteinahme des Militärs gegen die Staatsleitung schließlich den Staat selbst bedrohte, und daß namentlich bei einem nicht glücklich verlaufenden Kriege auch die Armee davon Schaden leiden würde, ist diesen Kreisen nicht gekommen.

Auf dieser allgemeinen Grundlage hat sich das Verhältnis der beiden obersten Gewalten entwickelt. Für den Umfang, in dem die militärischen Gegensätze hervorgetreten sind, ist die Persönlichkeit der mit der Heeresführung betrauten Generale bestimmend gewesen.

In der ersten der beiden Kriegsperioden, die der August 1916 trennt, hat nach meinen Eindrücken zunächst zwischen der politischen und der militärischen Leitung über die großen Fragen der Politik keine grundlegende Meinungsverschiedenheit bestanden. General von Falkenhayn schien mir unsere militärischen Gesamtaussichten ähnlich wie ich selbst zu beurteilen. Wenn er auch die feindliche Widerstandsfähigkeit, namentlich die der Franzosen, unterschätzte, so spielten doch in seinen Erwägungen mir gegenüber die Gegensätze von Siegfrieden und Verständigungsfrieden und damit auch Kriegszielfragen keine Rolle. Von Rußland einen Separatfrieden zu erreichen, hielt der General für die Hauptaufgabe der Politik, ließ sich auch durch das Fehlschlagen der daraufgerichteten Versuche von der Unerreichbarkeit des Zieles nicht überzeugen. Über die innerpolitischen Reformen entwickelten sich, da sie nicht zur Tagesordnung standen und da Herr von Falkenhayn kaum extremen Ansichten huldigte, keine Gegensätze. Scharfer Zwiespalt entstand im Frühjahr 1916 über den Ubootkrieg, dessen unbeschränkte Führung der General verlangte, während ich sie wegen ungenügender Ubootstärke ablehnte. Im übrigen sind die großen Geschehnisse dadurch nicht betroffen worden, daß diejenige innere Harmonie nicht bestanden hat, die unser Daseinskampf an sich erfordert hätte. Die politischen Aspirationen einzelner Faktoren des Großen Generalstabes waren sehr stark ausgeprägt, drangen aber nicht durch, und auch der mit dem Frühjahr 1916 einsetzenden leidenschaftlichen Agitation alldeutscher und reaktionärer Kreise gegen meine Politik gaben die Gegensätze zwischen den obersten Stellen kein besonderes Relief. Zwar stand die größte Mehrzahl der stellvertretenden Generalkommandos auf seiten der Opposition und sah diese — milde ausgedrückt — nicht ungern, und auch die Haltung der dem Militär besonders dienstwilligen Presse zeigte, daß die mit den Presseangelegenheiten betrauten militärischen Stellen kein Interesse darin erblickten, ihrerseits gegen eine systematische Untergrabung der Staatsautorität Front zu machen. Aber die Stellung des Generals von Falkenhayn in der öffentlichen Meinung war doch nicht gefestigt genug, als daß sich diese Zustände hätten krisenhaft auswachsen können.

Mit dem Übergang der militärischen Macht auf den Feldmarschall von Hindenburg und den General Ludendorff traten neue Zustände ein. Hingearbeitet auf diesen Wechsel in der militärischen Führung habe ich selbst schon seit einem ganz frühen Stadium des Krieges.

In den scharfen Gegensätzen, welche sich bereits von Ende 1914 an zwischen der Obersten Heeresleitung und dem Oberbefehl Ost steigend entwickelten, konnte sich der Nichtsoldat selbstverständlich kein abschließendes Urteil anmaßen. Auch Fachkritik hält noch heute vorsichtig mit der Sprache zurück. Aber dem gewaltigen Eindruck, den die militärische Genialität und die Organisationskraft der östlichen Heeresleitung ausübten, konnte sich niemand entziehen. Gegenüber standen die außerordentlichen Verdienste, die sich der General von Falkenhayn im Herbst 1914 erworben hatte, als er mit eisernen Nerven und stählerner Willenskraft eine verflatternde Heeresleitung wieder zusammenfaßte. Sie sicherten ihm eine Stellung, die durch die Erfolge der Sommeroffensive 1915 gegen Rußland nur gefestigt wurde. Alle maßgebenden militärischen Instanzen des Großen Hauptquartiers unterstützten die Abneigung des Kaisers gegen einen abermaligen Wechsel in der Heeresführung. Gegen diese Widerstände war es der politischen Leitung unmöglich, eine Entscheidung herbeizuführen, bei der militärisches Fachurteil nicht ohne Berechtigung den Vorrang beanspruchte. Der Ruf des Volkes nach Hindenburg aber wurde, je weiter der Krieg fortschritt, desto lauter. Von ihm erhoffte man vor allem eine nachhaltige Besserung unserer Lage an der Westfront. Sprachen sich hierin auch allgemeine Vorstellungen aus, so hatten die Klagen der Munitionsindustrie, daß sie bei anderen Dispositionen die ständige Munitionsknappheit durchaus beseitigen könne, einen realen Hintergrund. Von einschneidender Bedeutung wurden schließlich die Verhältnisse an der Ostfront. Und hier ist der Stein ins Rollen gekommen.

44

Militärische Interessen deuteten von selbst darauf hin, die gesamte Oftfront unter einheitlichen Oberbefehl zu stellen. Die Zuftände an den öfterreichischen Frontab= schnitten machten die Forderung bringend. Den öfter= reichischen, vornehmlich auf äußere Preftigefragen ge= ftützten Widerftand gegen solche Vereinheitlichung hätte ein entschiedenes Verlangen unserer Oberften Heeres= leitung wohl brechen können. Aber wenn Hindenburg erft einmal die Oftfront einheitlich kommandierte, dann rückte er auch mit Ludendorff an die Stelle von Falken= hayn. Das war eine in der Sache liegende Konsequenz. Und einen solchen Wechsel hat General von Falkenhayn, worüber er keinen Zweifel ließ, nach militärischer Über= zeugung für verderblich gehalten. Ebenso, wie umge= kehrt der Oberbefehl Oft mir wiederholt vorftellte, der Krieg gehe unrettbar verloren, wenn der General von Falkenhayn bleibe.

In diese militärischen Unftimmigkeiten, deren Folgen für die Entwicklung des Krieges heute wohl noch nicht übersehen werden können, griffen allgemeine Erwägun= gen jetzt verschärft ein.

Der Feldmarschall von Hindenburg ift von Tannen= berg an lebendiges Symbol deutschen Volksglaubens gewesen. Und er ift der Volksheld geblieben, auch als ihm das Schicksal den Endfieg nicht gönnen wollte. Um seine militärischen Verdienfte woben sich die undefinier= baren moralischen Kräfte, die die Größe und Macht einer feſt in ſich geſchloſſenen Perſönlichkeit ausſtrahlt. Er war der Retter des Oſtens geweſen. Daß nur er uns aus der Umſtrickung aller Fronten ſiegreich hinausführen könne, war Glaube und Zuverſicht der Nation. Um ſeine größte Kraft hätte ſich das Volk betrogen gefühlt, wenn nicht ihm unſere militäriſchen Geſchicke anvertraut wurden. Aber auch nur mit Hindenburg als Führer und nur mit ſeiner Zuſtimmung hätte Deutſchland auch einen mageren Frieden hingenommen.

Die pſychologiſche Bedeutung dieſer Momente war ungeheuer. Ich habe ſie im Sommer 1916 dem Kaiſer mit einer Eindringlichkeit vorgeſtellt, die nicht wohl zu überbieten war. Wiederholt und noch in der Julikriſis 1917 hat mich der Kaiſer an die Worte erinnert, die ich damals gebraucht habe. Ich erreichte auf dieſem Wege zunächſt eine perſönliche Aktion des Kaiſers, die die öſterreichiſchen Bedenken gegen die Vereinheitlichung des Oberbefehls an der Oſtfront überwand. Damit war der entſcheidende Schritt getan. Die Berufung des Feldmarſchalls von Hindenburg an die Spitze der Oberſten Heeresleitung vollzog ſich kurz darauf von ſelbſt und ohne mein unmittelbares Zutun. Auf Rumäniens Kriegserklärung berief der Kaiſer zur Beſprechung der Geſamtlage den Feldmarſchall in das Große Hauptquartier und übertrug ihm, da der General von Falkenhayn dieſerhalb ſeinen Abſchied einreichte, die Oberſte Heeresleitung. Als ich wenige Stunden darauf von Berlin in Pleß eintraf,

46

konnte ich den Feldmarschall zu einem Ereignis beglück=
wünschen, durch das lange Bemühungen von mir er=
füllt wurden.

In dem nun einsetzenden Zeitabschnitt hat die Oberste
Heeresleitung zunächst unter tunlichster Trennung der
militärischen und politischen Funktionen vertrauensvoll
mit der politischen Leitung zusammenarbeiten wollen.
Sehr bald aber wandelte General Ludendorff die Ver=
hältnisse. Es gab kaum eine Frage der Politik, in der
er für die Oberste Heeresleitung nicht allein die Mit=
wirkung, sondern auch die Entscheidung verlangte. Be=
gründet wurde die militärische Ingerenz fast durchgehend
mit der Erklärung, daß sonst der Krieg verloren gehe und
der Feldmarschall von Hindenburg die Verantwortung
nicht länger tragen könne. Dabei lag, jedenfalls seit der
Erkrankung, die den Feldmarschall im Winter 1916/17
befallen hatte, die eigentliche Entscheidung weniger bei
diesem, als beim General Ludendorff. Anfangend mit
der Adoption persönlicher und geschäftlicher Verkehrs=
formen, die gedeihliche Zusammenarbeit fast ausschlossen,
sich steigernd von Nichtunterstützung zu Bekämpfung der
politischen Leitung, haben die Verhältnisse in der Juli=
krisis 1917 zu einem Regime geführt, das die Alleinherr=
schaft der militärischen Leitung außer Zweifel stellte.

Krieg drängt nach Diktatur, und wenn keine oberste Stelle in voller Freiheit der Entschließung die an sich unvermeidlichen Reibungen zwischen militärischer und politischer Leitung aufzuheben vermag, werden militärische Prätentionen nicht ausbleiben. Setzten unsere beiden großen Heerführer ihre Inamovibilität für die Verwirklichung des eigenen Willens auch gegen Kaiser und Reichskanzler ein, dann war der Streit von vornherein entschieden. Die Diktatur aber, die General Ludendorff anstrebte, stieß, indem sie den Reichskanzler zum ausführenden Organ seiner eigenen Entschlüsse machen wollte, unsere staatliche Ordnung um. Heilsam wäre sie für Deutschland nur gewesen, wenn sich militärischer Tatkraft überlegene politische Weisheit gesellt hätte. Wie die Dinge persönlich und sachlich lagen, waren die beiden obersten Gewalten auf Zusammenarbeit angewiesen. Aus der Wertschätzung der militärischen Leistungen heraus ist die politische Leitung immer bereit gewesen, den Militärs zu möglichen Kompromissen die Hand zu bieten. Sich ihnen unterordnen, hätte die Approbation ihrer politischen Richtlinien bedeutet.

In allgemeine Formeln lassen sich die Gegensätze, die bestanden haben, nicht fassen. Antithesen, wie die von verschiedener Weltanschauung, von abweichender Auffassung des Machtgedankens im Völkerleben, unterschiedlicher Bewertung der Individual- und der Gesamtleistung, reinem und mangelhaftem Siegeswillen und dergleichen, mögen bestechend erscheinen, treffen aber nicht das, worauf es ankommt. Auch die summarische Behauptung ist nicht diskutierbar, daß die politische Leitung dem Kriege nicht gegeben habe, was zur Kriegführung nötig gewesen sei. Unbeschränkt hat die Heeresleitung über Menschen und Material verfügt. Und innerhalb des Menschenmöglichen hat das Volk physisch und moralisch hergegeben, was das Militär verlangte. Unerfreuliche Erscheinungen sind während meiner Amtszeit Ausnahmen gewesen, die die Gesamtleistung nicht berührten.

Entscheidend ist ausschließlich, ob der Feldmarschall von Hindenburg und der General Ludendorff den Krieg militärisch so haben führen können, wie sie es für nötig hielten. Das ist der Fall gewesen. Zu dem Tage, an dem sie ihn verlangten, ist ihnen der Ubootkrieg bewilligt worden. Zu Wasser und zu Lande haben sie frei und unbehelligt disponiert. Weder unsere Uboote hätten noch mehr geleistet, als sie in Wirklichkeit geleistet haben, noch hätte sich unsere Armee im Jahre 1917 heldenhafter geschlagen, als sie es getan hat, wenn ich an Stelle einer Politik der Verhandlungsbereitschaft und des Entgegenkommens gegen die Linke eine Politik der Reaktion und des Annexionismus geführt hätte. Unsere militärische Lage im Juli 1917 ist so gut und so schlecht gewesen, wie eine völlig freie Heeresführung sie mit der besten Wehrmacht der Welt hat herstellen können.

Dieser Tatbestand läßt sich durch nichts verschleiern. Er ist die Basis aller Kritik. Die große, und wie ich glaube, verhängnisvolle Wendung ist eingetreten, als die Heeresleitung, zur Beherrscherin der Politik werdend, dieser Situation nicht die unabwendbaren Folgen gab.

Der Ubootkrieg wurde beschlossen, weil die Heeresleitung ohne ihn den Krieg nicht glücklich beenden zu können überzeugt war. Zum Einlenken, also zu Verhandlungsbereitschaft, sollte er England bringen. Mehr versprach auch der Admiralstab nicht. Darum mußte die Politik so geführt werden; daß sie eintretende Verhandlungsbereitschaft der Entente jederzeit aufgreifen konnte, und, wenn sie eintrat, auch tatsächlich aufgriff. Verschoben ist diese Basis im ersten Halbjahr 1917 nicht. Weder die Erfolge der Uboote, noch die russische Revolution stellten uns vor den Siegfrieden. Verrechnete sich hierin die Politik, dann korrigierte der feindliche Zusammenbruch automatisch alle Fehler.

Im Gegensatz dazu wollte General Ludendorff die soldatische Hoffnung nicht aufgeben, dem Zwange des Verhandlungsfriedens durch vollen Sieg zu entgehen. Im April 1917 drängte er die politische Leitung zu urkundlicher Vereinbarung von Kriegszielen, die nur ein Diktatfrieden verwirklichen konnte, und Ende Juni erklärte er, meine Politik nicht unterstützen zu können, weil ich die Begeisterung des Volkes nicht durch belgische und

50

baltische Zukunftsbilder zu entflammen verstehe[1]). Der soldatisch gerechtfertigte Wille, an nichts als an den Sieg zu denken, fand keine Hemmung an der Einsicht des militärisch und politisch Erreichbaren. Um das Ziel, die Politik unter diesen soldatischen Willen zu beugen, ist der Kampf des Generals Ludendorff gegen die Reichsleitung gegangen.

Daß die militärische Leitung aus den entstandenen Konflikten als Sieger hervorging, entsprach dem Willen der großen Mehrheit der Nation. Ganz unabhängig von dem Vorhandensein oder dem Fehlen sachlicher Übereinstimmung optierte deutsche Volksstimmung letzten Endes doch stets für das militärische Votum. Das Bewußtsein davon, daß das Deutsche Reich ohne die Großtaten der preußischen und deutschen Armee nicht hatte zustande kommen können, und die unvergleichlichen jetzigen Kriegstaten, an denen alle die Männer mithandelnd teilnahmen, die in der Friedensarbeit Deutschland groß gemacht hatten, waren Momente, die zusammen mit den unerreichten militärischen Verdiensten der beiden großen Heerführer unbedingtes Vertrauen in die Unfehlbarkeit aller ihrer Entschlüsse erzeugten. Diese geradezu gläubige Hingabe der Nation an ihre militärischen Heroen hat

[1]) So Äußerungen des Generals Ludendorff zum Unterstaatssekretär Wahnschaffe am 29. Juni 1917.

deren Stellung zu einer einzigartigen erhoben. Sie repräsentierten nicht mehr bloß die Heerführung, sondern wurden zu einer politischen Macht, vor der sich auch der Kaiser zu beugen hatte.

Das deutsche Volk hat, indem es die militärische Leistung auf eine solche Höhe stellte, den Gang der Dinge entscheidend mitbestimmt. Glühender Patriotismus, grandiose Willensenergie und militärische Größe mochten gerade in dem Verantwortungsgefühl für die Macht, die die Nation in seine Hände legte, das Selbstbewußtsein des Generals Ludendorff zu dem Pflichtgefühl steigern, die Hand nach der Alleinherrschaft auszustrecken. Vor der Todesgefahr Deutschlands verblaßten alle persönlichen Momente und armseligen Kompetenzfragen, und alles war gut, was zum Erfolge führte. Die Leidenschaftlichkeit, mit der der General, nun das Schicksal anders entschieden hat, die Schuld an dem Mißlingen andern zuweist, bringt die Frage nicht zum Schweigen, ob seine Wege überall die richtigen waren.

*　　　*

*

Anmerkung: General Ludendorff ist in seinen Kriegserinnerungen bestrebt, auch die Katastrophe des Jahres 1918 auf mein Schuldkonto zu bringen. Durch meine Politik sei das deutsche Volk so verdorben worden, daß es im Jahre 1918 nicht mehr hätte siegen können. Daß die Armee im Jahre 1918 nicht mehr so gut sein konnte wie im August 1914,

Es ist begreiflich, wenn heute — in einer Katastrophe ohnegleichen — nach versäumten oder ungeschickt behandelten Friedensmöglichkeiten gesucht wird. Und allzu menschlich ist es, wenn sich an diesem Suchen auch Politiker beteiligen, die während des Krieges die politische Leitung gerade wegen ihres Ausspähens nach Friedensmöglichkeiten bekämpft haben. Konjekturalpolitik aber bleiben alle Anklagen dieser Art, solange nicht ermittelt wird und bei verschlossenen feindlichen Archiven auch nicht endgültig ermittelt werden kann, ob und wann unsere Gegner zu Verhandlungen bereit gewesen sind. Immerhin können schon gegenwärtig folgende Tatsachen festgehalten werden.

Auf unserer Seite ist vom Beginn des Jahres 1915 ab dauernd festzustellen versucht worden, ob sich Friedens-

war selbstverständlich. Unsere Niederlage aber moralischem Versagen der Truppe zuzuschreiben, heißt, die wirklich entscheidenden Momente, die feindliche Übermacht an Menschen und Material und den Zusammenbruch unserer Bundesgenossen übersehen. Träfe die These des Generals Ludendorff zu, so müßte man fragen, ob er dann die große Offensive von 1918 überhaupt noch machen durfte. Aber die These ist als solche falsch. Versagt mögen einzelne Divisionen auch schon zu einem Zeitpunkt haben, wo die Offensive noch nicht entschieden war. Aber nicht, weil sie verräterisch, sondern weil sie abgekämpft waren. Zusammengebrochen sind Armee und Heimat erst, als der große Endkampf, in den sie voll Mut und Zuversicht und in unerschütterlichem Glauben an ihre Heerführer gezogen waren, urplötzlich mit einer Riesenenttäuschung endete. Volksmassen ertragen es nicht, daß die lauten Siegesfanfaren von gestern heute von dem Schreckensruf abgelöst werden: Hannibal ante portas.

besprechungen anknüpfen ließen. Die Sondierungen wurden auf den verschiedensten Wegen und mit den verschiedensten Mitteln angestellt. Sowohl bei unseren westlichen, wie bei unseren östlichen Feinden. Die Vorstellung, daß ich aus Anglophilie Rußland vernachlässigt hätte, ist ebenso unrichtig wie der umgekehrte Vorwurf, daß ich in dem Wahn eines russischen Separatfriedens westliche Friedensmöglichkeiten in den Wind geschlagen hätte. Wie ich unsere Gesamtlage beurteilte, hatten wir jeweils für die Seite zu optieren, die uns die Möglichkeit zum Frieden bot. Der Kampf zwischen Anglophoben und Russophoben, die Option zwischen dem Osten und dem Westen, verschloß sich vor der brutalen Wirklichkeit. Bis zum Frühsommer 1917 haben alle Sondierungen nur ein negatives Resultat gehabt. Weder bei den Westmächten, noch bei Rußland war eine Geneigtheit zum Sprechen festzustellen[1]). Generell war die Situation die, daß die feindlichen Machthaber insgesamt wußten, die deutsche politische Leitung sei verhandlungsgeneigt, daß sie selbst aber eine ähnliche Geneigtheit auch nicht von ferne andeuteten.

Erst im Jahre 1917 sind wirkliche Friedensmöglichkeiten aufgetaucht. Zuerst der zwar lange in Aussicht gestellte, aber immer wieder hinausgeschobene Friedensvermittelungsversuch des Präsidenten Wilson, danach

---

[1]) Weitere Ausführungen wegen Rußlands im Kapitel „Polen".

die den päpſtlichen Friedensſchritt einleitende Miſſion des Nuntius Pacelli Ausgang Juni 1917[1]).

Für die vor dieſe Ereigniſſe fallende Zeit kann von verſäumten Friedensmöglichkeiten nicht geſprochen werden.

Der Vorwurf, daß das Zeigen von Verhandlungsbereitſchaft von den Feinden als Schwächezeichen gedeutet werden mußte, wird der Sachlage nicht gerecht. Zwang uns die allgemeine Lage, den Boden für Verhandlungen vorzubereiten, dann mußten wir auch verſuchen, den friedenswilligen Minoritäten in den feindlichen Ländern zum Siege über die kriegstreibenden Elemente zu verhelfen. Ohne Bekundung unſeres Friedenswillens war das nicht möglich. Schwächeallüren habe ich dabei vermieden. Meine Reichstagsreden ſind im Auslande eher als Zeichen ungerechtfertigter Siegeszuverſicht gedeutet worden, und das Friedensangebot vom 12. Dezember 1916 haben wir nach der Einnahme von Bukareſt erlaſſen. Die Sixtus-Parma-Affäre aber kommt nicht auf Rechnung der deutſchen Regierung. Im Frühjahr 1917 iſt eine Anweiſung der franzöſiſchen Preſſepropaganda in unſere Hände gefallen, die für meinen Sturz zu arbeiten vorſchrieb, weil meine gemäßigte Haltung den Pazifismus in den Ententeländern ſtärke. Im Gegenſatz dazu iſt Spekulation auf die ſprichwörtliche deutſche Uneinigkeit, genährt durch unſere

---

[1]) Beide Ereigniſſe werden im weiteren Verlauf dieſer Betrachtungen beſonders behandelt werden.

innere Zerrissenheit, durch den Kampf um die Kriegs=
ziele und die inneren Reformen, durch den Dua=
lismus der obersten Gewalten, ein starker Aktiv=
posten in der Rechnung der feindlichen Kriegstreiber
gewesen.

Kriegsfuror war ein Kennzeichen des Weltkrieges. Die
Beweglichkeit und Wandelbarkeit der Kabinettspolitik
früherer Koalitionskriege hat nicht bestanden. Die Ma=
schine der Kriegsleidenschaft, zu Kriegszwecken geschaffen
und zu immer größerer Macht ausgestaltet, hat die Poli=
tik der Staaten in der einmal eingeschlagenen Richtung
festgehalten. Bis zum letzten Ende hat der Krieg keine
Partei jemals vor eine direkte Zwangslage gestellt.
Immer wieder rechnete der Osten auf den Westen, und
der Westen auf den Osten, und selbst in kleinen Erfolgen
ließ sich jedem Volk wieder irgendeine neue Hoffnung
vorspiegeln, die die psychologische Wirkung jeder Nieder=
lage kupierte. Die Vielheit der immer wechselnden Kon=
junkturen, die Sucht, sie auszubeuten, um die Wider=
standskraft zu erhalten und immer wieder neu zu beleben,
verführte nicht nur, sondern verdammte auch die Politik
zu einem fatalen Abwarten immer neuer Ereignisse.
Dieses Festliegen der Politik in einem Völkerkrieg, das
zwangsläufige Auswirken der einmal entfesselten kriege=
rischen Gewalten hat die Möglichkeit aller Friedensver=
suche begrenzt, die einen im Keim erstickt, das Schicksal
der anderen besiegelt.

56

Trotzdem war das Suchen nach einem Verständigungsfrieden geboten. Wer hat heute den Mut, zu leugnen,
daß dieses Suchen nach Friedensmöglichkeiten nicht nur
kriegsmüde werdende Massen zusammengehalten hat,
sondern auch bei einem etwas anderen Gang, ja nur bei
zeitlich geändertem Ineinandergreifen der Ereignisse zum
Erfolg hätte führen können? Es gibt keinen Krieg, aus
dessen Geschichte das Schicksal zu entfernen wäre, und
kaum je hat das Schicksal so hart mitgesprochen, als es
uns, kurz bevor Rußland dem Zusammenbruch entgegen-
eilte, einen Beschluß fassen ließ, der uns in Amerika einen
neuen Feind brachte.

Danach hat im Sommer 1917 ein Moment bestanden,
wo sich nach meiner Überzeugung die Möglichkeit zu
einem, allerdings bescheidenen, Verhandlungsfrieden
eröffnete. Nur die Anfänge sind in meine Amtszeit gefallen. Auf die weitere Entwicklung erstrecken sich diese
Betrachtungen nicht.

*   *

*

Wenn von den Ursachen unseres Zusammenbruchs
gesprochen wird, stellt sich regelmäßig auch ein Hinweis
auf das Versagen der deutschen Auslandspropaganda
ein. Die Tatsache, daß es nicht gelungen ist, außerhalb
unserer Grenzen, von wenigen Ländern abgesehen, für

deutsches Wesen ein tieferes Verständnis und widerstandsfähige Sympathien zu erwecken, liegt vor aller Augen. Die Gründe dafür reichen wohl tiefer, als die erhobenen Anklagen vermuten lassen.

Unzweifelhaft haben wir vor dem Kriege keinen genügenden Propagandaapparat gehabt. Ausreichende Geldmittel fehlten; vielleicht weil sowohl die Bewilligungsgeneigtheit des Reichstages wie die Forderungsenergie der Regierung zu spät einsetzten oder unvollkommen waren. Im Kriege versagte der unausgebildete Apparat um so mehr, als die Abschneidung der Kabel und die militärische Sperrung der Grenzen sehr bald auch eine geistige Blockade über uns verhängten. In unserem Käfig wurden wir immer weniger fähig, uns selbst mit den Augen der anderen zu sehen. Das waren Hemmnisse von einschneidender Bedeutung. Sie machten es unmöglich, die wohlgezielten Hiebe der feindlichen Propaganda sofort und überallhin zu parieren. Damit allein wäre es indes nicht geschehen gewesen. Auch in der Propaganda schlägt nur die Offensive durch. An einer in der Welt zündenden Offensivparole aber, die die der Feinde überwand, fehlte es uns.

Um im Urteil des Auslandes stetig emporzuwachsen, stand der Deutsche der nachbismarckischen Zeit zu sehr sich selbst im Licht. Er war so rasch groß geworden, daß seine nationale Erziehung dahinter zurückblieb. In dem einseitigen wirtschaftlichen Emporschießen war er sich selbst

58

vielfach geistig untreu geworden. Unser Auftreten hatte
für die Franzosen noch die Siegermiene, aber auch für
die verbündeten Italiener etwas Gönnerhaftes und
selbst für die stammverwandten Österreicher einen bisweilen aufbringlichen Beschützerton. Engländer, Ame-
rikaner, Russen, Japaner fanden uns zu machtbewußt
in Anbetracht der engen, von zwei Seiten bedrohten, rein
festländischen Grundlage unserer Weltstellung. Wieviel
Abneigung sich gegen „die Deutschen" selbst im neutralen
Auslande angesammelt hatte, ist uns erst nach dem Ausbruch des Krieges überraschend zum Bewußtsein gekommen. Rund herum in der Welt beneidete oder bespöt-
telte, fürchtete oder haßte man den glücklichen und mäch-
tigen Emporkömmling. Die Ausländer, die auf Deutschland hinblickten, sahen nicht die großen Massen eines
fleißig arbeitenden Volkes. Zu ihnen drangen vornehmlich die grellen Stimmen der Alldeutschen und die fast
noch schwerer auszugleichenden Kundgebungen aus kaiser-
lichem Munde. Die Krone hielt sich als Wortführerin für
Deutschlands auswärtige Beziehungen häufig nicht in
Reih und Glied, sie brach bald hierhin, bald dorthin aus,
und die verantwortlichen Amtsstellen erfuhren bisweilen
erst hinterdrein, wie empfindlich ihre Kreise gestört worden waren.

Vielleicht ist die Art, in der der Deutsche seine Selbst-
bejahung gegenüber dem Auslande betrieben hat, ein
Kennzeichen jedes Volkes, das so schnell wie wir auf-

gestiegen ist. Ein geistig und national noch nicht zusammengewachsenes Volk aber konnte auch keine Weltthese aufstellen. Wettzumachen war diese Unterlegenheit nicht. Paris ist kraft einheitlicher geistiger Überlieferung und kraft der geschlossenen Form der französischen Kultur ein Weltbegriff. Vor dem kulturellen französischen Genius beugen sich auch politische Gegner. Der Engländer aber hatte in jahrhundertelanger Auslandsbeherrschung einen innerlich gefestigten und äußerlich abgeschliffenen Typus von enormer suggestiver Kraft geschaffen. In Dreivierteilen der Welt war die Sprache der englischen Machtpolitik mit dem geistigen Empfinden der Menschheit so in eins verwoben, daß humanitäre und zivilisatorische Schlagworte, die in deutschem Munde gezwungen geklungen hätten, beim Engländer natürlich und selbstverständlich herauskamen. Weil die Hypokrisie solcher Schlagworte unbewußte Natur des Engländers geworden war, wurde sie überall ruhig hingenommen. Regte sich irgendwo ein Zweifel, so verstummte er vor der britischen Macht.

So ist die feindliche Parole von dem Kampfe für Recht und Gerechtigkeit, für die Unterdrückung von Autokratie und Militarismus, für die Freiheit der kleinen Staaten um das Selbstbestimmungsrecht aller Völker von der Welt gläubig akzeptiert worden. An allgemeine Menschheitsempfindungen appellierend und ein goldenes Zeitalter versprechend, hatte dieser Kampfruf eine Zugkraft, gegen die unsere Parole der Verteidigung nicht aufkam. Das deutsche Annexionistenprogramm, von der Regierung übernommen, hätte nur Öl ins Feuer gegossen. Nach englischer oder französischer Suprematie zwar, die alles erdrückte, sehnte sich die Welt wohl kaum. Aber deutsche Weltherrschaft war irrationell. An Deutschlands Zertrümmerung wurde umgekehrt nicht geglaubt. Wir waren ja so stark, und die Entente erging sich in so feierlichen Beteuerungen ihrer Selbstlosigkeit.

Die Ententepropaganda, die sich selbst die ehrbarsten, uns die verbrecherischsten Motive zuschrieb, ist ein mächtiges Schwungrad in der feindlichen Kriegsmaschine gewesen. Namentlich in England ließen sich pazifistische Regungen durch den Aufruf zum heiligen Kreuzzug gegen die Hunnen immer erfolgreich ersticken. Darin hat während des Krieges die Hauptbedeutung der Propaganda bestanden. Nicht verdankt ihr die Entente auch ihre in seinem Verlauf erworbenen Bundesgenossen. Die italienischen und rumänischen Machthaber sind der Entente beigetreten, nicht, weil sie deren Evangelium für bare Münze nahmen, sondern weil sie die nationalen Aspirationen ihrer Länder nur verwirklichen konnten, wenn sie mitfochten. Und entschlossen haben sie sich zum Kriege, ein jeder in dem Augenblicke, wo er des Endsieges der Entente sicher sein zu können glaubte. Letztlich entscheidend waren nicht das Gold und die hohen Worte der Propaganda, sondern die reale Macht, die dahinterstand.

In Rom wie in Bukarest sind wir unterlegen nicht wegen unseres Ungeschicks, sondern weil wir uns den Italienern und den Rumänen nicht als die Stärkeren legitimieren konnten. Wo weder nationale Aspirationen den Krieg volkstümlich machten, noch die Entente ihre letzten Daumschrauben ansetzte, wie in Spanien, in Holland, in den skandinavischen Reichen und der Schweiz, hat auch die wütendste feindliche Propaganda nicht verfangen. Alle diese Staaten haben uns die strikteste Neutralität gehalten und an unseren Gefangenen, Kranken und Kindern Werke der Liebestätigkeit geübt, die ihnen Deutschland immerdar danken wird.

Die Wirkungen der Ententepropaganda sind mit dem Ende des Krieges nicht erloschen. Alle nachträglichen Ereignisse stehen unter ihrem Zwang.

Die monatelange Fortsetzung der kindermordenden Hungerblockade gegen ein in militärischem und innerem Zusammenbruch wehrlos gewordenes Volk, der Verrat von Versailles, das Friedensdiktat der Verelendung und Versklavung, die schwarze Schmach, — dieser gesamte blutige Hohn auf die im Kriege vernommenen humanitären und völkerbeglückenden Phrasen wird von der Welt, trotz aller sich dagegen regenden Proteste, ruhig ertragen, weil die Legende von der Barbarei deutscher Kriegführung und von der Alleinschuld Deutschlands am Kriege sich so

62

feft eingefreffen hat, daß Ungerechtigkeiten und Verrat, ja Unmenfchlichkeiten als die erlaubten und notwendigen Zuchtmittel eines Weltftrafgerichts über die Parias der Menfchheit gelten.

Nicht nur die deutfchen Gefchicke werden davon ge= troffen. Die ganz Europa verwüftende Friedlofigkeit und Anarchie nährt fich von der Unwahrhaftigkeit, auf die die Friedensfchlüffe von Verfailles, St. Germain, Neuilly und Sèvres aufgebaut find.

* * *

Über die Schuld am Kriege habe ich bereits im erften Bande diefer Betrachtungen gefprochen. Inzwifchen find zahlreiche Publikationen namentlich aus den ruffifchen Staatsarchiven erfolgt, welche die Beweife für die dort aufgeftellten Behauptungen häufen. Die wichtigften Daten daraus wiederzugeben, halte ich für um fo not= wendiger, als die deutfchen Schriften über die Urfachen des Weltkrieges fich zumeift darauf befchränken, die Hand= lungen der deutfchen Regierung nach dem Mord von Serajewo zu kritifieren. Die andere Seite der Sache, die Unterfuchung der europäifchen Konftellation zur Zeit des Mordes und die Aufdeckung der Tatfachen, welche zu diefer Konftellation geführt haben, kommt bei diefer Betrachtungsweife in der Regel zu kurz. Ja die Art, wie deutsche Kritik geübt worden ist, hat mehrfach der feindlichen These von der Alleinschuld Deutschlands zur Folie gedient. Über dem allen steht die Weltfrage nach den wirklichen Zusammenhängen, die zur Weltkatastrophe geführt haben. Sie beherrscht Gegenwart und Zukunft.

Aus den veröffentlichten Dokumenten ergeben sich folgende Tatsachenreihen[1]).

Serbiens Politik verfolgt seit der Thronbesteigung der Karageorgewitsch die Absprengung der südslawischen Staaten vom österreichisch-ungarischen Staatsverbande. Eine amtliche serbische Denkschrift von 1904 formuliert das Programm wie folgt: „Agitation in Bosnien behufs Anschlusses an Serbien. Diskreditierung der dortigen österreichisch-ungarischen Administration durch systematische publizistische Propaganda und Nährung der Unzufriedenheit der orthodoxen und mohammedanischen Bevölkerung Bosniens und der Herzegowina[2]). Die Annexion der beiden Länder durch Österreich steigert die

---

[1]) Die Mehrzahl der Dokumente ist veröffentlicht in dem Weißbuch betreffend die Verantwortlichkeit der Urheber am Kriege, Berlin, Juli 1919. Dieses Weißbuch wird im folgenden mit D. W. B. zitiert. Die Seitenzahlen sind nach der Ausgabe in Großfolio angegeben. [In Klammern dahinter sind die Seitenzahlen der Oktavausgabe beigefügt, welche im amtlichen Auftrage die Deutsche Verlagsgesellschaft für Politik und Geschichte m. b. H. (Materialien, betreffend die Friedensverhandlungen, Teil VI) Berlin 1919, veranstaltet hat. D. H.]

[2]) Vgl.: Mandl, Österreich-Ungarn und Serbien, S. 15 ff.

Bewegung. Neujahr 1909 erklärt der Minister des Auswärtigen, Milowanowitsch, in öffentlicher Sitzung der Skupschtina: „Österreich muß aufhören, ein Balkanstaat zu sein." Der Führer der Altradikalen Protitsch ergänzt die Parole dahin, daß Frieden mit Österreich nur möglich sei, „wenn es darauf verzichte, eine Großmacht zu sein".

Diese gegen Österreich-Ungarn gerichtete Politik Serbiens wird von Rußland unterstützt und animiert.

Im September 1908 gibt Iswolski dem serbischen Gesandten Wesnitsch aus Anlaß der sich entwickelnden Annexionskrisis die allgemeine Zusicherung: „Rußland hat bisher Serbien unterstützt und wird es auch von jetzt ab unterstützen, wo und wie es nur kann[1])." Präziser noch äußert sich im Februar 1909 der Führer der Oktobristen, Gutschkow, gegenüber dem serbischen Gesandten Kosutitsch: „Wir wären (wegen der Annexion) nur in dem Falle in den Krieg getreten, wenn es sich um den Bestand Rußlands gehandelt hätte. Ist unsere Rüstung einmal vollkommen durchgeführt, dann werden wir uns mit Österreich-Ungarn auseinandersetzen. Beginnt jetzt keinen Krieg, denn dies wäre Euer Selbstmord, verschweigt Euere Absichten und bereitet Euch vor, es werden die Tage Euerer Freuden kommen[2])." Kurz darauf geht auch der russische Minister des Äußeren, Sassonow, zur

---

[1]) D. W. B. S. 79/80 (S. 101).
[2]) D. W. B. S. 93 (S. 112).

Agitation über. Mahnend sagt er dem serbischen Gesandten Popowitsch: „Serbien muß für die künftigen Zeiten arbeiten, wo es viel Land von Österreich-Ungarn erhalten wird[1]."

Ein Jahr später erörtert der Zar mit dem in besonderer Mission nach Petersburg entsandten serbischen Ministerpräsidenten Paschitsch die kriegerischen Ziele der gemeinsamen Politik gegen Österreich-Ungarn in allen Einzelheiten und stellt Serbien zur Vervollständigung seiner Arsenale russisches Heeresgerät in Aussicht. Der Zar läßt dem König Peter sagen: „Für Serbien werden wir alles tun[2][3]."

Frankreichs Zustimmung zu der Haltung des russischen Alliierten war selbstverständlich. Aber auch England stand auf derselben Seite.

Schon im Jahre 1908 versichern Grey und Harding dem Minister Milowanowitsch rückhaltlos, „daß die serbisch-nationale Frage auf die Tagesordnung gestellt, nicht bloß in der englischen Presse, sondern auch in der positiven Haltung der englischen Politik für die serbische Regierung und für den Minister persönlich die allerbeste Meinung und die lebhaftesten Sympathien erweckt."

---

[1] D. W. B. S. 110 (S. 127).

[2] D. W. B. S. 114 ff. (S. 136).

[3] Die serbisch-österreichischen Verhältnisse sind ausführlicher in meinem als Anlage abgedruckten Bericht an den Parlamentarischen Untersuchungsausschuß vom 27. 12. 1919 dargestellt.

Beide geben ihr Wort, „daß sie fortfahren werden, die serbischen territorialen Entschädigungsforderungen so lange zu unterstützen, als Rußland sie aufrechterhalte[1])." Im Oktober 1912 setzt England auf die Mitteilung, daß Serbien sich einem österreichischen Einmarsch in den Sandschak Novibazar mit Waffengewalt widersetzen würde, die Reservisten seiner Flotte, Klasse A, in Bereitschaft[2]).

Rußlands, von Frankreich und England gestützte Politik gegenüber Serbien ist das Hauptglied der auf die Beherrschung des Balkans und die Gewinnung Konstantinopels gerichteten russischen Gesamtpolitik. Getrieben wird diese Politik — und das ist der springende Punkt, wenn von der „Schuld am Kriege" gesprochen wird — in dem vollen Bewußtsein, daß ihre Ziele nur durch einen allgemeinen europäischen Krieg zu verwirklichen sind.

Schon im Frühjahr 1909 erklärt nach einem Berichte des serbischen Gesandten Kosutitsch der damalige Minister des Äußeren Iswolski den Kampf mit dem Germanentum, wenngleich Rußlands Politik rein slawophil sei, für unausweichbar[3]). Dieselbe Ansicht spricht zu gleicher Zeit der Zar dem Dumapräsidenten aus: Rußland müsse sich zu dem Kriege vorbereiten, für den es jetzt nicht gerüstet gewesen sei[4]).

---

[1]) D. W. B. S. 90 (S. 111).
[2]) D. W. B. S. 107 (S. 125).
[3]) D. W. B. S. 94 (S. 114).
[4]) D. W. B. S. 96 (S. 114f.).

Im Herbst 1911 erklärt der französische Botschafter in London, Paul Cambon, anläßlich der Marokkokrisis ganz offen einem Gewährsmann des serbischen Geschäftsträgers Gruitsch den Krieg zwischen Frankreich und Deutschland für unvermeidlich. Man müsse ihn aber bis 1914/15 hinausschieben; noch müsse das französische Oberkommando reorganisiert werden, und Rußland sei militärisch noch nicht fertig. England steht, wie Gruitsch weiter berichtet, fest hinter Frankreich[1]).

In den sich nun anspinnenden Balkanwirren patronisiert Rußland den Balkanbund in voller Kenntnis der mit ihm kommenden europäischen Gefahr. Zur Sicherung gegen sie trifft Rußland umfassende Kriegsvorbereitungen. Am 8. Juli 1912 schließt Rußland mit Japan einen geheimen Vertrag, in dem Japan den Schutz der russischen Interessen in China übernimmt, so daß Rußland im Falle eines europäischen Krieges seine Truppen aus Sibirien und China zurückziehen kann[2]). Am 16. Juli kommt die russisch-französische Marinekonvention zustande[3]).

Frankreich bekräftigt seinen Willen, Rußland zu unterstützen, durch präzise Erklärungen seiner Machthaber. Auf Sassonows Frage, wie Paris über die eventuellen Konsequenzen des austroserbischen Konfliktes denke, ant-

[1]) D. W. B. S. 101/102 (S. 119f.).
[2]) D. W. B. S. 124 (S. 140).
[3]) D. W. B. S. 128 (S. 145).

wortet Poincaré, es sei Sache Rußlands, die Initiative in einer Frage zu ergreifen, an welcher es in erster Linie beteiligt sei; Frankreichs Aufgabe sei es, ihm in tat= kräftigster Weise beizustehen. Führe Rußland Krieg, so werde auch Frankreich Krieg führen, da es wisse, daß in dieser Frage Deutschland hinter Österreich stehen werde. Der casus foederis der französisch=russischen Al= lianz sei gegeben, wenn Deutschland Österreich mit den Waffen gegen Rußland unterstütze[1]).

Im September 1912 begibt sich Sassonow nach Eng= land, um dort den Boden zu sondieren. Über das Er= gebnis seiner Feststellungen berichtet er aus Balmoral, wohin er vom König eingeladen war, dem Zaren in folgenden Worten:

„Zur allgemeinen Charakteristik der von mir in England festgestellten Stimmung in Bezug auf Ruß= land muß ich erwähnen, daß in Balmoral gleichzeitig mit mir auch der Oppositionsführer Herr Bonar Law einige Tage zu Gaste war, dem ich unter anderem meine Genugtuung wegen seiner Rede, die er im Namen der Opposition im Unterhause hielt und in der er die Politik Sir E. Greys im Sinne einer engeren Annäherung an Rußland billigte, ausdrückte. Bonar Law bestätigte mir in Gegenwart von Grey die er= wähnten Worte und erklärte sogar, daß dies die ein=

---

[1]) Telegramme Iswolskis an Sassonow vom 4./17. und 5./18. No= vember 1912. D. W. B. S. 133 und 135 (S. 149f.).

tige Frage sei, in der zwischen den Konservativen und Liberalen in England keine Meinungsverschiedenheit bestehe.

In Ausnutzung dieser günstigen Umstände hielt ich es für nützlich, in einer meiner Unterredungen mit Grey u. a. eine Information darüber einzuholen, was wir von England im Falle eines bewaffneten Zusammenstoßes mit Deutschland zu erwarten hätten. Die Erklärungen, die ich darauf sowohl von dem verantwortlichen Leiter der englischen Außenpolitik, als auch nachher aus dem Munde des Königs Georg selbst hören durfte, erscheinen mir sehr bemerkenswert.

Euer Kaiserlichen Majestät ist es bekannt, daß Poincaré während seines Petersburger Aufenthaltes im vergangenen Sommer mir gegenüber den Wunsch äußerte, klarzustellen, inwiefern wir auf die Hilfe der englischen Flotte im Falle eines solchen Krieges rechnen können.

Nachdem ich Grey vertraulich in den Inhalt unseres Marineabkommens mit Frankreich eingeweiht und darauf hingewiesen hatte, daß laut dem abgeschlossenen Vertrag die französische Flotte um die Sicherung unserer Interessen auf dem südlichen Kriegsschauplatz bemüht sein wird, indem sie die österreichische Flotte hindert, nach dem Schwarzen Meer durchzubrechen, fragte ich den Staatssekretär, ob nicht England seinerseits uns den gleichen Dienst im Norden

70

erweisen könnte durch Ablenkung des deutschen Geschwaders von unserer Küste in der Ostsee.

Grey erklärte, ohne zu schwanken, daß, wenn die in Frage stehenden Umstände eingetreten sein würden, England alles daransetzen würde, um der deutschen Machtstellung den fühlbarsten Schlag zuzufügen. In den zuständigen Ressorts wurde die Frage der Kriegsoperationen in der Ostsee bereits besprochen, es stellte sich aber dabei heraus, daß die englische Flotte, der es allerdings nicht schwer sein würde, in die Ostsee zu gelangen, dort einer bedeutenden Gefahr ausgesetzt sein würde, da sie wie in einer Mausefalle eingeschlossen werden könnte, weil Deutschland die Möglichkeit hat, die Hand auf Dänemark zu legen und den Ausgang durch den Belt zu sperren. England würde sich wahrscheinlich auf Operationen in der Nordsee beschränken müssen.

Aus diesem Anlaß bestätigte mir Grey aus eigenem Antrieb das, was ich bereits von Poincaré wußte, und zwar: das Vorhandensein eines Abkommens zwischen Frankreich und Großbritannien, nach dem England im Falle eines Krieges mit Deutschland sich verpflichtete, Frankreich nicht nur zur See, sondern auch auf dem Kontinent, durch Landung von Truppen, zu Hilfe zu kommen.

Der König, der in einer der Unterredungen mit mir dieselbe Frage berührte, sprach sich noch viel entschiedener als sein Minister aus. Mit sichtlicher Erregung erwähnte Seine Majestät das Streben Deutschlands nach Gleichstellung mit Großbritannien in Bezug auf die Seestreitkräfte, und rief aus, daß im Falle eines Zusammenstoßes dies verhängnisvolle Folgen nicht nur für die deutsche Flotte, sondern auch für den deutschen Handel haben müsse, denn die Engländer würden jedes deutsche Schiff, das ihnen in die Hände kommt, in den Grund bohren. (We shall sink every single german merchant ship we shall get hold of.)

Die letzteren Worte spiegeln augenscheinlich nicht nur persönliche Gefühle Seiner Majestät wieder, sondern auch die in England herrschende Stimmung in Bezug auf Deutschland."

Soweit der Bericht Sassonows an den Zaren. Es folgt im November der bekannte Notenwechsel zwischen Grey und Paul Cambon, der keinen Zweifel daran läßt, daß Frankreich in der Erwartung eines unprovozierten Angriffs durch eine dritte Macht, oder eines Ereignisses, das den allgemeinen Frieden bedroht (something that threatened the general peace), England an seiner Seite finden werde.

Für die Frage nach der „Schuld am Kriege" geben diese Vorgänge ein ganz bestimmtes tatsächliches Material. Abzuweisen ist die Schlußfolgerung, als hätten Ententemächte beabsichtigt, aus dem Balkankrieg den europäischen Krieg hervorwachsen zu lassen. Daß sie sich für die

Eventualität eines solchen Krieges durch militärische und diplomatische Konventionen sicherten, war nur ein Gebot natürlicher Vorsicht. An sich folgt Kriegswillen daraus nicht. Grundsätzlich allerdings ist Rußland dem Kriege nicht abgeneigt. Im November 1912 schreibt Sassonow an Benckendorff: „Die Lage spitze sich durch den Interessenkonflikt zwischen Rußland und Österreich immer mehr zu. Unter diesen Umständen erscheine ein Krieg wohl noch als der beste Ausweg, vielleicht sogar als erwünscht[1]).“ England jedoch dient bei Lösung der Balkankrisis zweifellos dem Frieden. Über Frankreichs Haltung in dieser Krisis kommt Benckendorff in einem Situationsbericht vom 12./25. Februar 1913 zu dem folgenden Schluß: „Wenn ich Cambons Unterredungen mit mir, die gewechselten Worte, kurz wiederhole und die Haltung Poincarés hinzunehme, so kommt mir der Gedanke, der einer Überzeugung gleichkommt, daß von allen Mächten Frankreich die einzige ist, die, um nicht zu sagen, den Krieg wünscht, so doch ihn ohne großes Bedauern sehen würde. Jedenfalls hat mir nichts gezeigt, daß Frankreich aktiv dazu beiträgt, in dem Sinne eines Kompromisses zu arbeiten. Nun, der Kompromiß — ist der Frieden; jenseits des Kompromisses liegt der Krieg. Die Lage, wie ich sie beobachten konnte, scheint mir so zu liegen, daß alle Mächte aufrichtig daran arbeiten, den Frieden zu

[1]) D. W. B. S. 126 (S. 143).

erhalten. Aber von allen ist es Frankreich, das den Krieg mit der verhältnismäßig größten Ruhe aufnehmen würde[1])."

Schaltet man alle konstruktiven Schlußfolgerungen aus, so ergeben die Gespräche von Balmoral folgende Tatsache: Unmittelbar vor dem Ausbruch einer akuten europäischen Spannung, an der Rußland direkt beteiligt ist, stellt der englische Außenminister seinem russischen Kollegen für den Fall eines kriegerischen Konfliktes mit Deutschland britische Kriegshilfe bedingungslos in Aussicht. Irgendeinen Vorbehalt dahin, daß England nur mitfechten werde, wenn Deutschland an dem Konflikt „Schuld" trage, macht der englische Minister nicht. Ebenso sagt er Frankreich seine Unterstützung ganz allgemein für alle Fälle zu, „wo der allgemeine Frieden bedroht sein werde". Damit legt England eine ungeheure Machtfülle für die Bestimmung des europäischen Schicksals in die russische Hand. Rußland kann in Serbien, auf dem Balkan und gegen Konstantinopel eine zum Krieg mit Österreich führende Politik in der Sicherheit treiben, daß ihm Frankreich und England Waffenhilfe leisten werden, wofern nur Deutschland Österreich zur Hilfe kommt. Daß diese Voraussetzung zutreffen wird, kann Rußland aus den bestehenden europäischen Bundesverhältnissen mit nahezu vollkommener Sicherheit

---

[1]) D. W. B. S. 138 ff. (S. 153 ff.).

schließen. Die englische Hilfe ist zwar nicht wie die französische verbrieft, aber die Äußerungen Greys und des Königs lauten so bestimmt und atmen zugleich einen so feindseligen Geist gegen Deutschland, daß Sassonow nicht irrt, wenn er sie zu einem festen Faktor seiner politischen Kalkuls macht.

Für die auf die Balkankrisis folgende Orientierung der russischen Politik ergeben sich aus den russischen Publikationen die nachfolgenden urkundlichen Tatsachen:

Am 31. Dezember 1913 / 13. Januar 1914 findet in Petersburg ein Ministerrat unter Beteiligung des Generalstabschefs anläßlich der durch die Militärmission Liman-Sanders zwischen Petersburg und Berlin entstandenen Differenzen statt[1]). Erörtert werden die von Rußland zu ergreifenden Maßnahmen, wofern der Abschluß der mit Deutschland schwebenden Verhandlungen die russischen Wünsche nicht befriedigen sollte. Als Druckmittel auf Deutschland werden finanzieller und wirtschaftlicher Zwang gegen die Türkei oder aber darüber hinaus auch militärische Maßnahmen in Kleinasien erwogen. Vornehmlich für den letzteren Fall wird mit der Perspektive des europäischen Krieges gerechnet. Die militärischen Instanzen „erklären kategorisch die volle Bereitschaft Rußlands zum Zweikampf mit Deutschland". Der Vorsitzende des Ministerrats hält einen Krieg „für das größte

[1]) Prof. M. Pokrowski, Drei Konferenzen, S. 32 ff. Herausgegeben von der Redaktion Russische Korrespondenz 1920.

Unglück Rußlands", empfiehlt Fortsetzung der Verhand=
lungen mit Berlin und stimmt eventualiter nur finan=
ziellem Druck auf die Türkei zu[1]). Im Gegensatz dazu
sucht Sassonow rigorose Maßregeln gegen die Türkei
durchzusetzen, vorausgesetzt, daß es gelinge, sich der eng=
lischen Unterstützung — die französische wird als zweifel=
los bezeichnet — völlig einwandfrei zu versichern. Die
Abhängigkeit der russischen Politik von englischer Hilfe
ist der immer wiederkehrende Refrain der Beratung. Sie
schließt mit folgender Feststellung:

„Sollte die aktive Beteiligung sowohl Frankreichs wie
Englands an gemeinsamen Schritten mit Rußland nicht
gesichert sein, so erscheint es nicht möglich, zu Druckmitteln
(gegen die Türkei) zu greifen, die einen Krieg mit Deutsch=
land zur Folge haben könnten."

Am 8./21. Februar 1914 tritt unter dem Vorsitz von
Sassonow — Kokowzew ist am 29. Januar/11. Februar
entlassen — wiederum ein Ministerrat zusammen, um
zur Frage der Meerengen Stellung zu nehmen[2]). „In
Verbindung mit der Änderung der politischen Lage —
so führt Sassonow aus — müsse man, vielleicht sogar in
der nächsten Zeit, mit dem möglichen Eintritt von Er=

---

[1]) Bei meinen Unterredungen mit Kokowzew im November 1913 hatte
ich seine volle Bereitschaft konstatiert, mich in dem Bestreben, die Liman=
Sanders=Affäre à l'amiable zu ordnen, in jeder Weise zu unterstützen.

[2]) Prof. M. Pokrowski, Drei Konferenzen, S. 46 ff. und D. W. B.
S. 153 ff. (S. 173 ff.).

76

eigniſſen rechnen, die die internationale Lage der Kon
ſtantinopler Meerengen radikal ändern könnten. Es
ſei daher notwendig, unverzüglich im Verein mit den
entſprechenden Reſſorts an die Ausarbeitung eines nach
allen Richtungen durchgearbeiteten Programms heranzutreten, das auf die Sicherung einer für Rußland gün
ſtigen Löſung der hiſtoriſchen Meerengenfrage gerichtet
wäre." „Erſcheine auch gegenwärtig der Eintritt bedeutender politiſcher Komplikationen wenig wahrſcheinlich,
ſo könne man doch für die Erhaltung des beſtehenden
Zuſtandes im nahen Oſten nicht einmal für die allernächſte Zeit garantieren." „Annehmen könne man nicht,
daß ruſſiſche Operationen gegen die Meerengen ohne
einen allgemeinen europäiſchen Krieg erfolgen würden."
Gleichwohl erkennt der Miniſterrat die Notwendigkeit
an, die Beſitzergreifung der Meerengen planmäßig vorzubereiten, beſchließt zu dieſem Zwecke die ſofortige Durchführung einer Reihe ganz beſtimmter konkreter militäriſcher Maßnahmen und ſpricht auf Antrag Saſſonows
den generellen Wunſch aus, die Regierung möge durch
ſämtliche zuſtändigen Behörden alle Schritte machen
laſſen, die für die techniſche Ausführung dieſer Aufgabe
erforderlich ſeien.

Saſſonow unterbreitet dem Zaren das Protokoll dieſes
Miniſterrats mit folgendem Bericht:

„In dem im November vorigen Jahres vorgeſtellten alleruntertänigſten Memorandum hatte ich das

Glück, Ew. Kaiserlichen Majestät Erwägungen über die Notwendigkeit zu unterbreiten, unverzüglich zur Ausarbeitung eines umfangreichen Aktionsprogramms zu schreiten, um uns eine günstige Lösung der Frage der Meerengen in dem Fall zu sichern, daß die Ereignisse uns zwingen sollten, unsere Interessen am Bosporus und an den Dardanellen zu schützen.

Ew. Kaiserlichen Majestät war es genehm, diese Erwägungen gutzuheißen und die damit verbundenen Fragen einer besonderen Beratung der am meisten interessierten Behörden zu unterbreiten. Die von mir zu diesem Zweck einberufene Beratung hat am 8./21. Februar d. J. stattgefunden.

Ich wage es, das Journal der erwähnten Beratungen dem allerhöchsten Ermessen zu unterbreiten und in Übereinstimmung mit den Mitgliedern der Beratung gleichzeitig Weisungen Ew. Kaiserlichen Majestät für das Aktionsprogramm zu erbitten, das im Schlußteil des Journals niedergelegt ist."

Der Zar vermerkt am 23. März/5. April eigenhändig auf dem Journal: „Ich billige durchaus die Beschlüsse der Konferenz."

Im April 1914 nähert sich England um einen weiteren großen Schritt Rußland an. Auf Ersuchen Rußlands empfiehlt der französische Außenminister Doumergue seinem englischen Kollegen Grey eine engere russisch-englische Verständigung. Grey antwortet, wie Iswolski am 29. April an Saſſonow berichtet[1]), „daß er perſönlich mit dem ihm gegenüber ausgeſprochenen Gedanken vollkommen ſympathiſiere und vollkommen bereit wäre, ein Abkommen mit Rußland zu ſchließen, ähnlich den Abkommen, die zwiſchen England und Frankreich vorliegen. Er verſchwieg jedoch Herrn Doumergue nicht, daß nicht nur inmitten der Regierungsparteien, ſondern auch unter den Kabinettsmitgliedern Elemente vorhanden ſind, die gegen Rußland voreingenommen und zur weiteren Annäherung an das letztere wenig geneigt ſind. Er drückte aber doch die Hoffnung aus, daß es ihm gelingen werde, Herrn Asquith und andere Kabinettsmitglieder ſeinem Standpunkt geneigt zu machen." Die bei der Konferenz anweſenden Herren Doumergue, Cambon und de Margerie äußern hinterher Herrn Jswolſki ihr Erſtaunen über dieſe klar ausgeſprochene beſtimmte Bereitwilligkeit Sir Edward Greys. „Die von ihm bezüglich des Herrn Asquith und der anderen Kabinettsmitglieder gemachten Vorbehalte trügen nach ihrer Überzeugung lediglich einen formalen Charakter, und wenn Grey nicht im voraus von ihrem Einverſtändnis überzeugt geweſen wäre, würde er ſich ſo konkreter Vorſchläge enthalten haben." Unmittelbar darauf beſchließt die großbritanniſche Regierung, „den engliſchen Admiralſtab zum Eintritt in Verhandlungen mit franzöſiſchen und ruſſiſchen

_____

[1]) D. W. B. S. 178 ff. (S. 198).

Marineagenten in London zu bevollmächtigen, mit dem Zweck, technische Bedingungen einer möglichen Einwirkung der Seestreitkräfte Englands, Rußlands und Frankreichs auszuarbeiten[1])."

Zu dem formalen Abschluß der Marinekonvention ist es unseres Wissens nicht mehr gekommen. Die grundsätzliche Bereitwilligkeit der englischen Regierung, mit Rußland „ähnliche Abkommen wie die mit Frankreich bereits geschlossenen" zu treffen, orientierte Rußland, daß die Politik von Balmoral von England festgehalten wurde.

Die vorstehend mitgeteilten Tatsachen geben das Gerippe der Situation, in der der österreichisch-serbische Konflikt ausgebrochen ist. Die russische Balkanpolitik ist gegen Österreichs Bestand gerichtet. Entsteht daraus ein russisch-österreichischer Krieg, in dem Deutschland seinem Verbündeten beispringt, dann ist Rußland des Beistandes Frankreichs und Englands sicher. Die Abhängigkeit, in die England schon durch sein Abkommen mit Frankreich auch von der russischen Politik geraten ist, ist durch die Gespräche von Balmoral und die Entrierung der Marinekonvention bekräftigt[2]).

---

[1]) D. W. B. S. 180 (S. 199).

[2]) Lord Loreburn sagt in seinem Buche „How the war came" (Seite 106/107) bereits von dem Notenwechsel Grey-Cambon im Jahre 1912, daß er „den Frieden Großbritanniens tatsächlich der Gnade des russischen Hofes ausgeliefert habe".

80

Keine Erörterung der Verantwortlichkeiten in der Julikrisis 1914 selbst wird um die letzte Frage nach der Bedeutung der russischen Generalmobilmachung herumkommen. Daß der österreichisch-serbische Konflikt, auch in der ihm durch das österreichische Ultimatum gegebenen Gestalt, ohne europäischen Krieg lösbar sei, war die Ansicht selbst Englands. Greys Vermittelungsvorschläge, seine noch am 30. Juli in Petersburg ausgesprochene Hoffnung, Rußland werde, wenn Österreich nach der Einnahme von Belgrad den Vormarsch sistiere, sich zur Erörterung und zur Einstellung weiterer militärischer Vorbereitungen bereiterklären, sind der Beweis. Dabei ist immer aufs neue zu betonen, daß Grey selbst in unserer Ablehnung der von ihm vorgeschlagenen Botschafterkonferenz keine Sabotage seiner Vermittlungsversuche gesehen, sondern den von uns vorgeschlagenen Weg direkten Meinungsaustausches zwischen Wien und Petersburg ausdrücklich als den bestmöglichen bezeichnet hat[1]).

Die russische Generalmobilmachung ist am 30. Juli abends beschlossen und am 31. Juli morgens verkündet worden, also in einem Augenblick, wo unsere Mahnungen an Österreich, alles zu unterlassen, was den allgemeinen Krieg zur Folge haben könnte, die denkbar schärfsten waren. Die österreichische Generalmobilmachung ist am 31. Juli vormittags, also erst befohlen worden, als die

---

[1]) Blaubuch Nr. 67.

russischen Mobilmachungsorders bereits öffentlich ange-
schlagen waren. In Deutschland ist der Zustand drohen-
der Kriegsgefahr am 31. Juli 1 Uhr nachmittags erklärt, der Mobilmachungsbefehl selbst am 1. August nachmittags 5 Uhr erlassen worden.

Am 1. August telegraphierte der Zar an den Kaiser:
„Mobilmachung heißt nicht Krieg." Die Rolle, die der
Zar bei der russischen Mobilmachung gespielt hat, nimmt
diesem einzigen Zeugnis gegen die deutsche Auffassung
von vornherein jeden Wert. Überdies widerspricht es der
gelegentlich der Besprechungen über die französisch-rus-
sische Militärkonvention zwischen dem General Bois-
deffre und dem damaligen Zaren ausdrücklich getroffenen
Vereinbarung: Mobilisierung ist die Erklärung des
Krieges[1]), einer Vereinbarung, die der vom französischen
Militärattaché in Petersburg gemeldeten Ansicht des
russischen Generalstabschefs entsprach, daß auf die Mobilmachung Frankreichs und Rußlands kriegerische Handlungen unmittelbar folgen müßten, „daß sie untrennbar
von einem Angriffe sei[2])."

Endlich General Gurko, vom Herbst 1916 bis zum
Frühjahr 1917 Chef des russischen Generalstabes, faßt
sein Urteil über die Sachlage in den Worten zusammen:
Die russische Mobilisierung bedeutete für Deutschland
die Notwendigkeit, den Krieg zu erklären, ohne einen

[1]) Drittes französisches Gelbbuch Nr. 71.
[2]) Drittes französisches Gelbbuch Nr. 42.

einzigen Tag zu versäumen. Auch die Entente kann über solche Zeugnisse aus dem eigenen Lager nicht hinwegsehen. Sie beweisen bündig, daß Rußland den Krieg gewollt hat.

In dieser Bedeutung der russischen Generalmobilmachung liegen zugleich die Motive für unsere Kriegserklärung an Rußland beschlossen. Nur wenn wir die Operationen begannen, bevor Rußland mit seiner Mobilmachung fertig war, hatten wir im Zweifrontenkrieg Aussichten. Unsere westliche Offensive war notwendiger Bestandteil des Feldzugplanes. Mit Erfolg konnte sie nach militärischer Überzeugung nur über Belgien geführt werden. Unser Ultimatum an Belgien, lediglich und ausschließlich ein Akt der Notwehr, konnte nicht konditional erlassen werden, sondern setzte Kriegszustand voraus. Daß uns Rußland formal den Krieg erklären werde, bevor die Mobilmachung bis aufs letzte durchgeführt war, war unwahrscheinlich. Das wäre gegen russisches Interesse gegangen. Möglich waren Grenzverletzungen der russischen Truppen, in deren Anschluß sich der Krieg von selbst entwickeln konnte. Völlig ungewiß aber war, welchen Zeitverlust, der unter allen Umständen vermieden werden mußte, wir dann erlitten. Noch dazu hätte bei solcher Prozedur die Entscheidung über den Eintritt des Kriegszustandes in der Hand militärischer Kommandobehörden von vielleicht niederem Grade gelegen. Die Behauptung, daß wir die Grenzverletzungen provoziert hätten, hätte den Feinden reichliche Gelegenheit geboten, uns der Welt als Angreifer zu denunzieren. Die bittere Notwendigkeit, einen Verteidigungskrieg offensiv zu führen, hat bei unseren Entschlüssen das entscheidende Wort gesprochen.

Frankreich hat seine an Rußland gegebene politische Generalvollmacht während der Julikrisis nicht zurückgezogen . .   .[1])

----

[1]) *Hier bricht das Manuskript ab. D. H.*

2.

Polen.

ie Polenpolitik der Mittelmächte wird vielfach beschuldigt, einen sonst nicht nur möglichen, sondern auch wahrscheinlichen Frieden mit Rußland verhindert und damit den Verlust des Krieges herbeigeführt zu haben. Die bösen Erfahrungen, die wir als die Geschlagenen jetzt mit dem benachbarten Polen machen müssen, verbittern die Vorwürfe. Unter Verschleierung der von der Heeresleitung betätigten Mitwirkung wird das Manifest vom 5. November 1916 auf eine idiosynkratische Vorliebe der politischen Leitung für die Polen zurückgeführt. Die Wirklichkeit ist eine andere gewesen.

Bismarck hat einst dem Fürsten Chlodwig Hohenlohe die Folgen eines Krieges mit Rußland entwickelt. Er würde ein großes Unglück sein, „denn wir könnten ja nichts gewinnen, nicht einmal die Kriegskosten bekommen. Dann würde der Krieg auch dahin führen, daß wir Polen bis an die Düna und den Dnjepr herstellen müßten". So Bismarck im Jahre 1883[1]). In der Zwischenzeit hatte sich nichts geändert.

Wie ungleich auch die Polenpolitik der einstigen drei Teilungsmächte gewesen war, so hatte doch keine von

---

[1]) Denkwürdigkeiten des Fürsten Hohenlohe II, S. 343.

ihnen mit der polnischen Frage fertig werden können. Mochten sich die nationalen Bestrebungen des Polentums in den Autonomiewünschen Kongreßpolens, in der Irredenta der preußischen Anteile, in dem Trachten Galiziens nach politischer Präponderanz innerhalb der Donaumonarchie noch so verschieden äußern, — überall ging es um die Wiederherstellung eines einheitlichen Polenreichs. Gebunden blieb die polnische Frage nur, solange und insofern sich das Machtverhältnis zwischen den drei Kaiserreichen nicht von Grund aus verschob. Nur ein völlig unentschiedener Krieg hätte den alten Zustand aufrechterhalten. Jedes andere Ende verwirklichte die polnischen Selbständigkeitsbestrebungen zu Lasten des geschlagenen Teiles. Nicht politische Spekulation, sondern die Tatsache des Krieges hat die polnische Frage aufgerollt. Polens Wiedererstehung war die natürliche Folge geschichtlicher Vergangenheit.

Theoretisch wäre es richtig gewesen, das Problem für alle Dauer des Krieges in der Schwebe zu lassen. Allerdings war keine partie remise mehr in Sicht, nachdem der Krieg nicht in seinen Anfangsstadien — spätestens in den ersten Monaten des Jahres 1915 — abgebrochen worden war. Immerhin aber schuf unser Polenmanifest eine vollendete Tatsache, bevor sich der Ausgang des Krieges übersehen ließ. Nur praktische Erwägungen aber haben zu seinem Erlaß geführt.

Irgendeine Stellung zum Polentum mußten wir nehmen, nachdem wir 1915 das ganze Land okkupiert hatten.
Ich habe damals die allgemeine Direktive gegeben, in
allererster Linie für die Sicherheit des Hinterlandes unserer Ostfront zu sorgen. Soweit mit diesem Ziele vereinbar, und soweit es die Härte jedes Krieges gestatte,
solle die Okkupationsverwaltung so geführt werden, daß
die Polen an sie einst nicht mit Haß und Erbitterung zu-
rückzudenken brauchten. Auch als Sieger wären wir ja
— übrigens so gut wie die Polen selbst — auf ein freund-
nachbarliches gegenseitiges Verhältnis angewiesen gewesen. Überall im Land aber stießen wir nur auf den
einen Gedanken der Wiedererstehung eines selbständigen
Polens. Vor ihm auf die Dauer Verstecken zu spielen,
ging nicht. Natürliche Sympathien fanden wir wenig
— sich beliebt zu machen, hat der Deutsche weder Talent
noch Neigung — und die feindliche Blockade zwang uns,
auch Polen durch Requisitionen aller Art zu bedrücken,
wobei in Form und Umfang auch Mißgriffe gemacht
sein werden. Schließlich aber mußten die Polen wissen,
ob wir sie dauernd als Feinde betrachten wollten. Sonst
mußte jede ernsthafte Bedrohung der Ostfront unsere
Lage um so kritischer gestalten, als die Polen einer nach-
drücklichen Unterstützung ihrer Selbständigkeitswünsche
von seiten der Westmächte sicher waren.

Unser Bundesverhältnis zu Österreich führte in dieselbe Linie. Galiziens wegen war Österreich auf aus-

gesprochene Polensympathie angewiesen. Zuerst ging das Wiener Kabinett darauf aus, im Falle des Sieges ganz Kongreßpolen, vielleicht mit Ausnahme einiger nördlicher Distrikte, der Donaumonarchie anzugliedern. Der so vereinigte russisch-österreichische Polenblock würde, wenn nicht auch staatsrechtlich, so doch jedenfalls faktisch, von selbst eine selbständige politische Macht geworden sein. Als wir diesem Plane opponierten, wurde die Verselbständigung Kongreßpolens ins Auge gefaßt. Endlich im Frühjahr 1917 bot uns Wien die freie Disposition über Kongreßpolen samt Galizien an, falls wir, um zum Frieden zu kommen, Elsaß-Lothringen an Frankreich abtreten wollten. Allen österreichischen Plänen lag die Befreiung Kongreßpolens von russischer Herrschaft zugrunde.

Der zuerst verfolgten austropolnischen Lösung, für die sich Wien mit großer Energie einsetzte, konnte ich nicht zustimmen. Ein Krieg, in dem wir auch bei bundesfreundlichstem Urteil die größeren militärischen Leistungen für uns selbst reklamieren durften, konnte siegreich nicht damit enden, daß wir den Österreichern einen solchen Löwenanteil zuschoben. Praktisch wäre entweder unsere gesamte Ostfront von Österreich umklammert worden, oder wir hätten, wollten wir das vermeiden, selbst umfangreiche polnische Landesteile annektieren müssen. Beides wäre unerträglich gewesen. Schon die Umfassung der Provinz Schlesien durch zwei österreichische Landesteile, deren polnische und tschechische Bevölkerung uns nicht wohlgesinnt war, hätte unsere eigenen Interessen politisch und wirtschaftlich verletzt. Um wieviel mehr, wenn auch die Provinz Posen davon betroffen wurde. Uns selbst aber mit etwa 10 Millionen Polen neu zu belasten, wäre keine Stärkung, sondern eine Schwächung Deutschlands gewesen.

Überdies und vor allem machte die austropolnische Lösung das Polentum zum ausschlaggebenden Faktor der Donaumonarchie. Kein noch so künstlich ausgeklügelter österreichischer Subdualismus hätte uns und Österreich-Ungarn selbst davor bewahrt. Die Möglichkeit aber, das Deutsche Reich und Österreich-Ungarn politisch, wirtschaftlich und militärisch zu einer solchen Einheit zu verbinden, daß uns die Kontrolle Wiens über Warschau, und damit die Kontrolle von Warschau-Krakau über Wien, gleichgültig sein konnte, ist mir nicht nur von vornherein als politische Illusion erschienen, sondern es hat sich auch ihre Unausführbarkeit bei jeder konkreten Behandlung der Frage immer aufs neue herausgestellt.

Die für uns noch erträglichste Lösung — eine gute gab es überhaupt nicht — war ein selbständiges Polen, so eng mit uns verbunden, daß uns bei voller Entfaltung der gegenseitigen wirtschaftlichen Beziehungen kein militärisch oder politisch unmittelbar gefährlicher neuer Nachbar erstand. Bei Aufgabe der alten Hakatistenmethoden hätte ein siegreiches Deutschland ein solches System halten und gedeihlich entwickeln können. Auch wäre uns als Siegern die bei keiner Lösung ausrottbare Irredenta in den preußischen Anteilen keinesfalls gefährlicher geworden, als sie es vor dem Kriege war. Ob im Falle monarchischer Ordnung ein österreichischer Erzherzog oder ein deutscher Fürst König von Polen wurde, war für uns keine entscheidende Frage. — Die unglücklichste aller Lösungen wäre eine vierte Teilung Polens gewesen. Das „Warum" braucht heute wohl nicht erörtert zu werden.

Durch seine Okkupationsbehörden arbeitete Österreich der austropolnischen Lösung eifrig vor. Sie den Polen als das erstrebenswertere Ziel darzustellen, war einem Staate leicht, der infolge des Besitzes von Galizien der polnischen Mentalität viel näher stand, als das durch die preußische Polenpolitik belastete Deutschland. Die Okkupationsverwaltung des ganzen Landes in deutsche Hand zu nehmen, war deshalb der dringende Wunsch unserer Militärs, vielfach unterstützt übrigens auch von unseren zivilen Verwaltungsstellen. Daß Österreich widersprach, war nur natürlich. Seine Interessen waren eben durch Galizien zu stark beteiligt, und Zwang verbot sich gegenüber dem Bundesgenossen von selbst.

Alle diese Verhältnisse führten zu Verhandlungen über die zukünftige Gestaltung Kongreßpolens. Wir durften die Entwicklung nicht so laufen lassen, daß das Land bei siegreichem Kriegsende als reife Frucht in Österreichs Schoß fiel.

So sind die Wiener Abmachungen vom 11. und 12. August 1916 entstanden. Sie blieben zunächst interner Vorgang. Die Undurchsichtigkeit der politischen Verhältnisse in Rußland machte weiteres Abwarten ratsam, so sehr auch die Zustände in Polen selbst auf klare Stellungnahme hindrängten.

Wieder in Fluß gebracht wurde die Sache danach durch das Militär.

Ein großer, die Proklamierung des selbständigen Polens eindringlich befürwortender Immediatbericht des Generalgouverneurs von Beseler vom Juli 1916 hatte auch dem General Ludendorff vorgelegen und in den Hauptpunkten seine entschiedene Billigung gefunden. Schon vorher hatte der General die Abtrennung Polens von Rußland politischen Stellen gegenüber lebhaft vertreten. Über die Wiener Augustverhandlungen hatte ich den Feldmarschall von Hindenburg eingehend schriftlich benachrichtigt. So war die Oberste Heeresleitung, als sie am 26. August auf den Feldmarschall überging, nicht nur über die Sachlage informiert, sondern war auch im Prinzip mit der ins Auge gefaßten Lösung einverstanden.

In den jetzt folgenden Wochen hat ein lebhafter Meinungsaustausch zwischen der politischen und der militärischen Leitung über die weitere Behandlung des polnischen Problems stattgefunden. Bei abnehmender Leistungsfähigkeit unseres österreichischen Bundesgenossen und bei dem allmählichen Zusammenschmelzen un-

feres eigenen Mannfchaftsbeftandes drängte die Heeres=
leitung darauf, fich auch die Polen militärifch nutzbar zu
machen. Sie fchloß fich dabei der Auffaffung des General=
gouverneurs Generals von Befeler an, der überzeugt
war, eine an unferer Seite fechtende polnifche Armee von
zunächft etwa drei Divifionen aufftellen zu können, wo=
fern wir den Polen ftaatliche Selbftändigkeit verhießen.
Daß dies die conditio sine qua non fei, war überall un=
beftritten. Meinerfeits konnte ich mir damals noch kein
klares Bild von der Entwicklung der ruffifchen Politik
machen. Nach allen bis dahin gemachten Erfahrungen
allerdings konnte ich an die Möglichkeit eines ruffifchen
Sonderfriedens nicht glauben. Und doch fchien es mir
richtig, mit jeder polnifchen Aktion zurückzuhalten, auch
wenn fich, wie es im Hochfommer 1916 fchien, die Even=
tualität eines möglichen Wandels nur ganz vage und
ganz von fern andeutete. Diefe meine Auffaffung habe
ich unter Darlegung aller für fie fprechenden Gründe der
Oberften Heeresleitung mehrfach entwickelt[1]). Diefe

[1]) General Ludendorff hat monieren zu müffen geglaubt (Urkunden
der Oberften Heeresleitung S. 300), daß er von den Stockholmer Be=
fprechungen mit Protopopow keine Mitteilung erhalten habe. Diefe Be=
fprechungen haben im Juli 1916, alfo vor der Übernahme der Heeres=
leitung durch den Feldmarfchall von Hindenburg und den General Luden=
dorff ftattgefunden. Eine irgendwie maßgebliche Bedeutung habe ich
ihnen von vornherein, und wie die Folgezeit gelehrt hat, mit Recht nicht
beigemeffen. Im übrigen ift alles, was für die Beurteilung der ruffifchen
Situation von Belang war, in meinem Schreiben an den Feldmarfchall
von Hindenburg vom 10. Oktober 1916 entwickelt.

wiederum hielt jegliche Spekulation auf einen russischen Frieden für viel zu schwach, um überhaupt in Rechnung gezogen werden zu können. In seinem Telegramm an mich vom 13. Oktober sprach sich der Feldmarschall dahin aus, daß weder nach meinen Darlegungen noch nach allen ihm selbst zugänglichen Nachrichten noch nach seiner Beurteilung der militärischen Lage Rußlands irgendwelche Sicherheit für eine baldige Einigung mit Rußland bestünde. Nur aber, wenn solche Sicherheit gegeben sei, nicht hingegen aus dem allgemeinen Wunsch nach Frieden, dürften wir angesichts der Schwäche Österreichs und der gewaltigen, wachsenden Anstrengungen der Gegner das Rüsten versäumen. Nur die stärkste eigene Rüstung, aus der die Entente unseren Willen zum Siege klar erkenne, werde uns den Frieden bringen. Dazu gehöre nicht in letzter Linie die volle Ausnutzung der polnischen Volkskraft. Sie dürfe nicht weiter hinausgeschoben werden, und deshalb müsse das Polenmanifest, ohne welches wir mit unseren Werbungen nicht viel erreichen würden, schleunigst erlassen werden. In Verfolg hiervon traten auf Antrag der Heeresleitung die deutschen und österreichischen politischen und militärischen Spitzen am 18. Oktober in Pleß zu gemeinsamer Besprechung zusammen. Ich habe in dieser Verhandlung, da die im Juli—August verschwommen aufgetauchten Friedensaussichten inzwischen durch keine auch noch so geheime Friedensgeste des Ministeriums Stürmer bestätigt wurden, unumwunden dem mit äußerster Energie gestellten Verlangen der Obersten Heeresleitung zugestimmt. Wurde durch das Polenmanifest kein russischer Frieden vereitelt, — und daß dies nicht der Fall gewesen ist, hat die Folge erwiesen — dann war eine Maßregel nicht nur zulässig, sondern auch geboten, die uns nach militärischer Überzeugung neue Truppen zuführte und auf die zugleich die geschilderten Verhältnisse in Polen politisch hindrängten. Im Endresultat hat hier völlige Übereinstimmung zwischen den politischen und militärischen Stellen bestanden.

Entschloß man sich zu dem Manifest, dann mußte es, auch wegen des Verhältnisses der Entente zu Polen, schnell erlassen werden. Von ihren polnischen Vertrauensmännern bearbeitet, bedrängten die Westmächte seit dem Frühjahr 1916 die russische Regierung, das Autonomieversprechen des Großfürsten Nikolai Nikolajewitsch feierlich festzulegen. Auch die liberale Dumamajorität trat für polnische Autonomie ein. Schon im Mai hatte Miljukow einen Entwurf dazu Sassonow vorgelegt. Wie uns zukommende Nachrichten besagten, standen wir unmittelbar davor, daß die Entente Polen die ersehnte Autonomie versprach und eine polnische Sonderregierung auf russischem Boden etablierte. Damit wäre auch nur jeder Versuch einer Ausnutzung der polnischen Wehrkraft von vornherein vereitelt gewesen.

96

Auf diesen Grundlagen ist unser Polenmanifest am 18. Oktober beschlossen worden. Auch Wien stimmte, mit Ausnahme allerdings der von uns gleichzeitig gewünschten Verschmelzung der Gouvernements in Warschau und Lublin, zu. Daß sich die erhofften Polendivisionen und Polen überhaupt gegen uns wenden würden, wenn wir den Krieg verlören, war jedem politischen Urteil klar. Illusionen darüber habe ich mich niemals hingegeben. Aber die Perspektive unserer Niederlage durfte ebensowenig die Basis unseres politischen Handelns sein, wie dessen Verfehltheit daraus bewiesen werden kann, daß es eben allein unsere Niederlage gewesen ist, welche die Möglichkeit günstiger Ergebnisse ausgeschlossen hat.

Nur in den Umrissen habe ich die Hergänge darzustellen gesucht. Nach dem Ausgange, den der Krieg genommen hat, ist unsere Behandlung des polnischen Problems in ihren Einzelheiten zunächst nicht mehr von aktuellem politischen Interesse, aus demselben Grunde lasse ich auch dahingestellt, inwiefern die Idee einer polnischen Armee reine Illusion des Generalgouverneurs gewesen ist, oder, inwieweit das Fiasko auch auf Fehler und Verzögerungen bei der Ausführung, auf hakatistische Velleitäten militärischer Stellen, sowie darauf zurückgeht, daß dem Manifest in Deutschland vielfach heftig opponiert wurde. Aber auch diese summarische Darstellung wird die Motive der Aktion und das Ineinander-

greifen der politischen und militärischen Momente klar-
stellen und die mannigfachen darüber verbreiteten irrigen
Vorstellungen berichtigen können[1]).

Von bleibender Bedeutung ist, ob wirklich, wie meine
Kritiker meinen, das Polenmanifest den Frieden ver-
eitelt hat. Ohne Beweise beizubringen, behandelt diese
Auffassung in merkwürdiger Verkennung der russischen
Zustände den russischen Separatfrieden als eine Selbst-
verständlichkeit, die nur ganz ungeschickter Politik aus der
Hand schlüpfen konnte.

Dem Zaren persönlich war Wortbruch gegen seine
Bundesgenossen nicht zuzutrauen. Man mag den Charakter des Kaisers Nikolaus II. so ungünstig beurteilen
wie man will, eines offenen Verrates vor aller Welt
war er nicht fähig. Nur alleräußerste Not konnte ihn
versuchen lassen, den Frieden gegen den Willen seiner

---

[1]) Polemik hat sich zu der Behauptung verstiegen, ich hätte am 18. Oktober den General von Beseler vorgeschickt, um die Oberste Heeresleitung
durch die Vorspiegelung einer an unserer Seite fechtenden polnischen Armee
für mein polnisches Lieblingsprojekt zu gewinnen. Die Unterstellung ist
ebenso unrichtig wie abgeschmackt. — Die von General Ludendorff ver-
anstaltete „Urkundensammlung der Obersten Heeresleitung" enthält, obwohl sie durch die weitschichtige Heranziehung auch der Ansicht des Pro-
fessors Dietrich Schäfer eine möglichst erschöpfende Behandlung des
Themas anzustreben scheint, auffälligerweise nichts aus der eingehenden
Korrespondenz zwischen der Obersten Heeresleitung und mir, noch etwas
über die Verhandlungen vom 18. Oktober.

Verbündeten und der von ihnen beherrschten Kriegs=
maschinerie zu forcieren. So hat der Zar, nach dem
Polenmanifest und trotz ihm, die vom Grafen Czernin
mitgeteilte Friedensdemarche in Österreich machen lassen,
als im Frühjahr 1917 die innere Lage unhaltbar zu
werden drohte. Bis zu diesem Zeitpunkte und vor dem
Polenmanifest hat er, obwohl er genau wußte, daß
Deutschland einen Frieden weder an der polnischen, noch
an der baltischen, noch an der Frage der russischen Durch=
fahrt durch die Meerengen scheitern lassen würde, jede
Andeutung eines Separatfriedens stets zornig abge=
wiesen. Von den ersten Monaten des Jahres 1915 an
haben wir fortgesetzt und auf den verschiedensten Wegen
Fühlung genommen, sei es auch nur, um Rußland zu
einem Druck auf seine Bundesgenossen zu bringen. Alles
ist ergebnislos geblieben. Auch hochgestellte russische
Persönlichkeiten, die beim Zaren in persönlicher Gunst
standen, wurden, wenn sie vom Frieden mit Deutsch=
land zu sprechen wagten, hart angelassen, zum Teil in
die Verbannung geschickt[1]). Uns selbst blieb kein Zweifel

---

[1]) Der Kabinettschef General Mossolow, Gehülfe und rechte Hand des
überaus einflußreichen, an allen Kabinettssitzungen beteiligten Hofministers
Grafen Frederickß, berichtet, daß dieser auf ausdrücklichen Befehl des Zaren
es unterlassen mußte, eine sehr hochgestellte deutsche Persönlichkeit, die eine
Verständigung auf einer für Rußland in jeder Beziehung annehmbaren
Basis anregte, überhaupt einer Antwort zu würdigen. Nie habe beim
Zaren eine Neigung zu einem deutschen Separatfrieden bestanden, sie habe
also auch nicht durch das Polenmanifest umgestoßen werden können.

über die Situation. Als wir Anfang August 1915 vor
der Einnahme Warschaus standen, ließ ich in Petersburg
erneut unsere Verständigungsbereitschaft mit dem Hinweise darauf andeuten, daß wir bei längerer Okkupation
ganz Kongreßpolens gar nicht umhin können würden,
zu dem polnischen Problem Stellung zu nehmen. Die
Antwort darauf war ein sofort veröffentlichter Beschluß
des russischen Ministerrats vom 11. August 1915, der es
als für Rußland unmöglich erklärte, „auf irgendwelche
Friedensvorschläge auch nur zu antworten, bevor ein endgültiger Sieg errungen sei, obwohl von feindlicher Seite
scheinbar vorteilhafte Bedingungen angeboten werden".

Im Jahre 1916 sind wir dann noch weiter gegangen
und . . .[1])

Aber selbst wenn der Zar gewollt hätte, gekonnt hätte
er n i c h t. Mächtiger noch als in anderen Ländern haben
in dem autokratischen Rußland Parteien, Zeitungen,
Vereine und industrielle Komitees eine Maschinerie des
Kriegswillens erstehen lassen, in der sich, mit Ausnahme
der äußersten Rechten und der Sozialisten, die gesamte

(Stockholms Dagblad vom 16. 9. 20.) — Ebenso urteilt unter anderem
auch der Chef der russischen Geheimpolizei, Freund und Gehülfe Proto-
popows, General Komarow-Kurloff in seinem Buche „Ende des russischen
Kaisertums". (S. 225—228 der deutschen Übersetzung im Verlage von
August Scherl.)

[1]) *Notizen und Briefe des Verfassers aus den letzten Tagen lassen erkennen, daß er hier Sondierungen unter Verwertung eines mit der Türkei ver-
handelten Entgegenkommens in der Meerengenfrage besprechen wollte. D.H.*

100

bürgerliche Welt und ihre Wirtschaftsmacht zusammen=
schloß. Diese durch das Geld der Entente und die un=
geheuren Verdienstmöglichkeiten des Krieges fortdauernd
genährte und in sich festgeschlossene Organisation der
Kriegsleidenschaften hat in der Friedensfrage der Be=
wegungsfreiheit auch des Zaren starre und unübersteig=
bare Grenzen gesetzt. Der Verlauf der Geschehnisse hat
gelehrt, daß alle etwa zum Frieden neigenden Elemente
gegen diese Macht der Kriegsparteien nichts haben aus=
richten können.

Im Juli 1916 schienen sich uns gewisse Hoffnungen
aufzutun[1]). Bei Gesprächen mit einem Vertrauens=
mann in Stockholm gab der Vizepräsident der Duma,
Protopopow, persönlich Friedensgeneigtheit zu erkennen.
Auch das russisch=japanische Abkommen vom 3. Juli 1916
sollte uns, und zwar nach japanischen Äußerungen,
Friedensaussichten eröffnen. Endlich ließ der Rücktritt
Sassonows und die Übernahme des Ministeriums des
Äußern durch Stürmer vielleicht die Deutung eines kom=
menden Wandels zu. Alles aber waren Täuschungen.
Protopopow sondierte nicht, wie man auf deutscher Seite
gemeint hat, im Auftrage der russischen Regierung, hatte
auch sonst keine Macht von Bedeutung hinter sich. Nach
Rußland zurückgekehrt, wurde er vom Zaren wegen

---

[1]) Es geschah dies also nach meinen von den Theoretikern des russischen
Separatfriedens so stark angegriffenen Reichstagsreden vom 19. 8. 1915
und 5. 4. 1916.

seines Auftretens in Stockholm scharf zurechtgewiesen.
Japan, dem wir uns genähert hatten, beeilte sich, unseren Fühler, nicht um ihn zu fördern, sondern um ihn
zu diskreditieren, seinen Alliierten offiziell mitzuteilen.
Das Ministerium Stürmer aber versagte, was den Frieden anlangte, völlig.

Der Sturz Sassonows überraschte in Rußland allgemein. Seine Demission führten die Einen auf Miß-
erfolge auf dem Balkan vor und während des Krieges,
auf das japanische Abkommen, die Andern auf innerpolitische Differenzen zurück. Zweifellos war der Zar,
der sich bei der Auswahl seiner Minister in der Hervor-
kehrung einer ihm in Wirklichkeit nicht mehr zukommen-
den autokratischen Macht gefiel, ausgesprochener Feind
der liberalisierenden Tendenzen Sassonows. Ganz klar
sehen können wir einstweilen noch nicht. Daß aber Stür-
mers Ernennung keine Verurteilung des Sassonowschen
Kriegswillens bedeutete, zeigten die Tatsachen. Am
23. Juli zum Minister des Außern ernannt, verkündete
Stürmer am 26. als sein Programm: „Alle unsere Gefühle dürfen nur von dem einzigen machtvollen Rufe
geleitet sein: Krieg bis zum Endsiege.“ Irgendwelche
Handlungen, die den Worten nicht entsprochen hätten,
folgten nicht. Dagegen ließ Stürmer noch am 3. November, also unmittelbar vor dem Polenmanifest, Lloyd
George ausdrücklich sagen, auch er wolle, „daß der deutsche Militarismus vernichtet werde“.

Was Stürmer innerlich wollte, wissen wir nicht. Für den Frieden getan und offenbar tun können hat er nichts. In der Friedensfrage folgte er der Dumamajorität und den hinter ihr stehenden Mächten. Die aber war nicht nur nach, sondern schon vor dem Polenmanifest bedingungslos für den Krieg à outrance. Ihre liberale Majorität, zu dem festen fortschrittlichen Block zusammengeschlossen, arbeitete mit allen Mitteln für die Fortsetzung des Krieges. Schon im September hatte Miljukow, Führer dieses Blocks und zugleich Vertrauensmann der Entente, auf der Rückreise von einem parlamentarischen Besuch bei den Westmächten einem skandinavischen Interviewer erklärt: „Wir müssen ein für allemal mit den Deutschen fertig werden. Darin sind wir Liberalen in Rußland uns alle einig." Weil die liberale Dumamajorität Stürmer nicht das Zeug oder nicht den Willen zutraute, die Kriegsleidenschaften des Volkes genügend aufzupeitschen, hat sie ihn bis aufs Blut bekämpft.

Will man an der Meinung festhalten, daß die Mitglieder der alten russischen Bureaukratie, die nach Sassonow zur Herrschaft kamen, innerlich dem Frieden nicht ganz abgeneigt gewesen seien, so kann eine Erklärung für ihre Politik nur in der Durchkreuzung der inner- und außerpolitischen Momente gefunden werden. Hauptziel der russischen Regierungen, die seit dem August 1916 am Ruder waren, war Bekämpfung der von links her anbrängenden Mächte. Furcht vor parlamentarischem Regime, wenn nicht vor Revolution, bestimmte den Kurs. Die Ministerien wurden fast durchweg reaktionär besetzt, und im Reichsrat verwandelte noch Anfang 1917 ein Pairsschub die bisher liberale Majorität in eine reaktionäre. Hoffnung, sich vor der Duma zu halten, aber konnte dies Regime nur haben, wenn es sich ihr außerpolitisch bedingungslos verschrieb. Die liberale und progressistische Oppositionsmajorität der Duma wurde durch die Parole zusammengehalten, daß diese Ministerien es nicht verstanden, die Kriegsleidenschaften des Volkes genügend aufzupeitschen, ja, daß sie selbst vielleicht im geheimen Friedenswünsche nährten. Weil solche Anklagen unfehlbare Angriffsmittel waren, suchten die Regierungen Schutz hinter der durch Worte und Taten bekräftigten Beteuerung ihres unzerstörbaren Kriegswillens. Innerpolitische Reaktion wurde bei der Duma mit außerpolitischem Kriegsradikalismus erkauft.

Scharf bezeichnet werden Sinn und Verlauf dieser Kämpfe durch die Haltung der Westmächte. Die Opposition der Duma gegen Stürmer haben sie unterstützt, wenn nicht geleitet. Der englische Botschafter Buchanan hat im November 1916 bei der Dumamehrheit mehr zu sagen gehabt als der Zar und dessen Regierung. Scheinbar trauten auch die Westmächte Stürmer Friedensvelleitäten zu. Die folgenden Ministerien haben sie geduldet, solange sie ihrer sicher waren. Mit dem allmäh lichen Ausbau der innerpolitischen Stellung der Rechten, zugleich vielleicht mit dem Wachstum der Friedensstimmung bei den Arbeitern, die sich im Winter 1916/17 akzentuierte, wuchs ersichtlich ihr Mißtrauen.

Im Januar 1917 — also geraume Zeit n a ch dem Polenmanifest — hielten Paris und London die russische Situation für so bedrohlich, daß sie zum 1. Februar eine Ententekonferenz nach Petersburg zusammenriefen, „um durch Übereinkommen die kräftigsten Mittel zur Fortsetzung des Krieges festzustellen". Lord Milner, der englische Bevollmächtigte auf dieser Konferenz, hatte den Auftrag, den Zaren zur Ernennung eines der Duma verantwortlichen Ministeriums zu bewegen, um dadurch einen Ausgleich zwischen dem Zaren und der völlig kriegssicheren Dumamajorität herbeizuführen. Als der Zar das Ansinnen ablehnte, schlug ihm Lord Milner vor, wenigstens Herrn Sassonow zum Premierminister und Minister des Auswärtigen zu ernennen. Denn auch Sassonows war Lloyd George ganz sicher. Aber auch dieser Versuch scheiterte an der Hartnäckigkeit des Zaren[1]. Damit schwand dann jedes Interesse Englands am Zartum. Ein reaktionäres, vielleicht friedensgeneigtes Rußland konnte England unter keinen Umständen brauchen. Eher noch hoffte es durch die ihm gefügigen Liberalen selbst ein revolutionäres Rußland leiten zu können.

---

[1] Über die Mission Lord Milners gibt ein offenbar inspirierter Artikel des „Manchester Guardian" von Mitte März 1917 interessante Auskunft.

Mit all diesen Tatsachen, mit der gesamten politischen Entwicklung Rußlands setzt sich die Theorie unserer Manifestgegner und Sonderfriedensgläubigen in direkten Widerspruch. Wenn der bei der Rechten und in Arbeiter= massen vertretene russische Pazifismus sein Haupt zu er= heben versucht hat, so ist es n a ch dem Polenmanifest geschehen. Der russische Separatfrieden aber fußte auf der Illusion traditioneller Freundschaft eines allmäch= tigen Zaren mit Preußen, übersah, daß diese Freund= schaft längst eine Phrase war und daß der Zar, ob er wollte oder nicht, mitsamt der etwa vorhandenen pazi= fistischen Minorität seines Landes an den Kriegswillen der Westmächte und der die Duma beherrschenden Ma= jorität gebunden war. Hat der Zar im Frühjahr 1917 nach dem Strohhalm eines Separatfriedens gegriffen, dann hat ihn kein Novembermanifest daran gehindert, aber der Strohhalm ist in dem Feuer aufgegangen, das der von England unterstützte russische Revolutionswille angezündet hat.

3.

Der Ubootkrieg.

Möglichste Ausnutzung der Uboote unter Verhütung des Bruches mit Amerika ist die Signatur des Ubootkrieges der Jahre 1915 und 1916 gewesen. Der Gegensatz beider Ziele drückte dem Unternehmen von vornherein den Stempel der Halbheit auf.

Generell ist während dieser Phasen daran festgehalten worden, nur feindliche Schiffe anzugreifen, neutrale zu schonen. Aber auch ein solcher Ubootkrieg war wirksam nicht zu führen, ohne zugleich die Neutralen sowohl in ihren Angehörigen an Bord feindlicher Schiffe als auch, da Verwechslungen bei der Eigenart des Ubootkampfes unvermeidbar waren, in ihrer eigenen Handelsschiffahrt zu bedrohen. Gänzlich ausschalten ließ sich somit die Gefahr von Verwicklungen mit Amerika auch bei eingeschränktem Ubootkrieg nicht. Die Versenkungen der Lusitania, der Arabic und der Sussex waren die Höhepunkte der Krisis, in der wir dauernd schwebten. Eine Politik fortgesetzten Lavierens gegenüber Amerika war die notwendige Folge. Alle Nachteile solcher Politik waren in Kauf zu nehmen.

Auch wenn kein bestehender völkerrechtlicher Kodex auf den Ubootkrieg paßte, waren unsere Ansprüche auf neutrale Toleranz an sich voll begründet. Völkerrechtlich betrachtet, war der Ubootkrieg Repressalie gegen die völkerrechtswidrige Hungerblockade Englands. Ließ sich Amerika von England jede Beschränkung seines legitimen Verkehrs mit Deutschland gefallen, dann war sein Aufbegehren gegen ähnliche deutsche Eingriffe ausgesprochene Imparität. Dauernd haben wir diesen Grundsatz betont. Ihn bis in die letzten Konsequenzen durchführen, wie es die Ubootanhänger wollten, hieß Krieg mit Amerika. Denn nicht auf rechtliche Grundsätze, sondern auf die tatsächliche Haltung Amerikas kam es an.

Für die in manchen Kreisen Deutschlands und namentlich innerhalb der Marine vertretene Annahme, daß der Einspruch des Präsidenten Wilson gegen den Ubootkrieg vom Februar 1915 und später die Forderungen seiner Sussexnote nichts als Bluff seien, sprach nur die anfängliche Abneigung des amerikanischen Volkes gegen aktive Teilnahme am Krieg. Alle übrigen Anzeichen ergaben subjektiv und objektiv das Gegenteil. Die unfreundliche Aufnahme unseres Protestes gegen völkerrechtswidrige Kriegführung unserer Feinde gleich zu Beginn des Krieges gab den Ton an. Die unbegrenzten Waffen- und Munitionslieferungen waren, ganz unabhängig von ihrer völkerrechtlichen Zulässigkeit, unverhüllte materielle Parteinahme für die Entente. Sie besagten mehr als ein anfängliches Schwanken in Teilen der öffentlichen Meinung. Ein ausgesprochener Sieg Deutschlands widersprach den wirtschaftlichen und politischen Interessen Amerikas. Nur aus Tatsachen, von denen keine eine uns günstige Prognose rechtfertigte, alle aber natürliche Schwergewichte in der Wagschale der Entente waren, zog die deutsche Politik ihre Schlüsse, wenn sie den Widerstand des Präsidenten Wilson gegen jeden die amerikanische Bewegungsfreiheit zur See unterbindenden Ubootkrieg bitter ernst nahm.

Kompliziert wurde die Situation durch die in der Note des Präsidenten Wilson vom 23. Juli 1915 ausgesprochene Einladung an Deutschland, Hand in Hand mit Amerika die Freiheit der Meere noch während des Krieges wiederherzustellen. Wie war das aufzufassen? England war es doch gewesen, das diese Freiheit zuerst bedroht, ja für den Verkehr mit Deutschland so gut wie aufgehoben hatte. Gegen dessen Einbrüche in das Völkerrecht aber war Amerika nicht oder jedenfalls nicht energisch eingeschritten. Einen im Februar 1915 gemachten Versuch, in die englische Hungerblockade Bresche zu legen, hatte die amerikanische Regierung sofort wieder aufgegeben, als England widersprach. Inwiefern sollte jetzt deutsche Kooperation erforderlich oder gar tauglich sein, um ans Ziel zu kommen? An englische Gefügigkeit gegenüber vereintem amerikanisch-deutschen Druck, an den Verzicht Englands auf seine stärkste Waffe, auf unsere Absperrung, war doch nur zu denken, wenn sich die amerikanische Neutralität in einer Form zeigte, die England die Möglichkeit amerikanischer Unfreundlichkeit

beständig vor Augen hielt. Waren die amerikanischen
Munitionslieferungen dazu angetan, oder tat es der unfreundliche Ton, in dem Amerika mit uns sprach, während sich die nach London gesandten Noten durch vollendete Courtoisie auszeichneten? Selbst diese Einladung
vom 23. Juli 1915 war in die unverhüllte Drohung ein-
gewickelt, Amerika werde jede Verkümmerung der freien
Seebewegung seiner Bürger, die es sich doch von England ruhig gefallen ließ, uns mit dem Abbruch der Beziehungen vergelten.

Wie berechtigt unter solchen Umständen meine Skepsis
war, hat die Folgezeit bewiesen. Wohl haben die Arabic
und die Sussex unsere Beziehungen zu Amerika weiter
verschlechtert. Aber in beiden Fällen war das Unheil,
war die Sensation doch lange nicht so groß, wie bei der
Lusitania, und wenige Monate nach der Lusitania war
es geschehen, daß uns der Präsident zur Zusammenarbeit
mit ihm aufrief. Der entscheidende Punkt lag woanders.
In unserer Sussexnote vom 4. Mai 1916 haben wir der
amerikanischen Forderung entsprechend den Ubootkrieg
auf die Formen des Kreuzerkrieges zurückgeführt. Un-
sererseits räumten wir damit jedes Hindernis für eine
amerikanische Aktion auf Wiederherstellung der Freiheit
der Meere aus dem Wege. Das sprachen wir auch in
unserer Note ausdrücklich aus. Präsident Wilson aber
ließ durch seinen Vertrauensmann, den Obersten House,
dem Grafen Bernstorff sagen, er habe nicht die Macht,

England zur Einhaltung der völkerrechtlichen Normen zu zwingen, da die öffentliche Meinung seines Landes keinerlei Störung der so engen Handelsbeziehungen zur Entente dulden werde[1]). Das war das ausschlaggebende Moment. Mag auch die kommerzielle und finanzielle Bindung an die Entente 1916 noch stärker gewesen sein als ein Jahr zuvor. Auf Jahrzehnte alten Beziehungen beruhend, war sie ein stabiler Faktor in dem Verhältnis der beiden angelsächsischen Nationen. England wehe zu tun, verbot amerikanisches Geschäft. Das war ein politischer Leitsatz, den auch ein idealer Wille nicht hätte umstoßen können.

Das Fazit des Ubootkrieges der Jahre 1915 und 1916 wird sich in zwei Momente zusammenfassen lassen.

Gelungen ist es, bei abgeschwächtem Ubootkrieg offenen Bruch mit Amerika hintanzuhalten. Aber daß ein unbeschränkter Ubootkrieg den Bruch bringen werde, war unleugbar geworden. Bedenklich versteift hatten die Ubootzwischenfälle die gegenseitigen Beziehungen. Auf der anderen Seite war erwiesen, daß, wenn überhaupt, dann nur ein unbeschränkter, auch die neutrale Schiffahrt erfassender Ubootkrieg durchschlagend wirken könne. Auf die feindliche Schiffahrt beschränkt, fügte er zwar den Gegnern empfindlichen Schaden zu, brach aber nicht ihren Kriegswillen.

---

[1]) Aussage des Grafen Bernstorff vor dem Parlamentarischen Untersuchungsausschuß. Verhandlungen des 2. Unterausschusses S. 19.

Klar haben sich die mit den Wirkungsmöglichkeiten der Ubootswaffe gemachten Erfahrungen in der Stellung des Admiralstabes ausgesprochen. 1915 sollte auch nach seinen Weisungen der Ubootkrieg unter Unterlassung von Gewalttätigkeiten gegen neutrale Schiffe geführt werden. Admiral von Tirpitz und der Admiralstabschef sprachen, vom Kaiser zu einer Äußerung aufgefordert, gemeinsam die Überzeugung aus, daß England sechs Wochen nach Beginn auch eines so eingeschränkten Uboothandelskrieges einlenken werde. Allerdings wurde die Aussicht auf diesen Erfolg an die Klausel geknüpft, „daß es gelänge, von Anfang an alle für diese Kriegsführung verwendbaren Machtmittel energisch einzusetzen[1]“. Das war ein Sicherheitsventil für alle Fälle. Ließ man sich aber einmal darauf ein, einen so großen Erfolg binnen einer kalendermäßig nach Wochen gemessenen Frist zu garantieren, dann war der Zusatz verständlich. Maßgeblich blieb, daß die Marine den Erfolg englischen Einlenkens binnen ganz absehbarer Frist auch von einem Ubootkrieg erwartete, der nicht wie der von 1917 auf die Neutralen ausgedehnt wurde.

1916 hatte die Marine diese Erwartung nicht mehr. Nunmehr stellte der Admiralstab in Aussicht, nach den inzwischen gemachten Erfahrungen, den englischen Widerstand in längstens einem halben Jahre zu brechen, wenn

---

[1] Vgl. Tirpitz, Erinnerungen, S. 348. Eine bewußte Zweideutigkeit gibt der Großadmiral nachträglich selbst zu.

der Ubootkrieg unter geeigneten Witterungsverhältnissen mit den zu Gebote stehenden Mitteln und ohne Einschränkungen, die seine Wirksamkeit von vornherein lahm legten, neuerdings begonnen würde[1]). Das war der Ubootkrieg, der die Neutralen grundsätzlich nicht mehr schonte. Ihn zu ermöglichen, ist fortan das Streben der Marine gewesen.

Die Oberste Heeresleitung vertrat im Winter 1914/15 den Standpunkt, daß der Eintritt Amerikas in den Krieg verhütet werden müsse, solange England nicht niedergekämpft oder unsere Lage sonst gesichert sei.

Die Erwartung aber, daß der Unterseekrieg wirken werde, ehe sich bei trotzdem etwa eintretendem Bruch Amerika militärisch fühlbar machen werde, und die Aussicht, auf diese Weise den wertvollen in der Marine festgelegten Teil der deutschen Wehrmacht für den Landkrieg nutzbar zu machen, waren Momente, die den Anschluß der Heeresleitung an die Darlegungen des Admiralstabes bestimmten[2]). Auch über den Sommer 1915 hat General von Falkenhayn an der Ansicht festgehalten, daß wir die Belastung eines Zutritts Amerikas zu unseren Feinden nicht mehr vertragen könnten und hat mich bei der Erwirkung von Befehlen an die

---

[1]) *Verhandlungen des Untersuchungsausschusses, Beilagen Nr. 3, S. 147. D. H.*

[2]) Erich von Falkenhayn: Die Oberste Heeresleitung 1914—1916, S. 58 ff.

Marine zu peinlichster Schonung nicht nur neutraler Schiffe, sondern auch feindlicher großer Passagierdampfer nachdrücklich unterstützt.

Mit dem Jahre 1916 veränderte die Oberste Heeresleitung grundsätzlich ihren Standpunkt. Sie erklärte, in der allgemeinen militärpolitischen Lage Deutschlands den Verzicht auf den unbeschränkten Ubootkrieg, der nach dem allein zuständigen Urteil der Marine England innerhalb des Jahres 1916 zum Einlenken bringen werde, militärisch für nicht mehr vertretbar. Den Bruch mit Amerika schätzte sie zwar als schweren, aber doch nur möglichen Nachteil ein[1]).

So waren seit 1916 Heeresleitung und Marine übereinstimmend überzeugte Verfechter des unbeschränkten Ubootkrieges.

Auf mich selbst ist, wie ich nicht leugne, im Winter 1914/15 die Zuversicht der Marine nicht ohne Eindruck geblieben. Ich habe mich den schon damals sehr dringenden Forderungen des Admiralstabes nicht mit der letzten Schärfe widersetzt. Dagegen habe ich aus den Erfahrungen des Jahres 1915 nicht den Schluß ziehen können, daß im Jahre 1916 der unbeschränkte Ubootkrieg einsetzen könne und darum auch einsetzen müsse.

---

[1]) Siehe Falkenhayn a. a. O. S. 182.

116

Den Ubootkrieg vom Februar 1915 hatten wir mit 21 Ubooten begonnen. Nach den Mitteilungen, die mir der Chef des Admiralstabes persönlich gab, sollte der völlig unbeschränkte Ubootkrieg des Jahres 1916 nach folgendem allgemeinen Plane geführt werden.

Wir hatten am 1. März an großen Ubooten und an Ubooten einer zweiten Klasse, die ebenso wie die großen verwandt werden konnten, 35 Stück verwendungsbereit. Davon sollten 17 Boote für vier Stationen bei England zur Verfügung gestellt werden, während die verbleibenden 18 auf Flandern, die Ostsee und das Mittelmeer zu verteilen waren. Für die dauernde Besetzung der vier Stationen wurden mir 12 Boote als erforderlich bezeichnet, so daß also ein Überschuß von 5 Booten vorhanden gewesen wäre[1]). Die für die vier englischen Stationen bestimmten Boote sollten durchschnittlich 25 Tage vom Heimathafen entfernt bleiben. Auf den am weitesten abgelegenen Stationen blieben sie etwa 10 bis 11 Tage. Durchschnittlich führten diese Boote neun Torpedos. Es wurde angenommen, daß alle 14 Tage von ihnen 36 Torpedos verschossen und damit, gering gerechnet, 25 Schiffe zu durchschnittlich 4000 Tonnen versenkt werden konnten. Das ergab eine Monatsleistung von 200 000 Tonnen. Dazu traten die Versenkungen im Kanal, im Mittelmeer und durch die Minentätigkeit.

---

[1]) In der späteren Praxis hat sich der Bedarf an Booten für je eine Station als wesentlich höher herausgestellt.

Der Zuwachs an großen Booten sollte mit monatlichen Schwankungen bis Ende September im ganzen 44 betragen. Dazu sollten in derselben Zeit 25 Minenboote mit Torpedoausrüstung kommen. — Dies die Mitteilungen, die mir der Admiral von Holtzendorff machte.

Ich habe mich nicht davon überzeugen können, daß diese Macht ausreichen werde, um den von der Marine in Aussicht gestellten Erfolg herbeizuführen. In welchem Umfang und binnen welcher Frist Verkehrsbeschränkungen und Schiffsverluste auf die Kriegstüchtigkeit und den Kriegswillen Englands wirken würden, war schon an sich Wahrscheinlichkeitsrechnung mit unsicheren Faktoren. Die Unsicherheit der Rechnung wuchs, je weniger lückenlos die Blockade war. Alle auch nur einigermaßen umfangreichen Durchbrechungen der Sperre mußten jede Kalkulation umstoßen, deren alleinige Basis gerade die Absperrung war. Trotz der staunenswerten Leistungen unserer Uboote ist es mir völlig ausgeschlossen erschienen, daß sie zahlreich genug seien, solche Durchbrüche zu verhindern. Damit fiel für mich die Rechnung der Marine zusammen. Nicht genügend war überdies in sie eingestellt, daß die erwarteten Schiffsversenkungen zunächst zu bedeutendem Teile durch den Zuwachs wettgemacht wurden, den die Feinde sich aus dem Neubau von Schiffen und aus dem Rückgriff auf die deutsche Handelstonnage in den neutralen Häfen verschaffen konnten.

Der Neubau konnte für 1915 auf 650 000 Tonnen, die dem feindlichen Zugriff ausgesetzte Handelstonnage auf über 1¹/₂ Millionen geschätzt werden.

Unter diesen Umständen wäre 1916 der unbeschränkte Ubootkrieg nach meiner Überzeugung ein Vabanquespiel gewesen. Eine nicht nur unsichere, sondern bei nüchterner Rechnung nicht wahrnehmbare Chance tauschten wir gegen den sicheren Bruch mit Amerika ein. Dessen Folgen waren nicht unsicher. Weder moralisch noch materiell. Heute erübrigt es sich, die Konsequenzen umständlich zu erörtern.

Am 4. März hat der Kaiser in Charleville die grundsätzliche Entscheidung getroffen. Gegen das Votum der Obersten Heeresleitung und des Admiralstabes schloß sich Seine Majestät dem von mir vertretenen Standpunkt an. Formal zwar wurde erneute Erörterung für den April vorgesehen. Materiell aber stand der Entschluß des Kaisers fest. Seine Überzeugung, daß mit unseren damaligen Seekräften der von der Marine in Aussicht gestellte Erfolg nicht erreicht werden könne, ist Grundlage der Entscheidung gewesen, welche Ende April unsere Beantwortung der amerikanischen Sussexnote bestimmt hat.

Auch damals ist die während des ganzen Krieges so emsig fruktifizierte Behauptung hervorgeholt worden, ich hätte durch Abschließung des Kaisers verhindert, daß sich Seine Majestät über die wirkliche Situation informiere. Aber gerade bei dieser Gelegenheit war die Insinuation besonders töricht[1]).

Über die militärische Gesamtlage wurde Seine Majestät durch die täglichen Vorträge der Obersten Heeresleitung auf das genaueste unterrichtet, und gerade in den General von Falkenhayn, der den unbeschränkten Ubootkrieg wollte, setzte der Kaiser unbedingtes Vertrauen. Alles, was die Marine betraf, lag Seiner Majestät besonders nahe am Herzen. Was die öffentliche Meinung wollte, wußte der Kaiser sehr genau. Seine Majestät war ein sehr aufmerksamer Zeitungsleser, und die Presse war angefüllt von Uboottreibereien. Allerdings, der persönliche Einfluß des Admirals von Tirpitz war zurückgegangen. Der Admiral selbst spricht sich in seinen „Erinnerungen" ausführlich darüber aus. Aber es berührt seltsam, daß der Schreiber der „Kriegsbriefe" über mangelndes Vertrauen seines kaiserlichen Herrn klagt, den er doch selbst in diesen Kriegsbriefen so schneidend kritisiert.

Die Fragen des Ubootkrieges waren technisch so kompliziert, materiell so ernst, daß sie keinerlei Druck der öffentlichen Meinung vertrugen. Hervorgerufen hat den

---

[1] Wie ich die Situation damals beurteilt habe, geht aus der im Anhang abgedruckten Denkschrift vom 29. Februar 1916 hervor.

Druck die Marine, den einmal hervorgerufenen jedenfalls nicht behindert.

Sensationell ist der Gedanke des Ubootkrieges in die Welt geworfen worden durch das Interview, das der Admiral von Tirpitz schon im Dezember 1914 einem amerikanischen Korrespondenten gab. Er gab es ohne mein Wissen. Erst nachdem der Wortlaut des Interviews die deutsche Grenze passiert hatte, seine Publikation im Ausland also sicher war, wurde die Zustimmung des Auswärtigen Amtes zu seiner Veröffentlichung in der deutschen Presse nachgesucht. Damit war der erste und entscheidende Schritt getan. Öffentlich wurden die Feinde avertiert, sich auf eine Ubootblockade einzurichten, öffentlich das deutsche Volk auf den Besitz eines unfehlbaren Kriegsmittels hingewiesen. Von nun an war der Ubootkrieg nicht mehr aus dem Herzen der Nation zu reißen.

Auf der gewaltigen Autorität, die der Admiral von Tirpitz weithin genoß, basierte in breitesten Schichten der ehrliche Glauben, daß der Ubootkrieg, sofort und richtig eingesetzt, uns schnellen Sieg und Frieden verbürge. Die Folgen waren unausbleiblich. Nie konnte die Stimme der so aufgerufenen Öffentlichkeit wieder zum Schweigen gebracht werden. Fortgesetzt habe ich die den unbeschränkten Ubootkrieg propagierende Presse zu zügeln versucht. Was aber konnten Zensurverbote gegen die Macht einer Überzeugung ausrichten, die sich durch das als infallibel geltende Marineurteil gedeckt fühlte! Ja, alle Versuche, die Agitation einzudämmen, steigerten nur ihre Heftigkeit.

Auf unterirdischen Wegen wurden geradezu märchenhafte, aber angeblich auf Marineautoritäten gestützte Ubootsziffern im Volke verbreitet, ohne daß durch Mitteilung der wahren Ziffern eine wirksame Gegenarbeit möglich war. Denn vor den Ohren der Feinde konnte ich nicht darlegen, daß ich den unbeschränkten Ubootkrieg nur deshalb verwarf, weil unsere Ubootstärke nach meinem Urteil nicht ausreichte. Mit der Zeit blieben auch demagogische Methoden nicht fern. Zu schwach, um dem Druck der Kriegspsychose standzuhalten, schlossen sich politischer Unverstand und Böswilligkeit zu dem nichtsnutzigen Vorwurf zusammen, ich verhindere den unbeschränkten Ubootkrieg nur, weil ich England aus Anglophilie oder gar aus unlauteren Motiven schonen wolle.

Die Marinestellen befanden sich in eigenartiger Lage. Selbst überzeugt von der absoluten Tauglichkeit des unbeschränkten Ubootkrieges und schon deshalb in starrem Gegensatz zur politischen Leitung, sahen sie die Treibereien der Presse zum mindesten nicht ungern. In das Bedürfnis, unsere ausreichende Ubootstärke auch dem Volke glaubhaft zu machen, mischte sich die Hoffnung, unter dem Beistand der Öffentlichkeit den unbeschränkten Ubootkrieg zu erzwingen. Wo die Marine etwa versuchte, den Machenschaften der Presse entgegenzutreten, begegnete sie doch nur einem verständnisvollen Augurenlächeln. Reinen Wein über den Umfang unserer Machtmittel konnte auch sie nicht einschenken. Selbst im Bundesrat spielte sich Anfang März 1916 ein merkwürdiger Vorgang ab. Die Übersicht, die ein Vertreter des Reichsmarineamts über unseren Ubootbestand gab, war so gefaßt, daß sie zu falschen und übertriebenen Schlußfolgerungen, die verschiedene Bundesratsmitglieder auch tatsächlich zogen und an ihre Regierungen weitergaben, geradezu herausforderte. Es bedurfte meiner Veranlassung, um die nötige Korrektur eintreten zu lassen. Unmittelbar an diesen Vorgang schloß sich eine in ihren Folgen weittragende Maßnahme an.

Während die Pressekontrolle für das Landheer nicht vom Kriegsminister, sondern vom Generalstabschef geübt wurde, lag sie für die Flotte in den Händen nicht des Admiralstabes, sondern des Reichsmarineamtes.

Weniger der Konformität wegen, als weil die für die Operationen verantwortliche Behörde naturgemäß auch für die Pressekontrolle die berufene war, erwirkte ich Anfang März 1916 beim Kaiser ihre Übertragung auf den Admiralstabschef. Zugleich wurde die Präventivzensur für Ubootartikel mit der Maßgabe angeordnet, daß der Ubootkrieg in der Presse ebenso zu behandeln sei, wie Operationen des Landheeres. So hoffte ich wirksamer als bisher die Pressehetze, die auch mit persönlichen

Schmähungen des Kaisers nicht mehr zurückhielt, unterbinden zu können. Die Antwort auf das Kabinettschreiben vom 5. März 1916, das diese Anordnung traf, ist das Rücktrittsgesuch des Herrn von Tirpitz gewesen.

Von den politischen Parteien hatten die rechtsstehenden auch über die Tätigkeit ihrer Presse hinaus durch parlamentarische Vorstöße die öffentliche Stimmung für den unbeschränkten Ubootkrieg zu gewinnen gesucht. Sie benutzten dazu das Preußische Abgeordnetenhaus. Unter geflissentlicher Geheimhaltung vor der Reichsleitung und völlig überraschend erwirkten sie dort am 12. Februar 1916 in der Haushaltskommission einen Beschluß, der es im Interesse des Landes für schädlich erklärte, „wenn sich aus der Stellungnahme der Reichsleitung gegenüber Amerika die Konsequenz einer Einschränkung in unserer Freiheit ergäbe, einen uneingeschränkten Unterseebootkrieg zum geeigneten Zeitpunkt gegenüber England aufzunehmen." Der Beschluß wurde sofort, und noch bevor sich die Reichsleitung dazu äußern konnte, in die Öffentlichkeit gebracht. So wurde von Parteien, die sich als die natürlichen parlamentarischen Exponenten unserer Wehrmacht zu Wasser und zu Lande gerierten und auch gerieren durften, mitten im Kriege der führende Bundesstaat gegen die Reichsleitung aufgerufen, und zugleich der Bruch mit Amerika im Geiste einer Selbstüberschätzung behandelt, die die durch die amerikanischen Munitionslieferungen schon leidenschaftlich erregte öffentliche Meinung von jedem realpolitischen Urteil völlig abzog.

Auf die Entscheidungen des Jahres 1916 ist die Aufpeitschung der öffentlichen Meinung ohne Einfluß geblieben. Auch im Reichstage gelang es mir, die Ubootfrage wenigstens vom Plenum fernzuhalten und in die Kommission zu verlegen. Dort konnte ich rückhaltlos die Gründe darlegen, die mich in Wirklichkeit vom unbeschränkten Ubootkrieg abhielten. Gleichwohl ist die leidenschaftliche Engagierung der öffentlichen Meinung von fundamentaler Bedeutung geblieben. Sie wurde zu einem starken psychologischen Faktor in einer Rechnung, die doch nur ganz kalten Blutes und nur in nüchternster Abwägung aller politischen und militärischen Momente entschieden werden durfte.

Bei einem Rückblick auf die Jahre 1915 und 1916 wird der Vorwurf haften bleiben, daß wir uns in die Verwicklungen des Ubootkrieges gestürzt haben, bevor wir stark genug waren, ihn aussichtsreich zu führen. Weniger verständlich ist, daß auch noch nach dem unheilvollen Ende des Krieges die These verfochten wird, wir hätten gesiegt, wenn wir den unbeschränkten Ubootkrieg schon 1916 oder gar 1915 begonnen hätten. Da die Vorbedingungen eines günstigen Erfolges hinsichtlich unserer eigenen Ubootmacht und hinsichtlich der Verproviantierungsmöglichkeiten Englands unstreitig niemals so günstig lagen wie 1917, läßt sich der Vorwurf der Versäumnis wesentlich nur auf die Behauptung stellen, England habe jedenfalls 1915, aber auch noch 1916, keine genügenden Abwehrmittel gehabt. Darum würde in jenen Jahren auch unsere geringe Ubootmacht ausgereicht haben. Mit solcher Behauptung läßt sich schließlich alles beweisen. Gewachsen sind im Laufe der Zeit die Gegenmittel unbestreitbar. Gemeinhin aber pflegen sich alle Abwehrmaßnahmen, die nicht grundsätzlich außer dem Bereich jeder praktischen Möglichkeiten liegen, mit der Intensität der Angriffe zu vervollkommnen. Die Vorstellung, daß ein vor die Gefahr des Kriegsverlustes gestelltes England sich 1916 nicht ähnlich wie 1917 zu verteidigen gewußt hätte, unterschätzt britische Hartnäckigkeit und britische Seekriegskunst. Näher als die Hypothese von dem abwehrunfähigen England liegt die Annahme, daß 25 oder 50 Uboote in den Jahren 1915 und 1916 unmöglich den Erfolg erzielen konnten, der in den Jahren 1917 und 1918 der doppelten und dreifachen Anzahl versagt geblieben ist.

Der Wechsel in der Obersten Heeresleitung im August 1916 ist für die Frage des Ubootkrieges entscheidend geworden.

126

Zunächst beherrschte der Kriegseintritt Rumäniens die Situation. Unsere Gesamtlage war so bedroht, daß jedenfalls vorerst an die Übernahme eines neuen Risikos nicht zu denken war. Waren unsere Kräfte durch den Zutritt der rumänischen Front gebunden, konnten wir auch europäischen Neutralen, die unter dem Drucke Englands und Amerikas etwa eine feindselige Haltung einnehmen sollten, militärisch kein Paroli bieten, dann wogen alle Gründe, die mich im Frühjahr gegen den unbeschränkten Ubootkrieg bestimmt hatten, jetzt doppelt schwer. Auf Antrag des Admiralstabes wurde am 31. August in Pleß die Ubootfrage zwischen den politischen und militärischen Stellen eingehend verhandelt. Die Oberste Heeresleitung erklärte, daß sie angesichts der militärischen Lage zu Lande die Zeit für den unbeschränkten Ubootkrieg noch nicht für gekommen erachte.

Während so die positive Entscheidung aufgeschoben war, machte sich doch der gewaltige Einfluß, den die Autorität der neuen Obersten Heeresleitung einmal haben mußte, sehr bald fühlbar. Von den politischen Parteien hatte das Zentrum, obwohl ein so einflußreiches und ihm nahestehendes Organ wie die Kölnische Volkszeitung energisch den Ubootkrieg predigte, doch seinerseits jede Festlegung vermieden. Eine Reichstagsmajorität für den unbeschränkten Ubootkrieg gab es nicht. Jetzt sagte sich das Zentrum von seiner alten klugen Tradition der freien Hand los. Wenn auch in diplomatifcher Fassung, billigte es mit Beschluß vom 7. Oktober 1916 im voraus den unbeschränkten Ubootkrieg, sobald ihn Hindenburg und Ludendorff verlangen würden. Dem Reichskanzler wurde zwar die volle Verantwortung belassen, aber er wurde klar bedeutet, daß er sich bei Differenzen mit der Obersten Heeresleitung jedenfalls auf das Zentrum nicht werde stützen können. Damit war die parlamentarische Situation endgültig festgelegt. Jedes Votum der Obersten Heeresleitung für den unbeschränkten Ubootkrieg hatte eine große und feste Reichstagsmehrheit hinter sich. In der Frage des Ubootkrieges hatte das Parlament auch die politische Macht der militärischen Gewalt übertragen[1]).

Auf dem so stabilisierten Kräfteverhältnis ist die Entscheidung für den unbeschränkten Ubootkrieg zustande-gekommen.

Am 12. Dezember hatten wir der Entente unser Friedensangebot gemacht. Sobald seine Ablehnung feststand,

[1]) Der Beschluß des Zentrums lautete wörtlich: „Für die politische Entscheidung über die Kriegführung ist dem Reichstag gegenüber der Reichskanzler allein verantwortlich. Die Entscheidung des Reichskanzlers wird sich dabei wesentlich auf die Entscheidung der Obersten Heeresleitung zu stützen haben. Fällt die Entscheidung für die Führung des rücksichtslosen Ubootkrieges aus, so darf der Reichskanzler des Einverständnisses des Reichstages sicher sein." Alle nachträglich von Zentrumsseite gemachten Versuche, die diesem Beschluß im Text beigelegte Bedeutung zu entkräften, bleiben wirkungslos, solange nicht nachgewiesen werden kann, daß die Gesamtfraktion jenen Beschluß ausdrücklich und öffentlich, ja auch nur für die Reichsleitung erkennbar, mißbilligt hat.

begann das Drängen der Obersten Heeresleitung auf den Beginn des unbeschränkten Ubootkrieges. Unmittelbar nach dem Bekanntwerden der abweisenden Rede Lloyd Georges vom 19. Dezember ging im Auswärtigen Amt ein Telegramm des Generals Ludendorff ein, in dem er auf Grund persönlicher Eindrücke an der Westfront die Überzeugung aussprach, daß nunmehr der Ubootkrieg mit aller Schärfe einsetzen müsse. Ein Hinweis des Auswärtigen Amts auf die ernsten Bedenken wurde dahin erwidert, daß der General zwar nicht vor der Erledigung unserer Friedensaktion zum unbeschränkten Ubootkrieg drängen wolle, es folgte aber sofort die ganz präzise Erklärung, daß wir ohne den rücksichtslosen Ubootkrieg den Feldzug verlieren würden. Ende Januar sei der Zeitpunkt gekommen. Der Feldmarschall könne die Verantwortung für den Verlauf des Feldzuges nicht mehr tragen, falls die Regierung hierauf nicht eingehe. So wurde also bereits hier am 22. Dezember von der Führung der Armee offen mit der Stellung der Kabinettsfrage gedroht. Am folgenden Tage, dem 23. Dezember, erhielt ich ein Telegramm, das vom Feldmarschall selbst gezeichnet war. Darin war gesagt:

„Die Entente führt mit allen Mitteln den Krieg weiter. Daran besteht kein Zweifel, nachdem wir in allen Parlamenten eine so scharfe Absage bekommen haben. Auch Wilsons Bestrebungen können daran nichts ändern, wenn unsere Gegner sich nicht selbst

Lügen strafen wollen. Ich halte das Wilsonsche An=
gebot für von England hervorgerufen. Wir können
meines Erachtens aus nationalen Gründen in Rück=
sicht auf unsere starke militärische Position darauf jetzt
nicht eingehen. Es würde daher eine schwere und mili=
tärisch nicht zu rechtfertigende Unterlassung sein, woll=
ten wir uns irgendwie hinhalten lassen."

Mit starken Worten wies das Telegramm auf die
Stimmung in der Armee hin, die den rücksichtslosen Ein=
satz aller Kräfte erwarte. Meiner nicht zustimmenden
Antwort folgte am 26. Dezember ein auch im Ton
schroffes Telegramm des Feldmarschalls, in dem es
heißt:

"Ich hatte in meinem Telegramm die Notwendig=
keit baldigen energischen Handelns zur See betont, da
ich darin das einzige Mittel erblicke, den Krieg zu schnel=
lem Ende zu führen. Euer Exzellenz glauben, diesen
Weg noch nicht betreten zu können. Unsere militärische
Lage erlaubt es aber nicht, daß irgendwelche Verhand=
lungen einmal als richtig anerkannte militärische Maß=
nahmen hinausschieben und so die Energie der Krieg=
führung lähmen."

Für diese Forderung setzte der Feldmarschall sein volles
Verantwortlichkeitsgefühl ein. Gegen die politische Ver=
antwortung des Reichskanzlers, die er nicht bestritt,
setzte er die Verantwortung der Obersten Heeresleitung.
Den Möglichkeiten politischer Verhandlungen wurde die

unbedingte Notwendigkeit militärischer Maßnahmen entgegengestellt und — vom Standpunkt der Obersten
Heeresleitung aus — unbedingt übergeordnet.

In den ersten Tagen des Januar wurde ich in das
Große Hauptquartier gerufen. Als ich am Morgen des
9. in Pleß eintraf, war die Entscheidung de facto bereits
gefallen. Oberste Heeresleitung und Admiralstab waren
ihrerseits entschlossen, den Ubootkrieg zu machen. Der
Kaiser stellte sich auf ihre Seite. Gegen Frühjahr und
Sommer 1916, wo ich den Ubootkrieg verhindert hatte,
war die Situation von Grund aus verändert. Damals
hatte ich mit meiner Ansicht durchdringen können, weil
die Autorität des Generals von Falkenhayn doch nicht
groß genug war, um bei der offensichtlich nicht zureichen-
den Zahl von Ubooten eine Maßregel durchzudrücken,
die zwar in den von den Konservativen, den Nationalliberalen, den Alldeutschen und der Marine beeinflußten
Kreisen populär war, von der Mehrheit des Reichstages
aber doch noch skeptisch beurteilt wurde. Jetzt war die
Zahl der Uboote so stark gewachsen, daß bei der geringen
Welternte des Jahres 1916 ein Gelingen des Ubootkrieges allerdings plausibler gemacht werden konnte. Den
Ausschlag gab, daß jetzt der Feldmarschall Hindenburg
und der General Ludendorff an der Spitze der Obersten
Heeresleitung standen. Ohne Grenzen war das Ver-
trauen, das diese Feldherren beim gesamten Volke vom
Niedersten zum Höchsten genossen, begründet auf die

Tatsache, daß sie wiederholt Retter des Vaterlandes gewesen waren. Die Majorität des Reichstages hatte deutlich gemacht, daß sie Hindenburgs Votum als entscheidend ansehen werde. Forderten diese beiden Feldherren den Ubootkrieg als notwendiges Kriegsmittel, ratihabierten sie damit die Anschläge der Marine und erklärten sich stark genug, bis zum Eintritt des von der Marine gewährleisteten Erfolges alle Folgen des Ubootkrieges, auch den Krieg mit Amerika zu tragen, dann mußte ein Widerspruch, um durchzudringen, auf einen ganz klaren und durchschlagenden Grund gestützt werden können.

Der Admiralstab hatte den vorausgesagten Erfolg mit detaillierten statistischen Berechnungen von Männern begründet, die in manchen Kreisen für volkswirtschaftliche Autoritäten galten. Diese Berechnungen waren selbstverständlich nicht beweiskräftig. Aber ebensowenig konnte die Erfolglosigkeit des Ubootkrieges statistisch nachgewiesen werden. Sowohl die Führung wie die Unterlassung des Ubootkrieges blieben ein Experiment. Wurde von der Obersten Heeresleitung mit dem ganzen Nachdruck, der ihrer Stimme zukam, behauptet, daß eine erfolgreiche Beendigung des Krieges den Ubootkrieg bedingungslos fordere, aber auch durch die von ihr akzeptierten Zusicherungen des Admiralstabes gewährleistet werde, dann mußte ich einen greifbaren Anhalt für die Aussicht vorführen können, auch ohne Ubootkrieg den Krieg

132

in einer für Deutschland annehmbaren Form zu Ende
zu bringen. Vage und unsubstantiierte Vorstellungen
mußten sich an der von der ganzen Autorität der Obersten
Heeresleitung getragenen Überzeugung brechen, daß die
militärische Gesamtlage den Ubootkrieg gebieterisch fordere, und daß der Aufschub des Ubootkrieges einem Verzicht auf ihn gleichkomme. Auch diese letztere Deduktion
konnte Anfang 1917 nicht mehr schlankweg abgewiesen
werden. Haltlos war sie im Frühjahr und Sommer 1916
gewesen. 1916 hatten wir eben nicht annähernd die erforderlichen Uboote, waren wir militärisch den Folgen
des Ubootkrieges in keiner Weise gewachsen. Damals
hätte uns der Kriegseintritt Amerikas in einem Moment
getroffen, wo die militärische Gesamtlage durch das Miß-
glücken des Angriffes auf Verdun und die Bedrohung
der östlichen und südöstlichen Front durch Rumäniens
Haltung auf das schwerste belastet war. 1917 aber war
dank der Führung der Obersten Heeresleitung und der
Tapferkeit der Truppen die Lage eine ganz andere.
Rumänien war erledigt, und im Westen war namentlich
durch den Ausbau rückwärtiger Stellungen, durch feste
Fundierung des Munitionsersatzes eine unendlich größere Sicherheit geschaffen. Trotzdem lief die Zeit gegen
uns. Auch der entschlossenste Siegeswille und die festeste
Siegeszuversicht konnte das brutale Faktum nicht aus
der Welt schaffen, daß bei andauerndem Wachsen der
feindlichen Übermacht unser Ersatz an Menschen abnahm

und unter den Wirkungen der Blockade schlechter wurde. Ein auf 1918 verschobener Ubootkrieg hätte nicht mehr die Zeit vor sich gehabt, wo er selbst bei optimistischer Auffassung hätte wirken können. Und apodiktisch vertrat der Admiralstab die Behauptung, daß er für keinen Erfolg mehr einstehen könne, wenn der Ubootkrieg später als am 1. Februar einsetze. Gerade durch die im Februar fälligen Überseetransporte würde sich England wieder so verproviantieren können, daß eine spätere Blockade nichts mehr ausrichten werde. Das war eine nicht widerlegbare Annahme.

So war alles auf unsere außerpolitische Lage gestellt. Die Antwort der Entente auf unser Friedensangebot mußte ich schlechthin als entscheidende Absage auffassen. Die Abweisung erschien mir so kategorisch, daß ich auch von der Friedensnote des Präsidenten Wilson vom 21. Dezember keinen Umschlag mehr erhoffte. Zwar ging ich in meiner Skepsis gegen den Präsidenten nicht so weit, wie die Oberste Heeresleitung. Diese wußte, daß der amerikanische Friedensappell vom 21. Dezember Anregungen entsprach, die wir selbst gegeben hatten. Aber sie sah dahinter englische, keineswegs auf den Frieden gerichtete Machenschaften, in die uns zu verstricken uns unsere starke militärische Position verbiete. Indessen auch mich ließ das gesamte bisherige Verhalten Wilsons gegen uns, seine Stellung in den verschiedenen Phasen des Ubootkrieges daran verzweifeln, daß, selbst wenn er

134

es wollen sollte, er die Macht haben würde, die Entente zu einem für uns annehmbaren Frieden zu zwingen. Konnte ich dort kein Kriegsende sehen, dann blieb nur die Spekulation auf die russische Revolution. Vorausgesagt war diese schon lange, und die Anzeichen dafür, daß sie einmal kommen werde, lagen gewissermaßen in der Luft. Über eine Wissenschaft indessen, die mehr als Vermutung war, disponierte auch ich nicht. Die nachträgliche Andeutung des Generals Ludendorff, daß er am 9. Januar ganz anders votiert hätte, wenn ich eine mögliche Änderung unserer politischen Lage durch den Zusammenbruch eines unserer Feinde, wie wir ihn später an Rußland erlebten, in Aussicht gestellt hätte, mutet mir eine den Menschen nicht gegebene Prophetengabe zu. Die Eventualität der russischen Revolution war dem General ebenso bekannt wie mir, ihr Zeiteintritt mir ebenso unbekannt wie ihm[1]).

Die Gesamtsituation stellte mich vor die Frage des Rücktrittes. Sachlich hätte er nicht das mindeste geändert. Zu politischen und persönlichen Gegnern hatte ich die Oberste Heeresleitung und, in der Ubootfrage, auch die Majorität des Reichstages. Der Kaiser stand auch in seiner inneren Überzeugung fest zur Obersten Heeresleitung. Mein Widerspruch hätte lediglich die Julikrisis um ein Halbjahr vorweggenommen. Ein Kanzler für

[1]) Ludendorff, Kriegserinnerungen S. 250.

den Ubootkrieg wäre um so eher zu finden gewesen, als er auf die große Mehrheit des Volkes und seiner Repräsentanten, auf das übereinstimmende Verlangen von Armee und Marine gestützt, sein Amt übernommen hätte. Für mich aber handelte es sich nicht darum, meine Person zu salvieren. Meine einzige Pflicht war, eine unabwendbar gewordene Entscheidung nicht zu sabotieren. Weil ich das zu tun fürchtete, bin ich am 9. Januar nicht zurückgetreten.

In Wien, Sofia und Konstantinopel machte man, wie ich wußte, die neue Wendung des Krieges keineswegs leichten Herzens mit. Mein Abgang hätte unsere Bundesgenossen in noch schwerere Zweifel gestürzt, konnte verhängnisvolle Differenzen herbeiführen. Bei uns selbst wäre mein Rücktritt zweifellos vielfach warm begrüßt worden. Aber ich durfte annehmen, daß ich in anderen Volksschichten, und zwar gerade in denjenigen, deren Standhalten durch die Länge des Krieges und den vorauszusehenden Kriegseintritt Amerikas am ehesten gefährdet werden konnte, noch ein gewisses Kapital an Vertrauen besaß. Seine Preisgabe habe ich nicht verantworten zu können geglaubt[1]).

---

[1]) Von Unfer Seite ist später angedeutet worden, ich hätte damals gehen und dann an der Spitze der sozialdemokratischen und freisinnigen Ubootgegner im Kampfe gegen Hindenburg und die Reichstagsmehrheit den Ubootkrieg und den Bruch mit Amerika verhindern müssen. Ich muß gestehen, daß mich ein solches, zur Katastrophe führendes Abenteuer nie gelockt hat.

Mit all diesen Erwägungen bin ich am Abend des 9. Januar in den gemeinschaftlichen Vortrag beim Kaiser gegangen. Dort war die allgemeine Atmosphäre von vornherein ebenso geladen, wie in einer Unterredung, die ich am Vormittage mit der Obersten Heeresleitung allein gehabt hatte. Ich hatte das Gefühl, Männern gegenüberzustehen, welche nicht mehr gewillt waren, sich in ihre bereits gefaßten Entschließungen noch irgendwie hineinreden zu lassen. Daß dieser Eindruck richtig war, bestätigte das später bekannt gewordene Protokoll über die Besprechung des Admiralstabs mit der Obersten Heeresleitung vom 8. Januar[1]). Admiralstab und Oberste Heeresleitung trugen ihre Forderungen vor. Ich erklärte, das militärische Urteil nicht anzweifeln zu können, daß der Krieg auf dem Lande allein erfolgreich nicht beendet werden könne. Ein sicherer Erfolg aber des Ubootkrieges könne nach meinem Urteil ebensowenig bewiesen werden, wie ein sicherer Mißerfolg. Bleibe der Erfolg aus, so stehe uns das schlimmste Ende bevor. Die amerikanische Kriegshilfe müsse ich höher als die Oberste Heeresleitung einschätzen. Nach der Antwort der Entente auf unser Friedensangebot vermöge ich aber Aussichten auf Friedensverhandlungen zur Zeit nicht zu eröffnen. Angesichts dieser Lage und der von dem ganzen Verantwortungsgefühl des Feldmarschalls von Hindenburg

---

[1]) Parlamentarischer Untersuchungsausschuß, Aktenstücke zur Friedensaktion Wilsons, Nr. 5, S. 318.

getragenen Erklärung, daß unsere militärische Lage uns gestatte, das sicher bevorstehende Risiko des Bruches mit Amerika auf uns zu nehmen, vermöge ich Seiner Majestät nicht zu raten, sich mit dem Votum seiner militärischen Ratgeber in Widerspruch zu setzen. Darauf fiel die Entscheidung. Nach dem Verlauf von etwa einer halben Stunde nahm der Vortrag beim Kaiser, der keine Beratung mehr war, sein Ende. Am nächsten Tage beantragte die Oberste Heeresleitung beim Kaiser einen sofortigen Kanzlerwechsel.

Der unbeschränkte Ubootkrieg ist gemacht worden, weil ihn die militärischen Gewalten für notwendig und aussichtsreich hielten und weil der Reichstag und der überwiegende Teil des Volkes wollten, daß die militärischen Gewalten das letzte Wort hätten. Daß sich die Oberste Heeresleitung in ihren Entschlüssen irgendwie von der öffentlichen Meinung hätte beeinflussen lassen, halte ich für völlig ausgeschlossen. Beeindruckt aber war sie doch davon, „daß Volk und Armee nach dem unbeschränkten Ubootkrieg schrieen") . Und tatsächlich war der Volksglaube zu einem Faktor geworden, über den nicht hinweggegangen werden konnte. Im August 1916 hatte ich dem Kaiser nach meiner besten Überzeugung vorgestellt, daß er einen Krieg von unabsehbarer Dauer und

---

¹) Vgl. das vorhin angezogene Protokoll vom 8. Januar.

unsicherem Ende nicht durchkämpfen könne, ohne die Männer an die Spitze des Heeres gerufen zu haben, die des Volkes Heroen waren. Konnte jetzt das Volk einem dürftigen Frieden entgegengeführt werden, bevor das Kriegsmittel erprobt war, von dem ihm dieselben Männer baldigen Sieg versprachen? Nicht zu siegen, trotz der Überzeugung, siegen zu können, verträgt keine Nation.

Das Verhängnis, das der Kriegseintritt Amerikas schließlich über uns gebracht hat, verleitet auch zu unrichtigen Schlußfolgerungen. Die ungeheuren Leistungen unserer Uboote, der wunderbare Todesmut ihrer Besatzungen drohen in der Verurteilung unterzugehen, der die Selbsteinschätzung der Marine vor der Geschichte verfallen ist. Und doch sollte gerade nüchternste Kritik mit ihrem Endurteil zurückhalten und erwägen, ob nicht die unvergleichlichen Leistungen der Uboote, vereint mit den Taten der Armee, in Wirklichkeit einen Zustand geschaffen haben, der zwar keinen Siegfrieden, aber doch vielleicht einen von allem Katastrophenende weit entfernten Verzichtfrieden ermöglichte. Und einen solchen Verzichtfrieden hätte die Nation ertragen, nachdem sie gesehen hatte, daß auch der Ubootkrieg die Feinde nicht auf die Kniee zwang.

4.

Wilsons Friedensaktion und das Friedensangebot der Mittelmächte.

Am 6. August 1914 schlug Präsident Wilson beiden Kriegsparteien vor, sie möchten die Verbindlichkeit der Londoner Deklaration von 1909 anerkennen. Wir nahmen den Vorschlag an, England schlug ihn ab. Darauf ließ der Präsident am 24. Oktober erklären, er werde nunmehr auf die Londoner Deklaration verzichten, aber darüber wachen, daß die Rechte der amerikanischen Bürger nicht angetastet würden.

Diese Vorgänge gleich zu Beginn des Krieges kennzeichnen die gesamte Kriegspolitik des Präsidenten Wilson: Appell an das Völkerrecht, aber Tolerierung jedes englischen Einspruchs, — auf gut deutsch: Parteinahme für die Entente.

In das Völkerrecht, wie der Präsident es auffaßte, griff der Seekrieg doppelt ein. Der englische Handelskrieg verletzte die Freiheit der Meere, unser Ubootkrieg gefährdete die Sicherheit neutraler Bürger auf hoher See. Diesen beiden Hauptthemen seiner Politik gesellte sich als drittes der Wunsch Wilsons, Weltfriedensstifter zu werden. Eine geschickte und unparteiische Hand hätte unzweifelhaft mit diesen drei Kugeln ein erfolgreiches und für die Vereinigten Staaten wie für die gesamte Menschheit nützliches Spiel spielen können. Machtmittel besaßen

die Vereinigten Staaten genug, um Englands Hunger=
blockade zu brechen, den deutschen Ubootkrieg zu inhibieren
und ermattende Kämpfer an den Friedenstisch zu führen.
Aber die Hand war eben weder unparteiisch, noch frei.

Als Vorkämpfer der demokratischen Idee hat sich Prä=
sident Wilson oft gerühmt, der Vollstrecker des besten
Willens des amerikanischen Volkes zu sein. Nur in diesem
Bewußtsein vermöge er energisch zu handeln. Die schiefe
Bahn, auf der er schließlich geendet ist — und es gibt
wohl keinen Menschen auf der Welt, der noch dies Ende
bestritte —, läuft von dem Punkte aus, wo das Völkerrecht,
das er ideell festhielt, etwas anderes vorschrieb, als was
die für ihn verbindliche öffentliche Meinung seines Lan=
des praktisch wollte. Verlangte die amerikanische Ge=
schäftswelt, in ihrem Handel mit England nicht gestört
zu werden, zogen Rassengemeinschaft, politische und ge=
schichtliche Verbindungen amerikanisches Empfinden mehr
auf die britische als auf die deutsche Seite, dann konnte
ein Präsident, der es als seinen Beruf ansah, diesen Ten=
denzen zu ihrem Recht zu verhelfen, gegen Englands
mächtigstes Kriegsmittel, gegen seine Hungerblockade,
nichts unternehmen. Und wollte er zugleich denen ge=
horchen, die durch die Unglücke des Ubootkrieges leiden=
schaftlich gegen Deutschland erregt waren, dann mußte
er auch gegen diesen Front machen. Vielleicht ist Wilson
unvermögend gewesen, anders zu handeln. Nur daß er
dann weder ein Hort des Völkerrechts, noch neutral war.

144

Die dritte Kugel seines Spiels, seine Aspiration als Friedensbringer, hat der Präsident erst ganz spät eingesetzt. Unter allen Gründen, welche für sein Zaudern angegeben worden sind, war der durchschlagende doch der, daß, wenn er schon gegen die englische Blockade machtlos war, er um so weniger eine widerwillige Entente an den Friedenstisch zwingen konnte. Die dafür gewählte Formel, daß sich der Friede erst vermitteln lasse, wenn die Parteien einigermaßen abgekämpft seien, traf auf uns nicht zu. Denn spätestens seit dem Sommer 1916 mußte der Präsident, daß wir auch schon vorher einem Friedensappell folgen würden. Wie die Abhängigkeit von der Entente, die der Präsident nicht abzuschütteln wagte, seine ungleichen Methoden gegen unsere und Englands Seekriegsführung bestimmt hat, so ist sie es auch gewesen, welche seine Friedensmission vereitelt hat.

Diese Beurteilung der Politik des Präsidenten Wilson ist nicht deutsche Voreingenommenheit. Bekanntlich hat der Senator Stone, der fast während des ganzen Krieges Vorsitzender der Senatskommission für auswärtige Angelegenheiten war, dem Präsidenten in einer Eingabe nicht weniger als 20 Neutralitätsverletzungen zu Ungunsten Deutschlands vorgehalten. Ob jeder einzelne dieser 20 Punkte auch formalrechtlich ein Verstoß gegen das geltende Völkerrecht war, oder ob Lücken des Völkerrechts für einzelne Handlungen eine Masche offenließen, mögen Theoretiker des Völkerrechts untersuchen. Für

praktisches politisches Urteil kann kaum etwas bezeich=
nender sein, als daß einer der hervorragendsten Politiker
der Vereinigten Staaten die angebliche Neutralität seines
Präsidenten so scharf anzweifeln konnte.

Die Haltung des Präsidenten Wilson in der Uboot=
frage und die amerikanischen Munitions= und Waffen=
lieferungen konnten nicht anders, als unsere öffentliche
Meinung leidenschaftlich erregen. Die Parteilichkeit lag zu
offen am Tage. Amerikanische Friedensvermittlung war
in Deutschland durchaus unpopulär. Trotzdem habe ich
mich nicht davon abhalten lassen, sie zu betreiben. Neben=
her gingen zwar auch andre Sondierungen bei Neu=
tralen und feindlichen Staaten, die der Anbahnung des
Friedens dienen sollten. Auch tauchte schon im Sommer
des Jahres 1916 der Gedanke an ein eigenes Friedens=
angebot der Mittelmächte auf. Nach allem aber, was
Graf Bernstorff aus Washington zu melden wußte, war
es für den Präsidenten Wilson ein so zentraler Wunsch,
der Welt den Frieden zu bringen, daß ich, wie ich nun
einmal unsere Kriegsaussichten beurteilte, nichts unver=
sucht lassen durfte, um gerade diese Tendenz für uns aus=
zunutzen. Schließlich stand hinter dem Präsidenten ein
Hundertmillionenvolk, das, auch wenn es die Niederlage
Englands nicht wünschte, sich doch nicht selbst in den
Krieg stürzen wollte und baldige Wiederkehr des Frie=

dens gern gesehen hätte. Daran, daß der Präsident an der Regelung der speziellen Friedensfragen, Kriegsentschädigung, territoriale Veränderungen usf., teilnehmen solle, dachte ich nicht. Die waren, wenn ein Appell des Präsidenten die Kriegführenden an den Verhandlungstisch brachte, unter diesen allein auszutragen. Dagegen war die Mitwirkung des Präsidenten bei der Lösung der großen, die gesamte internationale Neuordnung umfassenden Fragen, wie Freiheit der Meere, Abrüstung, Schiedsgerichte, selbstverständlich. Ich habe Anlaß zu glauben, daß der Präsident auch seinerseits die ihm bei Friedensverhandlungen zufallenden Aufgaben bis tief in den Winter 1916/17 hinein in diesem Sinne aufgefaßt hat.

Schon in den ersten Monaten des Jahres 1916 habe ich dem Vertrauensmann des Präsidenten, dem Obersten House, bei einem Zusammentreffen auf der amerikanischen Botschaft in Berlin in meine Sympathie nicht verbergenden Worten von den Weltverdiensten gesprochen, die sich der Präsident als Friedensstifter erwerben könne. Im Sommer hatte ich nach Beilegung des Sussexkonfliktes eine längere Unterredung mit dem Botschafter Gerard. Dieser selbst berichtet, unsere Unterhaltung habe in meiner Äußerung gegipfelt: Nunmehr hat der Präsident Wilson freie Bahn für eine Aktion des Friedenswillens[1])! Man kann nicht sagen, daß ich dem

---

[1]) Gerard, My Four Years In Germany, S. 250.

Botschafter eine Art Auftrag gegeben hätte, seinem Präsidenten in diesem Sinne zu berichten. Dazu war ich nicht in der Lage. Aber mit den Möglichkeiten der Diplomatensprache hatte ich doch deutlich gesagt, daß wir eine Friedensaktion Wilsons günstig aufnehmen würden. Dasselbe haben die nachfolgenden Instruktionen an Graf Bernstorff ganz unumwunden ausgesprochen.

Nach den vielfachen Erfahrungen mit dem zaudernden Charakter des Präsidenten und bei der Unsicherheit, wie sich die Entente stellen würde, wenn er wirklich in Aktion trat, hätten wir leichtsinnig gehandelt, wollten wir um dieser Aktion willen alle sonstigen Friedensbemühungen unterlassen. Nur darin stimmten ja die Berichte Bernstorffs und die Äußerungen Gerards überein, daß der Präsident eine Friedensaktion unternehmen wolle. Wann sie aber vor sich gehen werde, darüber war nichts zu erfahren. Schon vor seiner Reise nach Amerika (September bis 4. Dezember 1916) erwies sich der Botschafter Gerard über die näheren Intentionen seines Präsidenten als hervorragend unorientiert. Dazu kam in den Sommermonaten die Nachricht, daß der Präsident vor seiner Neuwahl (im November) nichts unternehmen könne. Angeblich sollten auch die sogenannten belgischen Deportationen, von der Ententepropaganda namentlich in Amerika agitatorisch ausgenutzt, jegliche Friedensaktion des Präsidenten vor der öffentlichen Meinung des

148

eigenen Landes heillos kompromittieren. Wer konnte wissen, wann einmal der Augenblick kommen werde, wo sich der Präsident aktionsfähig fühlte? Der Zeitpunkt aber war wesentlich.

Im Frühjahr und Sommer 1916 tobte der Kampf um Verdun, der keinen Erfolg brachte; die Österreicher griffen aus Tirol heraus die Italiener an, blieben aber stecken. Deutsche sowohl wie österreichisch-ungarische Kräfte mußten bei Luzk eingesetzt werden, um den gefährlichen russischen Einbruch in die österreichischen Linien auszugleichen. An der Somme wiederum griff der Engländer heftig an. Die Rumänen schätzten unsere Aussichten so schlecht ein, daß sie sich zum Krieg gegen uns entschlossen. Das war der Beginn des dritten Kriegsjahres. Jetzt natürlich konnten wir keine Friedensaktion, welcher Art auch immer, brauchen. Dank aber unserer rumänischen Siege hatten wir schon im Oktober wieder einen militärischen Höhepunkt erstiegen. Unwillig rief Lloyd George um diese Zeit im Unterhause aus, eine Vermittlung in diesem Augenblick würde der Triumph Deutschlands und die Katastrophe Englands sein. Das waren die Gegensätze.

Dem Botschafter Gerard gegenüber hatte ich mich, als er im September nach Amerika reiste, auf seine Bitte soweit als möglich über deutsche Kriegsziele ausgesprochen. Für die östlichen Verhältnisse, so erklärte mir Gerard, interessiere sich Amerika nicht sonderlich. Bel-

gien sei die Frage. Ich erinnerte den Botschafter an
meine Ausführungen im Reichstag: Belgien dürfe nicht
zu einem Bollwerk für feindliche Machenschaften der Entente gegen uns werden. Die Details unserer Sicherungen hingen ganz vom Ausgang des Krieges ab. Über
Lüttich, so meinte Gerard selbst, ließe sich reden. Bezüglich der flandrischen Küste sprach ich zwar ausweichend,
aber im Tone doch so, wie ein Nichtannexionist spricht.
Überdies kannte ja auch Gerard meine grundsätzliche
Stellung aus den von den Annexionisten gegen mich gerichteten Angriffen ebenso genau, wie meinen prinzipiellen
Wunsch nach einem Verhandlungsfrieden. Er selbst hat
in Unterredungen mit mir wiederholt darauf angespielt,
daß gerade um meiner maßvollen Kriegsziele willen
meine Stellung so heftig angefochten werde. — Übrigens
fiel mir auch bei dieser Gelegenheit wieder auf, wie wenig
Gerard von dem wußte, was im Weißen Hause in Washington vorging. Durchsichtiger aber wurden die Friedensbemühungen des Präsidenten Wilson nicht, wenn
er in dieser Hauptfrage die Mitarbeit seines Botschafters
verschmähte, obwohl er mit diesem tagtäglich schnell und
unbehelligt telegraphisch verkehren konnte, während unser
eigener Depeschenwechsel mit dem Grafen Bernstorff vier
oder fünf Tage kostete, ohne daß dabei die Sicherheit und
Geheimhaltung der Depeschen im geringsten garantiert
gewesen wären.

Im Oktober trat unsere eigene Friedensaktion in den Vordergrund. Schon seit dem Sommer erwog ich sie. Jetzt brachte sie auch Baron Burian zur Sprache. Nach zwei Jahren Krieg ohne greifbare Aussicht auf ein Ende hielt ich diesen Schritt für politisch notwendig und kann mich auch heute noch nicht vom Gegenteil überzeugen. Wies uns eine illusionsfreie Beurteilung der militärischen Lage auf einen Verhandlungsfrieden hin, dann war es ein politisches Kriegsmittel, durch feierliche Dokumentierung unseres Verständigungswillens die friedensbereiten Minoritäten der feindlichen Völker zu stärken. Und wurde bei uns die Psychologie der Massen, wie diese nun einmal gestimmt waren, arg verkannt, wenn man meinte, ihre Friedenssehnsucht durch weite Kriegsziele betäuben zu können, dann war ihr Wille zum Durchhalten nur durch die Gewißheit anzuspornen, daß die Regierung jederzeit bereit sei, dem Gegner die Hand zu einem ehrenvollen Frieden zu reichen. Bei den Feinden haben wir keinen durchschlagenden Erfolg gehabt. Unser eigenes Volk hätte im Frühjahr 1917 die Kriegserklärung Amerikas nicht so standhaft hingenommen, wenn es nicht gesehen hätte, daß der Frieden lediglich am Kriegswillen der Entente scheiterte. Der Einwurf der Schwäche lag für jeden nahe, der seine Rechnung allein auf den militärischen Endsieg stellte. Wer die Wirklichkeit nüchtern betrachtete, konnte die Kritik um so ruhiger hinnehmen, als das Friedensangebot in einem Momente gemacht wurde, wo die große durch Rumäniens Kriegseintritt hervorgerufene Spannung siegreich überwunden war. Schließlich aber hatte unser Friedensangebot, obgleich es nicht zum Ziele führte, doch auch eine innere Bedeutung.

Der Krieg hat mit einem großen Siege Englands geendet. Herr Lloyd George ist stolz darauf, ihn durch Erstickung jedes Verständigungswillens erfochten zu haben. Der Unterlegene wird die Größe der momentanen äußeren Erfolge der Sieger nicht bestreiten wollen. Den Zweifel aber darf er äußern, ob die Vorteile, die der Welt aus dem bis zum englischen Endsiege fortgeführten Kampf erblüht sind, das Unmaß an menschlichem Jammer und zerstörter Kulturgemeinschaft wert sind, die die Ablehnung unseres Friedensangebotes verursacht hat. Vor der Weltgeschichte war das Angebot eine sittliche Tat, die anerkannt werden wird, wenn Weltgewissen wieder erwachen sollte[1]).

---

[1]) Wie der Kaiser das Friedensangebot verstanden wissen wollte, ergibt sein Brief an mich vom 31. Oktober 1916. Der Brief lautete:

"Mein lieber Bethmann!

Unsere Aussprache habe ich noch nachträglich gründlich überdacht. Es ist klar, die in Kriegspsychose befangenen, von Lug und Trug im Bann des Kampfes und im Haß gehaltenen Völker unserer Feinde haben keine Männer, die imstande wären, die den moralischen Mut besäßen, das befreiende Wort zu sprechen. Den Vorschlag zum Frieden zu machen, ist eine sittliche Tat, die notwendig ist, um die Welt — auch die

Baron Burian wollte zunächst, daß wir nicht nur den Frieden anbieten, sondern zugleich auch unsere Kriegsziele bis in alle Einzelheiten den Gegnern mitteilen und veröffentlichen sollten. Im Hinblick auf meine Bedenken ließ er jedoch den Gedanken wieder fallen. Worauf es ankam, war, unsere verständigungswillige Gesinnung zu bezeugen. Jede materielle Diskussion von Kriegszielprogrammen in Parlamenten und Presse aber hätte allen möglichen Effekt, sowohl innen wie außen, im Keime erstickt. Festlegung auf Kriegsziele, selbst nur intern, habe ich überhaupt stets für müßig gehalten. Erst wenn feststand, daß und in welcher militärischen Lage verhandelt werden würde, konnte an ihre Formulierung gedacht werden. Anders urteilend, drängte unsere Oberste Heeresleitung darauf, daß die politische und militärische Leitung sich vor dem Friedensangebot auf ein festes Kriegszielprogramm einigten. Gab ich nach, so hatte die Sache für mich doch nur akademische Bedeutung. Am 29. Januar 1917 habe ich dem Präsidenten Wilson vertraulich Kriegsziele mitgeteilt, die sehr

---

Neutralen — von dem auf allen lastenden Druck zu befreien. Zu einer solchen Tat gehört ein Herrscher, der ein Gewissen hat und sich Gott verantwortlich fühlt und ein Herz hat für seine und die feindlichen Menschen, der, unbekümmert um die eventuellen absichtlichen Mißdeutungen seines Schrittes den Willen hat, die Welt von ihren Leiden zu befreien. Ich habe den Mut dazu, ich will es auf Gott wagen. Legen Sie mir bald die Noten vor und machen Sie alles bereit.

Wilhelm J. R.“

merklich von dem im Dezember auf dem Papier vereinbarten Programm abwichen[1]).

Gleichfalls auf Drängen der Obersten Heeresleitung
wurde im Text des Friedensangebots der Siegerton
stark unterstrichen. Sonst würde, wie das Militär meinte,
die Armee das Anerbieten weder verstehen, noch ertragen.
Politische Verbesserungen waren die Korrekturen nicht,
und annehmbar nur, weil sie ein Hindenburg verlangte.
Irrig aber ist die Vorstellung, daß es dieser Ton gewesen
wäre, der die Entente an der Annahme der Offerte gehindert hätte. Wollte sie in die dargereichte Hand ein-
schlagen, dann konnte sie den Kriegsfuror der eigenen
Völker durch öffentliche Zurückweisung gegnerischer Überhebung genügend beschwichtigen, um uns vertraulich
anzudeuten, daß sie auf verständiger Grundlage mit sich
reden lassen werde. Aber nichts dergleichen haben die
Feinde getan.

Unsere Friedensaktion wurde im Laufe des November
fest vorbereitet. In die Tat konnte sie nur umgesetzt
werden, wenn sich der rumänische Feldzug entschied.
Dann aber mußte, wenn überhaupt, sofort gehandelt
werden. Die unausgesetzten Wechselfälle des Krieges
erlaubten kein Warten, sollte nicht die für jede solche
Aktion erforderliche Höhekonjunktur verpaßt werden.

---

[1]) Ganz analog verhielt es sich mit dem im April 1917 auf Antrag
der Obersten Heeresleitung festgelegten Kriegszielprogramm und meinen
Erklärungen gegenüber dem Nuntius Pacelli vom 26. Juni 1917.

Der Präsident Wilson hatte sich inzwischen nicht gerührt. Am 7. November war er wiedergewählt, aber Graf Bernstorff hatte nur als seine eigene Ansicht melden können, „Ende des Jahres" werde er einen Friedensschritt machen. Sollten wir auf den großen Zauberer warten? Sollten wir uns jeder eigenen Initiative begeben, um unsere Geschicke ausschließlich in die Hand eines Staatsmannes zu legen, der bis dahin offenkundig für unsere Gegner Partei genommen hatte? Die Fragen stellen, heißt, sie beantworten.

Daß unsere Aktion diejenige des Präsidenten verdorben hätte, ist zwar in Deutschland behauptet, aber nicht bewiesen worden. Persönlich mag Wilson unwirsch darüber gewesen sein, daß wir ihm zuvorkamen. Sachlich aber sind seine Dispositionen nicht getroffen worden. Den Text seiner Friedensnote vom 19. Dezember 1916 hatte Wilson bereits im November konzipiert. An ihm hat er trotz unseres Friedensangebotes in der Substanz nichts geändert, sich nur in einem formellen Zusatz gegen die Vermutung verwahrt, als habe ihn erst unser Friedensangebot zu seiner Aktion angeregt. Ja, die Behauptung geht nicht zu weit, daß unsere Demarche die seinige beschleunigt hat. Seine eigene Initiative, auf die der Präsident so viel hielt, hätte in den Augen der Welt an Wert eingebüßt, wenn er unseren Vortritt nicht schnell wettmachte.

Im ersten Eindruck wirkte unser Friedensangebot vorteilhaft auf die gemäßigten Elemente auch bei unseren Gegnern. Bei den Kriegstreibern herrschte eine gewisse Verwirrung und Beklemmung. Sonnino äußerte sich am 13. Dezember äußerst vorsichtig, am Tage darauf warnte Briand in der französischen Kammer vor einer möglichen „Vergiftung der öffentlichen Meinung" durch unser Friedensangebot, das er ein Manöver und eine plumpe Falle nannte. Am 16. sprach der englische Arbeiterminister Henderson überaus ängstlich gewählte Worte, um die englischen Arbeitermassen beim Kriegsgedanken festzuhalten. Obgleich am selben Tage der neue russische Minister Pokrowsky als erster mit aller Energie unser Friedensangebot zurückwies, nahmen noch am 19. die Pariser Sozialisten eine Resolution an, die eine Ablehnung des Friedensangebotes nur für den Fall billigte, daß die beim Gegner zu erfragenden materiellen Kriegsziele vom Parlament als unannehmbar befunden werden sollten. Dann freilich gelang es Lloyd George, alle ihm verbündeten Regierungen wieder seinem Kriegswillen dienstbar zu machen, und am 20. Dezember konnte er das entscheidende Wort der radikalen Ablehnung aussprechen. Aber selbst im englischen Parlament mußte sich Bonar Law am 22. Dezember ersichtlich bemühen, die verhandlungswilligen Unterhausmitglieder von der Richtigkeit der Regierungshaltung zu überzeugen.

Die offizielle Antwort der Entente, die am 30. Dezember bei uns eintraf, kleidete die Ablehnung in die denkbar schärfste Form. Sie war eine erneute Kriegserklärung. Meinten auch einige neutrale Pressestimmen, der Friedensfaden würde sich weiterspinnen lassen, so schlossen doch die begleitenden Umstände jede derartige Interpretation aus. Am 26. Dezember wurden die Premierminister der englischen Dominions zu einer neuen Reichskriegskonferenz nach London entboten, am 28. nach der Verabschiedung des Marschalls Joffre der französische Oberbefehl neu konstruiert, und am selben Tage proklamierte der Zar in einem Armeebefehl Konstantinopel als das Kriegsziel, das unter allen Umständen erreicht werden müsse. Am unveränderten Kriegswillen der Entente konnte ich nicht zweifeln. Der Ubootkriegsbeschluß vom 9. Januar war die Folge.

Während wir unser Friedensangebot nicht erlassen konnten, bevor nicht im rumänischen Feldzug eine auch nach außen wirkende Entscheidung erreicht war, hatte Präsident Wilson mindestens seit seiner Wiederwahl freie Hand. Gerade im November aber, speziell gegen Ende des Monats, waren die Konjunkturen, die dem Präsidenten besser als uns bekannt sein mußten, verhältnismäßig günstig. Im englischen Kabinett vertraten Asquith und Grey eine immerhin gemäßigtere Richtung.

Sie waren von Lloyd George, dem mächtigsten Friedens-
feind, noch nicht aus dem Felde geschlagen. In Frankreich konnte sich Briand, der auch nicht zu den völlig Un-
versöhnlichen gehörte, noch halten, ohne den Kriegstreibern Konzessionen zu machen, mit denen er sich ihrem
Willen unterwarf. In Rußland mußte Buchanan den
Liberalen und Progressisten sehr energisch zu Hilfe kommen, um die nicht kriegssichere Reaktion in Schach zu
halten. Die italienischen Sozialisten bereiteten einen
Friedensantrag vor, der danach Anfang Dezember in
der Kammer verhandelt wurde. Überall wäre in dieser
Zeit eine amerikanische Friedensaktion auf Faktoren gestoßen, die grundsätzlich Verhandlungen nicht abgelehnt
hätten. Der Präsident hat diese Gelegenheiten nicht ausgenutzt. Am 7. Dezember entschied sich die englische
Kabinettskrise zugunsten von Lloyd George. Nun arbeitete die Kriegsmaschine wieder mit Volldampf, und
Wilsons Friedensnote vom 19. Dezember verfing sich
in Stacheldraht.

In ihrer Antwort auf diese Note zählte die Entente
ihre materiellen Friedensbedingungen auf. Territoriale
Hauptforderungen waren: Abtretung Elsaß-Lothringens,
Auflösung der Donaumonarchie durch Ausscheidung aller
Italiener, Slaven, Rumänen, Tschechen und Slowenen
aus dem österreichisch-ungarischen Staatsverbande und
Verweisung der Türkei aus Europa. Nur eine völlig ge-
schlagene Koalition konnte solche Bedingungen annehmen.

Das mußte sich die Entente selbst sagen. Aber damit
nicht genug. Feierlich verwahrte sie sich dagegen, daß
wir als die am Kriege angeblich allein Schuldigen zu
kommenden Verhandlungen als Gleichberechtigte zuge-
lassen würden. Jenes Kriegszielprogramm also war keine
nur taktische Maximalforderung, die im Verhandlungs-
wege zu ermäßigen war. Verhandeln mit uns wollte
man überhaupt nicht. Schon jetzt wurde das Diktat
reklamiert. Amerikanische Friedensvermittlung aber
lehnte die Entente, zwar höflich, jedoch bestimmt, ab,
wofern nicht auch Wilson seinerseits uns als die In-
ferioren behandeln werde. Dies Ansinnen wies der Präsident in seiner Kongreßbotschaft vom 22. Januar nicht
zurück. Er konstatierte vielmehr, daß die Welt nicht nur
durch die Erklärung unserer Verhandlungsbereitschaft,
sondern auch durch die Mitteilung der Ententekriegsziele
dem Frieden um einen großen Schritt nähergekommen
sei. Im Anschluß daran entwickelte Wilson ausführlich
seine eigenen Friedensideale.

Mir war es unmöglich, diesen Friedensoptimismus
zu teilen. Wir waren nicht Sieger, aber auch nicht Be-
siegte, also unter allen Umständen gleichberechtigt. An
einen Tisch wollte sich die Entente nicht mit uns setzen.
Daß Wilson sie zwingen werde, konnte nach seinem gesamten bisherigen Verhalten kein Mensch annehmen. Wie
sollte uns aus solchen Widersprüchen ein annehmbarer
Friede kommen? Weder die Ententeantwort vom 12.,

noch die Kongreßbotschaft vom 22. Januar stieß die Voraussetzungen um, unter denen am 9. Januar der Ubootkrieg beschlossen wurde.

Endlich am 27. Januar meldete Graf Bernstorff, Präsident Wilson böte uns jetzt Friedensvermittlung an und bäte um Mitteilung unserer Friedensbedingungen. Die Ententebedingungen halte er für unmöglich, übrigens auch für Bluff. Er hoffe jetzt, Friedenskonferenzen schnell zustande bringen zu können.

Standen wir damit auch materiell vor einer neuen Situation? Sich selbst mußte die Entente vor aller Welt desavouieren, wenn sie jetzt plötzlich eine annehmbare Friedensbasis akzeptieren und mit uns verhandeln wollte. Dahin war dann die These von unserer Alleinschuld am Kriege, diese Grundlage der gesamten Ententekriegspolitik, zerrissen alle Verträge unter den Alliierten über die Kriegsbeute. Gewiß konnte eine völlig veränderte Kriegslage auch einen solchen Umschlag bringen. Aber seit dem 12. Januar, wo sich die Entente so feierlich festgelegt hatte, war militärisch keine Entscheidung gefallen, und politisch hatten, soweit es uns erkennbar war, die Kriegsparteien wieder überall Oberwasser bekommen. Gegenüber stand lediglich die persönliche Hoffnung des Präsidenten, die Entente völlig umstimmen und eine Friedenskonferenz so schnell einsetzen zu können, daß kein weiteres Blut floß. Weder der zaudernde Charakter Wilsons, noch seine Gebundenheit gegenüber der

160

Entente, noch seine bisherige Stellung zu uns, machten es mir möglich, mich willenlos seiner Hoffnung und seiner Hand anzuvertrauen. Das aber hätten wir getan, wenn wir nicht nur sein Vermittlungsanerbieten annahmen, sondern auch gleichzeitig den Ubootkrieg aufgaben. Zwar erklärte mir der Admiralstab am 28. Januar positiv, nicht mehr alle bereits ausgelaufenen Uboote zurückrufen zu können. Indes, wenn auch auf die Gefahr einiger Zwischenfälle, Gegenbefehle wären doch nicht absolut ausgeschlossen gewesen. Aber das deutsche Volk hätte dann, ohne zuvorige Erprobung des von Militär, Marine und einem gewaltigen Teil der öffentlichen Meinung als unfehlbar angesehenen Kriegsmittels, jeden Frieden schlucken müssen, den der mit den deutschen und europäischen Verhältnissen wenig vertraute Präsident für gut befunden und bei der Entente durchgesetzt hätte. Eine solche Politik konnte ich weder nach persönlicher Überzeugung vertreten, noch hätte ich sie überhaupt durchsetzen können. Trotzdem sind wir, so weit als nur möglich, entgegengekommen. Wir haben dem Präsidenten sehr gemäßigte deutsche Kriegsziele genannt[1]) und haben ihm zugesagt, den jetzt nicht mehr zu revozierenden Ubootkrieg einzustellen, sobald der Erfolg seiner Vermittlung gesichert sei. Was für die Tätigkeit eines Friedensvermittlers die Hauptsache war, die Bereitschaft zu verhandeln und das

---

[1]) Sie sind in Anlage 3 mitgeteilt.

Angebot einer vernünftigen Verhandlungsbasis, waren
darin bündig ausgesprochen. War, wie Wilson meinte,
die Entente zu gleichen Konzessionen bereit, dann hatte
er jetzt beide Partner so an der Hand, daß er seine Am-
bitionen als Weltfriedensstifter verwirklichen konnte. Er
hat das abgelehnt. Nur indem er, seiner Sussexnote ge-
treu, mit uns brach und uns dann den Krieg erklärte,
hat er geglaubt, seinen Idealen nachleben, den Krieg
verkürzen und die Völker dauernd versöhnen zu können.

Daß der unbeschränkte Ubootkrieg kommen konnte,
wußte der Präsident. Ausdrücklich hatten wir auf ihn
in unserer Sussexnote für den Fall hingedeutet, daß
England die Hungerblockade unverändert fortsetze. Auch
unsere Anregungen zu seiner Friedensaktion waren kein
Pakt, der uns band. Auf die einseitige Bekundung unserer Geneigtheit, seine Vermittlung anzunehmen, hat
Wilson monatelang jede bestimmte Gegenerklärung um-
gangen. Die bloße Mitteilung des Grafen Bernstorff,
daß der Präsident mit einer Friedensaktion, die dann
aber anhaltend ausblieb, umgehe, konnte unsere Initiative nicht einschränken. Als dann endlich die Friedensnote vom 19. Dezember erschien, wäre es gewiß vorteilhaft gewesen, wenn wir jede Entscheidung über den
Ubootkrieg so lange hätten aufschieben können, bis sich
die Aktion in voller Ruhe auslaufen konnte. Hatten wir
dazu aber, wie es tatsächlich der Fall gewesen ist, nicht
die Zeit, und konnte aus der Antwort der Entente auf

162

unser Friedensangebot auch beim besten Willen keine Verhandlungsgeneigtheit herausgelesen werden, dann war es keine Perfidie gegen den Präsidenten, wenn wir am 9. Januar auch seine Friedensaktion als gescheitert ansahen. Die Animosität, mit der Wilson unsere Beantwortung seines Vermittlungsangebotes vom 27. Januar behandelte, war eine Folge der wesentlich durch sein Verhalten komplizierten Situation. Nachdem es, mitveranlaßt durch sein Zaudern, zu unserem eigenen Friedensangebot gekommen war, und nachdem sich die Entente darauf so negativ festgelegt hatte, konnte der Präsident nur mehr hoffen, die Entente zu Verhandlungen umstimmen zu können, wenn wir ihn frei über uns schalten ließen. Nur dann — aber dann auch mit voller Sicherheit — konnte die Entente darauf rechnen, beim Frieden nicht zu kurz zu kommen, nur dann wurde der Präsident vor einem Fiasko seiner Aktion bewahrt. Daß wir dem Präsidenten eine solche Disposition über uns nicht einräumen konnten, hat er selbst durch seine gegen uns geführte Politik bewirkt. Daß wir sie ihm nicht eingeräumt haben, erklärt seinen Groll.

Im August 1919 ist der Präsident Wilson im Senat einem Kreuzverhör über seine Politik unterworfen worden. Folgende Worte wurden dabei gewechselt:

Senator Mac Cumber: Wenn Deutschland keinerlei Handlungen gegen uns begangen hätte, hätte dann unsere moralische Überzeugung von dem Unrecht des deutschen Krieges uns ohne Völkerbund in diesen Krieg hineingebracht, da wir ja damals keinen Völkerbund hatten?

Präsident Wilson: Ich hoffe, sie hätte es letzten Endes, wie sich die Dinge entwickelt haben.

Mac Cumber: Glauben Sie, daß wir, wenn Deutschland keine Kriegshandlung oder keine ungerechte Handlung gegen unsere Bürger begangen hätte, in diesen Krieg geraten wären?

Wilson: Ich glaube, ja!

Mac Cumber: Sie glauben, wir wären jedenfalls hineingeraten?

Wilson: Ja!

In Amerika ist Wilson beim Wort genommen worden. Seine deutschen Verehrer haben sich zu beweisen bemüht, er hätte es ja nicht ernst gemeint, er habe taktische Ziele verfolgt und ähnliches mehr. Gegenüber so apodiktischen Worten, noch dazu vor dem höchsten parlamentarischen Forum gesprochen, ist solche Interpretation unverständlich. Ohne den geringsten Zwang gibt sie nachträglich die erschöpfende Erklärung für die gesamte Kriegspolitik des Präsidenten.

Amerikas Kriegsbeteiligung hat uns den Rest gegeben. Ob sie es tun mußte, steht dahin. Günstiger, als wir gefahren wären, wenn wir uns im Januar an Wilson verkauften, war die Situation, vor die uns im Sommer 1917 der Ubootkrieg gestellt hat.

Anmerkung: Nach verlorenem Kriege hat die Oberste Heeresleitung behauptet, über die Verhandlungen mit Amerika ungenügend orientiert worden zu sein. Darin kann nur die Andeutung liegen, daß sie sonst den Ubootkrieg nicht gefordert haben würde. Durch Telegramm vom 1. Oktober 1916 habe ich der Heeresleitung mitgeteilt, Graf Bernstorff sei angewiesen, einen Friedensappell des Präsidenten anzuregen. Die Friedensnote des Präsidenten vom 19. Dezember war publici juris. Damit war die militärische Stelle, zu deren Aufgaben die Führung der Politik nicht gehörte, über die Gesamtsituation im Bilde. Wenn ich ihr am 27. November mitteilte, ich zöge unser eigenes Friedensangebot dem Wilsonschen Friedensappell vor, so verwarf ich damit nicht den letzteren. Beide Aktionen waren der Heeresleitung nicht sympathisch, und meine Bemerkung hatte in erster Reihe taktische Bedeutung. Meine eigene größere oder geringere Sympathie für die eine oder andere Aktion aber war für die Heeresleitung überhaupt nicht entscheidend. In den Telegrammen vom 23. und 26. Dezember hat sie es bedingungslos als unvereinbar mit der Wahrung der deutschen Interessen erklärt, den Ubootkrieg in der Hoffnung auf amerikanische Friedensvermittlung zu unterlassen.

5.

Das erste Halbjahr 1917.

Ich will versuchen, den Verlauf der politischen Ereignisse vom Januar bis Juli 1917 in seinen großen Zügen darzustellen. Sie veranschaulichen den Kampf unter den in unserem Volk wirkenden Kräften, ihr Ringen mit den äußeren Geschehnissen des Krieges, die Rückwirkung des Kampfes auf die seelische Verfassung des Volkes und auf das Gefüge des Staates.

Der Entschluß, nach dem 9. Januar auf meinem Posten zu bleiben, ist mir nicht leicht geworden. Mein Abgang hätte die politische Gewalt im Staate an einen Träger von innen- und außerpolitischen Anschauungen ausgeliefert, mit denen nach meiner Überzeugung weder der Krieg beendet noch offener Konflikt mit den unteren Volksschichten vermieden werden konnte. In Verbindung mit dem Entschlusse zum unbeschränkten Ubootkrieg und der zu erwartenden politischen Färbung des Nachfolgers mußte mein Abgang bei Bundesgenossen und Feinden als Sieg der Militärpartei wirken. Gerade jetzt aber, wo das Staatsschiff vollends dem offenen Sturm entgegengesandt wurde, schien mir der Zusammenhalt im Innern wie in der Koalition erstes Gebot.

Die inneren Schwierigkeiten, die bevorstanden, wenn die hochgespannten Hoffnungen auf den Ubootkrieg versagten, lagen auf der Hand. Über die Tiefe der Gegensätze zur Obersten Heeresleitung war ich im klaren. Die Formen des Geschäftsverkehrs überschritten gelegentlich die Grenze des Erträglichen, und immer häufiger und nachdrücklicher wurden die auf einen Kanzlerwechsel zielenden Vorstöße. Die Atmosphäre war derart, die innere Differenz der Meinungen so groß, daß jede nicht durch die politischen Umstände absolut gebotene Erörterung prinzipieller politischer Fragen vermieden werden mußte. Als Ende des Jahres 1916 die Oberste Heeresleitung mir einen Katalog ihrer Kriegsziele übersandte, in dem unter anderem ein „nach der Art einer römischen Provinz" von Deutschland abhängiges Rumänien vertreten wurde, habe ich es vorgezogen, in mündlicher Bemerkung die Auseinandersetzung über nicht aktuelle Themata abzulehnen.

Hinter der Obersten Heeresleitung sammelten sich meine politischen Gegner in Parlament, Presse und der Vereins- und Komiteemaschinerie zu neuem öffentlichen Ansturm. Sie wähnten sich gedeckt, und wenn nicht öffentlich unterstützt, so doch gebilligt. Insbesondere die Gruppe des alldeutschen Verbandes und ihre Mitläufer gingen darauf aus, durch Erweiterung der Gegensätze zwischen der militärischen und zivilen Leitung zum Siege zu kommen. Eine Geheimsitzung dieser Kreise im Hotel Adlon, deren Ergebnisse öffentlich bekannt wurden, enthüllte ganz nackt die Absicht, sich mit der Autorität der militärischen Gewalthaber zu umgürten. Kaum haben alle Persönlichkeiten der Obersten Heeresleitung die Gefahren erkannt, mit denen dieses Spiel das Gefüge des Staates bedrohte. Die Demagogie setzte ein: aus allen Gegenden wurden Telegramme der alldeutschen und anderen Bezirksvereine an die militärischen Heroen abgesandt, deren wohlwollende Beantwortung helfen sollte, den Kampf gegen die Politik des Reichskanzlers durch den Nimbus der militärischen Führer zu stützen. Dem Scheidemannfrieden des Reichskanzlers wurde der Hindenburgfrieden, der Siegfrieden des deutschen Volkes, entgegengestellt. Während weder der eine noch der andere zu haben war, verwirrten und zerrissen Schlagworte das Volk.

Wenn ich trotz alledem zwischen den Gegensätzen durchzusteuern und eine Situation zu halten unternahm, die auf die Länge unhaltbar zu werden drohte, so geschah es in der Gewißheit, beim Kaiser, selbst im Widerspruch mit den Kriegszielen der militärischen Kreise, einen Frieden der Behauptung durchsetzen zu können, wenn er nur nicht mehr theoretisch zu diskutieren, sondern praktisch anzunehmen oder auszuschlagen war.

Im Januar hatte die erneute Einbringung des Fideikommißgesetzes in Preußen politische Wirren hervorgerufen. Die Aktion war ein Fehler, veranlaßt durch die irrtümliche Auffassung der zuständigen preußischen Minister, daß das in 20 Jahren technisch trefflich durchgearbeitete Gesetz vom Landtag ohne Aufsehen erledigt werden würde, weil es neben einer Kodifikation auch eine Reform des Fideikommißrechtes brachte, die einer ungesunden Neubelebung und Erweiterung der Fideikommißbildung entgegentrat. Die fortschrittliche Volkspartei war durch alte programmatische Kundgebungen zu stark festgelegt, um hier eine Überstimmung in Ruhe hinzunehmen.

Ungefähr gleichzeitig etablierte sich der radikale Flügel der Sozialdemokraten im Reichstag als besondere Fraktion und entfesselte in Ausbeutung der sehr gedrückten Wirtschaftslage eine immer heftigere Agitation. Zu der durch die schlechte Kartoffelernte verschärften Lebensmittelknappheit hatte sich eine allgemeine Transportkrise gesellt. Die Binnenschiffahrt war durch den harten Winter fast stillgelegt, und die durch das Hindenburgprogramm überlasteten Eisenbahnen versagten mehrfach, weil die ihrer kupfernen Feuerbüchsen beraubten Lokomotiven nicht mehr die nötige Leistungsfähigkeit aufbrachten. Die Ernährungsschwierigkeiten standen auf kritischer Höhe.

Alle diese Momente in Verbindung mit dem Streit um die Kriegsziele und seine Nebenerscheinungen schürten die innerpolitische Unsicherheit und Erregung. Die Leidenschaften explodierten zunächst über einen Konflikt zwischen den beiden Häusern des preußischen Landtages.

Einflußreiche Mitglieder der ersten Kammer versagten es sich nicht, in ihrem sachlichen Widerspruch gegen einen Beschluß des Abgeordnetenhauses über die den Parlamentariern zu gewährenden Diäten scharfe Angriffe gegen den Reichstag wegen verfassungswidriger Übergriffe einzustreuen. Damit wurden zu unrechter Zeit wunde Punkte angetastet. Zu einer Fehdeansage des preußischen Herrenhauses an den Reichstag war die Situation nicht angetan. Alles mußte versucht werden, den Streit als eine preußische Episode zu beenden und nicht auf den Reichstag überspringen zu lassen. Nur von einer eindeutigen, festen Stellungnahme der Regierung, die den Reichstag zu decken hatte, war das zu erhoffen. Ich habe deshalb, als mich die Kommissare der Staatsregierung zu einer erregten Debatte in das Abgeordnetenhaus riefen, ohne auf die in solcher Zeit wahrlich recht geringfügige Diätenvorlage einzugehen, meine Gesamtstellung zu der inneren Politik erneut eindringlich und zweifelsfrei dargelegt. Meine Worte galten der Rechten als Kampfansage. Sie waren nur der Versuch, die Gesamtheit des um sein Dasein ringenden Volkes im Vertrauen zu der Leitung des Staates zu erhalten und den parteipolitischen Streitigkeiten die großen Notwendigkeiten des Augenblicks wie den inneren Sinn des großen Geschehens entgegenzustellen. Es war der 14. März.

Noch am Nachmittag desselben Tages erhielt ich Kenntnis von einem aufgefangenen Funkspruch, der auf eine

Revolution in Petersburg deutete. Der nächste Morgen brachte die Bestätigung.

Die ungeheure Tragweite der russischen Revolution war klar. Außerpolitisch konnte sie den Frieden bringen. Innerpolitisch mußte sie die vorwärtstreibenden Kräfte, die positiven organischen, aber auch die negierenden des Umsturzes stärken. Die Mahnung an alle, auch an diejenigen, welche sich lebendiger Fortbildung in dem Glauben widersetzten, der Staat könne der Mitarbeit der unteren Klassen entraten, war eindringlich genug, — ich durfte hoffen, daß sie verstanden werden würde.

Tatsächlich zogen die verschiedenen Strömungen im deutschen Volk aus dem Ereignis im Osten entgegengesetzte Folgerungen. Die einen forderten entschiedenes Auftreten gegen alle umstürzlerischen Tendenzen, rechneten aber die sogenannte Neuorientierung, die Demokratisierung des preußischen Wahlrechts und die Heranziehung der Sozialdemokratie, kurz die innere Politik des Reichskanzlers ausgesprochen oder unausgesprochen zum Umsturz. Die anderen schlossen, zweifellos mit größerem Recht, daß nun mit den inneren Reformen nicht bis zum Kriegsende gewartet werden könne, wenn nicht die rote Welle über dem Staat zusammenschlagen solle. Die einen fanden die Politik des Reichskanzlers zu zaudernd, die anderen zu entgegenkommend. So stärkte die russische

Revolution die Widerstände der einen, das Drängen der anderen Seite, anstatt vor weiterer Zerklüftung zu warnen.

Die beiden Angelpunkte des Streites um die inneren Reformen waren das preußische Wahlrecht und Parlamentarisierung. Beide Forderungen waren grundsätzlicher Art und beide in ihrem Kerne berechtigt. Daß sie bewilligt werden mußten und auch zum Nutzen des Staates bewilligt werden konnten, war mir nicht zweifelhaft. Strittig waren Zeit und Form. Der sachlich beste Zeitpunkt war nach Friedensschluß. Dem heimkehrenden Heer, dem tapferen Volke mußte die Krone freiwillig und mit Freuden vermehrte Rechte, neue Freude am Staate geben. Dann waren auch die unvermeidbaren, schweren inneren Kämpfe mit den bisherigen Trägern der parlamentarischen Macht in Preußen und ihrem Anhang bei Hofe und in der Armee ohne Gefahr für den Staat auszufechten. Der Konflikt im Kriege selbst war, wenn möglich, zu vermeiden. Das konnte nur bei kürzerer Dauer des Krieges und baldigen Friedensaussichten gelingen.

Hinter der preußischen Wahlrechtsfrage stand die Stellung Preußens zum Reich, die schwerste und heute noch weniger als je gelöste Kernfrage des deutschen Problems. Das Zusammenspiel des Reiches und des preußischen

Staates, für das die Personalunion des Monarchen, wie des Reichskanzlers und preußischen Ministerpräsidenten, sowie die Präsidialstellung des preußischen Staatsministeriums im Bundesrat zu sorgen hatte, wurde schwer gehemmt durch die auf der Verschiedenheit der Wahlrechte beruhende Divergenz der Majoritätsbildung in Preußen und im Reich. Nicht nur, daß der preußische Staatsapparat unbeschadet der politischen Färbung des Staatsministeriums de facto von der konservativen Majorität des preußischen Landtags abhängig war: diese Majorität hatte sich immer mehr angewöhnt, von der Tribüne des preußischen Landtags aus auf die Angelegenheiten des Reiches den Einfluß auszuüben, den ihr die Majoritätsverhältnisse im Reichstag nicht gestatteten. Der preußische Landtag diente der konservativen Partei als Instrument ihrer Agitation in den Fragen des Ubootkrieges, der Kriegsziele und allen sonstigen „außerpolitischen Angelegenheiten". Demgegenüber half kein Versuch, die Wahlrechtsfrage als eine rein preußische Angelegenheit hinzustellen, die das Reich und die übrigen Bundesstaaten nichts angehe. Zwar nicht formell, aber praktisch war die Angleichung des preußischen Wahlrechts an das Reichstagswahlrecht eine Notwendigkeit des Reiches. Der Zwang, mit zwei Parlamenten verschiedener Zusammensetzung und entgegengesetzter Gesinnung zu arbeiten, mußte jede Regierung in lähmende Halbheiten verstricken.

Die andere Frage, die der Parlamentarisierung, stand zwar nicht an politischer, wohl aber an praktischer Bedeutung damals hinter der Wahlrechtsfrage zurück. Verschiedene Forderungen, engere und weitere, wurden zwar gestellt, aber die Meinungen im Volk wie in den Parteien, ja, innerhalb der Parteien der Linken selbst, waren geteilt. Inhalt und Nutzen der Reform waren nicht unbestritten. Ohne die konstitutionelle Reichsverfassung und ihren Föderalismus zu ändern, war es nur möglich, einzelne Parlamentarier je nach ihrer persönlichen Eignung auf Ministerposten im Reiche oder in Preußen zu berufen. Aber die so Berufenen wären Vertrauensmänner ihrer Parteien weder gewesen noch nach den Erfahrungen der Vergangenheit geblieben. Ihre Berufung hätte keine Einführung des parlamentarischen Systems bedeutet. Politisch hätte sich eine solche Übung allenfalls auswirken können, wenn die sachliche Überlegenheit der parlamentarischen Ministerkandidaten über die Beamten allem Volke offenkundig und unbestritten gewesen wäre. Das aber war im Jahre 1917 schwer zu beweisen. Das parlamentarische System setzte eben, wenn die Staatsmaschine in Gang bleiben sollte, nicht nur eine radikale Änderung der Bismarckschen Reichsverfassung, sondern einen völligen Umbau des Reiches voraus.

Die Schwierigkeit dieser konstruktiven Probleme wurde damals weder im Volke noch in den Parteien gewürdigt.

Sie ist vielen Deutschen erst durch die Erfahrungen der Revolution klar geworden, anderen trotz dieser Erfahrungen unklar geblieben. Das Reich ist umgebaut, die Monarchie durch die Republik, der Konstitutionalismus durch den Parlamentarismus ersetzt worden. Die Kernfrage aber, das Verhältnis Preußens zum Reich, das Nebeneinander der beiden Parlamente ist nicht gelöst worden. Auch heute noch bestimmt die Parteikonstellation in Preußen den Grad effektiver Wirksamkeit, den der Wille des Reichskabinetts erreichen kann. Nur die Rollen der Parteien haben gewechselt. Das Nebeneinander zweier von verschiedenen Majoritäten abhängigen Regierungen, deren eine die Legislative, deren andere die Exekutive in der Hand hält, führt in nahezu allen Fragen zu Hemmnissen und Vergeblichkeiten, die dem Auge auch des Fernstehenden nicht entgehen können. Und der mit den konstruktiven Staatsaufgaben einigermaßen vertraute Zuschauer kann in der Übung, die beseitigte Personalunion der Ministerpräsidenten durch gemeinsame Sitzungen des Reichs= und des preußischen Kabinetts zu ersetzen, nur einen weder verfassungsmäßigen noch sachlich ausreichenden Notbehelf sehen. Die Weimarer Verfassung hat an Stelle der Bismarckschen Lösung ein Provisorium gesetzt, das die Kernfrage — Parlamentarismus und Föderalismus, Preußen und Reich — der Zukunft überläßt.

Nach der bisherigen Lage hatte ich die Wahlrechts=
frage in der Absicht behandelt, zwar den bei der Haltung
der Majorität des preußischen Abgeordnetenhauses mit
Sicherheit vorauszusehenden schweren inneren Konflikt
während der Dauer des Krieges zu vermeiden, eine weit=
gehende Konzession nach Kriegsende aber vorzubereiten
und den drängenden Massen durch offene und warme
Sprache die Gewißheit zu geben, daß die Regierung dann
nicht kargen werde. Nur so schien mir ein handgreiflicher
Zusammenprall vermeidbar und das Vertrauen zu be=
wahren.

An meinen persönlichen Auffassungen konnten meine
Reden im Reichstag keinen Zweifel lassen. Als mir troß=
dem die fortschrittliche Fraktion des preußischen Ab=
geordnetenhauses im Januar 1916 ihre zwar keinen
praktischen Erfolg, wohl aber eine hochgradige politische
Spannung versprechende Absicht ankündigte, von sich aus
die Wahlrechtsfrage aufs Tapet zu bringen, hielt ich eine
öffentliche Bekundung der Willensabsichten der Krone
für notwendig. Die Thronrede zur Eröffnung des Land=
tages brachte folgenden Saß: „Der Geist gegenseitigen
Verstehens und Vertrauens wird auch im Frieden fort=
wirken in der gemeinsamen Arbeit des ganzen Volkes
am Staat. Er wird unsere öffentlichen Einrichtungen
durchdringen und lebendigen Ausdruck finden in unserer
Verwaltung und Gesetzgebung und in der Gestaltung
der Grundlagen für die Vertretung des Volkes in den

gesetzgebenden Körperschaften." Trotz der lebhaften Erörterung dieser Worte in den beiden Häusern des Landtags und in der Presse gelang es doch auf diese Weise,
dem Streit die Schärfe zu nehmen, die zu erwarten war,
wenn ein Schweigen der Regierung dem Drängen der
Linken wie dem Widerspruch der Rechten freie Bahn gelassen hätte.

Auch im Reichstag wurde Ende Februar 1917 die
Frage des preußischen Wahlrechts berührt. Auch hier
suchte ich durch Worte offenen Vertrauens den unteren
Schichten des Volkes über meine prinzipielle Stellung
keine Zweifel zu lassen. Meine Ausführungen — ich hatte
gewagt, mir die Worte des sozialdemokratischen Dichters
von dem Volke, dessen ärmster Sohn auch sein getreuester
war, zu eigen zu machen — belebten das Vertrauen der
Linken, wie die Feindschaft der Rechten. Jede neue
Äußerung dieses Geistes zeigte in ihrer Wirkung auf das
konservative Preußen von neuem, daß an eine Lösung
der preußischen Wahlrechtsfrage ohne schwere und offene
Kämpfe im Innern nicht zu denken war, und daß das
Geschehen der Zeit auf die Gedankenwelt und Sinnesart
der preußischen Rechten keinerlei erneuernden Eindruck
zu machen vermochte.

Die weniger dringende, weil das Volk weniger be-
wegende Frage der Parlamentarisierung hatte ich bisher
durch Heranziehung, Informierung und Aussprache mit
den Parteiführern, durch ihre praktische Beteiligung an

180

der internen Erörterung der großen Probleme des Krieges vorwegzunehmen gesucht. Über diese praktische Heranziehung hinaus konnte nur an gelegentliche Berufung geeigneter Parlamentarier auf einzelne Ministerposten gedacht werden. Meinem Bestreben, die vertrauliche Heranziehung der Parteiführer zu internen Beratungen auszubauen, wurden leider durch die persönliche Gegnerschaft einzelner bei diesen Konferenzen nicht zu übergehender Parlamentarier gewisse Grenzen gesetzt. Ich erinnere mich an Fälle, in denen ganz vertrauliche Mitteilungen über die Schwere des Krieges, die eine Festlegung auf sogenannte große Kriegsziele nicht gestatte, kurz nachher zu öffentlichen Gereden und Gerüchten über den schlappen, pessimistischen und nicht an den Erfolg glaubenden Reichskanzler ausgebeutet wurden.

Die letzten Märztage brachten eine bewegte Etatberatung im Reichstage. Die Aussprache zeigte die Veränderung der psychologischen Dispositionen. In die leidenschaftliche Erregung über die provokatorische Heftigkeit, mit der im Herrenhaus reaktionäre Dogmen einer veralteten Zeit verfochten worden waren, warf die russische Revolution ihre Funken. Selbst die Nationalliberalen fanden es klug, in ausgesprochenem Gegensatz zu ihrer bisherigen Haltung entschieden demokratische Forderungen zu vertreten und die sofortige, durchgreifende Reform des preußischen Wahlrechts zu verlangen. Trotzdem blieb die Parteikonstellation völlig verworren. Aus der Haltung des Zentrums und der Nationalliberalen im Reich durften keine Rückschlüsse auf das Auftreten dieser Parteien in Preußen gezogen werden. Heftigste und mit der Kriegslage unvereinbare innere Kämpfe waren in der allgemeinen Spannung der Geister mit Sicherheit vorauszusehen, wenn gerade in diesem Augenblick die preußische Wahlreform legislatorisch angepackt wurde. Schon deshalb sah ich mich im Reichstag zu einer insofern dilatorischen Erklärung gezwungen, als ich eine gesetzgeberische Aktion erst für den Zeitpunkt in Aussicht stellte, wo sie die zur Abwehr des äußeren Feindes erforderliche innere Geschlossenheit nicht bedrohe. Die Debatte endete mit der Einsetzung eines Verfassungsausschusses, dem alle das Gebiet innerer Reform betreffenden Anträge und Resolutionen überwiesen wurden.

Damit wurden die letzten Reste des sogenannten Burgfriedens beseitigt. Schon das Wort „Verfassungsausschuß" eröffnete die Aussicht auf einen ausgesprochenen Konflikt zwischen dem Parlament und der Krone über die beiderseitigen Rechte, und vollends der Inhalt der dem Ausschuß überwiesenen Anträge machte die Befugnisse des Monarchen zum Mittelpunkt des Streites. Der Kaiser fühlte sich persönlich in den inneren Kampf hineingezogen, in welchem jetzt demokratische und reaktionäre

182

Ansichten scharf aufeinanderplatzten. Tief einschneidende Wirkungen sollten sich zeigen, als der Ausschuß im Mai seine Arbeit begann.

Die politischen Wirren waren von einer weiteren Verschlechterung der wirtschaftlichen Verhältnisse begleitet. Nach einer Überprüfung der Brotbestände hatte das Kriegsernährungsamt den Entschluß fassen müssen, trotz der Härte des Kohlrübenwinters und der Knappheit der Kartoffelversorgung vom 15. April ab die Brotration noch zu verringern. Als Ausgleich konnte nur eine sehr geringe Erhöhung der Fleischration geboten werden. Streiks, bei denen die russische Revolution mitgewirkt haben mag, die Ernährungslage aber das wesentliche war, waren bereits in Barmen, Hamburg und Magdeburg ausgebrochen und drohten in Bremen und Kiel. Die Verringerung der Brotration mußte auch in Berlin und den übrigen großen Industriezentren zu Streikunruhen führen. Ungefähr gleichzeitig liefen Nachrichten von einer hochgradigen Nervosität auch in dem verbündeten Österreich-Ungarn ein.

Ein Versuch, das weichende Vertrauen durch eine Kundgebung des Kaisers neu zu beleben, schien mir unerläßlich. Der Gedanke, von meinen nächsten politischen Mitarbeitern im Reich warm unterstützt, wurde vom Kaiser in seinem offenen Sinn für die Nöte des Volkes lebhaft aufgenommen. Von seiner Pflicht, zum Volke zu sprechen, war der Kaiser um so entschiedener überzeugt, als gerade in jenen Tagen die Botschaft des Präsidenten Wilson an den amerikanischen Kongreß bekannt wurde, in der ganz offen ein Keil zwischen das deutsche Volk und seine Regierung zu treiben versucht wurde. Mit der Ermächtigung, den Inhalt einer Kaiserlichen Kundgebung im Staatsministerium zu beraten und dabei außer der Wahlreform eine Reform des preußischen Herrenhauses anzukündigen, kehrte ich am 4. April aus Homburg, wo ich dem Kaiser Vortrag gehalten und wo gleichzeitig eine Begegnung mit dem Kaiser von Österreich stattgefunden hatte, nach Berlin zurück.

Schon meine eigenen Arbeiten als preußischer Minister des Innern, später namentlich meine Erfahrungen bei der gescheiterten Wahlreform von 1910 hatten mir gezeigt, daß jede Reform des preußischen Wahlrechts, wenn sie einmal den Boden des Klassenwahlrechts verließ, mit dem gleichen Wahlrecht enden werde. Der Minister von Loebell, den ich im Winter 1914/15 ersucht hatte, die Wahlreform neu zu prüfen und die Staatsregierung in den Stand zu setzen, im gegebenen Zeitpunkt mit einer fertigen Vorlage an den Landtag heranzutreten, hatte alsbald eine auch dem König vorgelegte Denkschrift und dann im Sommer 1915 den Entwurf eines Pluralwahlrechts ausgearbeitet. Mich hatte auch dieser Entwurf von neuem erkennen lassen, daß kein Pluralwahlrecht zu einem politisch erträglichen Ziel führen könne. Zusatzstimmen, die der Radikalisierung wirksam vorbeugten, belasteten das System mit dem Odium einer Bevorzugung der bemittelten Schichten fast noch offenkundiger und gröber als die Einteilung in drei Klassen. Zusatzstimmen aber, die dies Odium ausschlossen, blieben wirkungslos. Ich hatte deshalb, und, um jede vorzeitige Festlegung zu verhüten, noch keinen Beschluß des Staatsministeriums über den Entwurf herbeigeführt.

Politisch und sachlich war nur das gleiche Wahlrecht möglich. Aber seine Zusage hatte die denkbar schwersten Widerstände zu erwarten. Nicht nur innerhalb des preußischen Staatsministeriums und in der Obersten Heeresleitung, auch in der Umgebung des Kaisers und beim Kaiser selbst. Als ich Seiner Majestät im Park zu Homburg die Notwendigkeit vor Augen geführt hatte, in der zu erlassenden kaiserlichen Botschaft auf die Wahlrechtsfrage offen einzugehen, war der Kaiser mir mit den Worten eingefallen: „Aber nicht das Reichstagswahlrecht!" Ich war im weiteren Verlauf der Unterredung auf den gefährlichen Punkt zurückgekommen und hatte ausgeführt, daß es mir vollkommen unmöglich sein würde, vor dem Lande eine Vorlage zu vertreten, in der ein mit dem Eisernen Kreuz 1. Klasse geschmückter armer Arbeiter neben einem bemittelten Drückeberger desselben Dorfes mit ungleichem Stimmrecht zur Wahl zu gehen hätte. Der Kaiser hatte geschwiegen. Im

Staatsministerium selbst kam es zu ernster Aussprache. Mit meiner Überzeugung, daß nur das gleiche Wahlrecht möglich sei, hielt ich nicht zurück, erreichte auch eine Mehrheit von einer Stimme, die indes nur durch die Stimmen der Staatssekretäre des Reichs, die nicht preußische Ressortminister waren, zustande kam. Mit einer solchen Mehrheit war die Zustimmung des Kaisers nicht zu erhoffen. Indes war das Staatsministerium darin einig, daß die kaiserliche Kundgebung an der Wahlrechtsfrage nicht vorübergehen könne. Da eine Kabinettsneubildung mit dem Programm des gleichen Wahlrechts damals noch ausgeschlossen war, mein Abgang aber die Frage nicht gelöst, sondern nur verschärft hätte, schlug ich für die Kundgebung einen Wortlaut vor, der durch den Ausschluß jeden Klassenwahlrechts die Grundlage für das gleiche Wahlrecht schuf. Einstimmig billigte das Staatsministerium diesen Wortlaut. So ist die Osterbotschaft vom 7. April zustande gekommen[1]).

---

[1]) Der das Wahlrecht betreffende Passus der Botschaft lautete wie folgt:

„Mir liegt die Umbildung des preußischen Landtages und die Befreiung unseres gesamten innerpolitischen Lebens von dieser Frage besonders am Herzen. Für die Änderung des Wahlrechts zum Abgeordnetenhause sind auf meine Weisung schon zu Beginn des Krieges Vorarbeiten gemacht worden. Ich beauftrage Sie nunmehr, mir bestimmte Vorschläge des Staatsministeriums vorzulegen, damit bei der Rückkehr unserer Krieger diese für die innere Gestaltung Preußens grundlegende Arbeit schnell im Wege der Gesetzgebung durchgeführt werde. Nach den gewaltigen Leistungen des ganzen Volkes in diesem furchtbaren Kriege ist nach meiner Überzeugung für das Klassenwahlrecht in Preußen kein Raum mehr. Der

Die Osterbotschaft hat die Krone noch einmal zur Führerin gemacht. Auch die sozialdemokratischen Blätter erkannten an, daß eine Ankündigung dieser Art unmöglich wieder in das wesenlose Nichts der verhallten Worte und verstreuten Akten zurücksinken könne. In der Gewißheit dieser Bindung schien sich die Linke zunächst mit dem Aufschub der Reform bis nach dem Kriege abzufinden. Die Interpretation der konservativen Presse, die nunmehr erklärte, daß von diesem Reichskanzler ein Halt auf dem Wege zum Reichstagswahlrecht und zur vollen Demokratisierung Preußens nicht mehr zu erwarten sei, ermöglichte es den Parteien der Linken, in den Worten der Botschaft die Ankündigung keines anderen als des gleichen Wahlrechts zu sehen. Die veränderte politische Atmosphäre befähigte zugleich die sozialdemokratischen Führer, ihren Einfluß auf die

Gesetzentwurf wird ferner die unmittelbare und geheime Wahl der Abgeordneten vorzusehen haben.

Die Verdienste des Herrenhauses und seine bleibende Bedeutung für den Staat wird kein König von Preußen verkennen. Das Herrenhaus wird aber den gewaltigen Anforderungen der kommenden Zeit besser gerecht werden können, wenn es in weiterem und gleichmäßigerem Umfange als bisher aus den verschiedenen Kreisen und Berufen des Volkes führende, durch die Achtung ihrer Mitbürger ausgezeichnete Männer in seiner Mitte vereinigt.

Ich handle nach den Überlieferungen großer Vorfahren, wenn ich bei Erneuerung wichtiger Teile unseres festgefügten und sturmerprobten Staatswesens einem treuen, tapferen, tüchtigen und hochentwickelten Volk das Vertrauen entgegenbringe, das es verdient."

Arbeitermassen zu halten. Dank vornehmlich dem Eingreifen der Gewerkschaften verlief der Streik der Rüstungsarbeiter Mitte April im allgemeinen schnell und ohne größere Störungen. Ernstere Machenschaften, die die Unabhängige Sozialdemokratie z. B. in Leipzig anzuzetteln suchte, verpufften. Wie unentbehrlich die tatkräftige Mitwirkung der in den sozialdemokratischen Gewerkschaften verkörperten Arbeiterführung war, zeigte sich auch militärischen Kreisen. Ein von mir gewünschtes Verbot gewisser öffentlicher Massenversammlungen erklärte sich die Berliner Kommandostelle für unfähig militärisch durchzuführen. Gegen die verbrecherische linksradikale Agitation unter den Rüstungsarbeitern trat ich in einem öffentlichen Rundschreiben an die Bundesregierungen scharf auf, brandmarkte sie als einen von der ganzen Schärfe des Gesetzes zu treffenden Landesverrat.

Daß die großen Ereignisse der russischen Revolution und des Kriegseintritts Amerikas, verbunden mit einer ernsten Versteifung der Lebensmittellage, nicht spurlos an uns vorübergehen konnten, lag auf der Hand. Ist aber der gefährliche Zeitpunkt ohne krisenhafte Erscheinungen überwunden worden, so hat dazu das neubelebte Vertrauen der Massen wesentlich beigetragen.

Auch außerpolitisch machte sich das fühlbar. Die nun ganz kraß hervortretenden Versuche der Entente, das deutsche Volk in einen Gegensatz zum Kaiser und der

Regierung zu bringen, riefen Proteste hervor, die weit in die Reihen der Linken reichten. Versammlungen, Vereine, Gemeinden erhoben energischen Einspruch gegen die Kongreßbotschaft des Präsidenten Wilson und bekannten sich in Resolutionen, Telegrammen und Adressen treu zu Kaiser und Reich. Mit dem Reichstagspräsidenten verabredete ich eine parlamentarische Kundgebung, und unter starkem Beifall des Reichstages konnte Herr Dr. Kämpf von öffentlicher Tribüne erklären, daß ganz Deutschland sich von jeder fremden Regierung jede fremde Einmischung in unsere inneren Verhältnisse verbitte und auf das Machtwort des Präsidenten Wilson hin nicht von dem mit seinem teuersten Herzblut erkämpften Kaisertum lassen werde. Kundgebungen solcher Art hatten, vom allgemeinen Volksempfinden getragen, doch mehr als äußerliche Bedeutung. Nicht nur die Hoffnung des Auslandes auf unsere innere Zermürbung waren sie geeignet zu schwächen, sie vermochten auch die republikanischen Traditionen des sozialdemokratischen Dogmatismus so weit zurückzudämmen, daß das schon damals sichtbare Bestreben der Entente, den Kaiser und die Monarchie als Friedenshindernis zu proklamieren, bei den unteren Massen des Volkes seinen gefährlichen Eindruck verfehlte. Voraussetzung für dauernde Wirkung freilich war, daß die Idee des sozialen Kaisertums, dessen Verwirklichung meine gesamte innere Politik galt, unverfälscht festgehalten wurde. Dagegen arbeiteten starke Kräfte.

Der Kaiser persönlich stand fest zur Osterbotschaft. Das Kaisertum durch das Vertrauen auch der Massen des Volkes zu festigen, war ihm trotz momentaner Schwankungen, denen er sich, durch die Exzesse des Klassenkampfes angewidert, hingegeben hatte, seit seinem Regierungsantritt Gebot innerer Überzeugung gewesen. Jetzt im Kriege war er von der Notwendigkeit noch tiefer durchdrungen. Mochte der Kaiser auch im Detail vor manchen politischen Konsequenzen zurückschrecken, so war seine Grundanschauung doch unerschütterlich. Nichts als staatliche Disziplin forderte er als Gegengabe für das Vertrauen, das er in sein Volk setzte. Nur kurzsichtigste politische Voreingenommenheit, wenn nicht Böswilligkeit hat unter Berufung auf gelegentliche temperamentvolle Äußerungen den Kaiser zum volksfeindlichen Autokraten gestempelt. Mir persönlich ist die Tatsache, daß mich der Kaiser allen Anfeindungen zum Trotz gehalten hat, ein vollgültiger Beweis dafür gewesen, daß er den Grundlinien auch meiner innerpolitischen Auffassung zustimmte.

In seiner militärischen Umgebung aber stand der Kaiser mit seinen innersten politischen Anschauungen so gut wie vereinsamt da. Sah er an der Aufnahme der Osterbotschaft durch große Teile der Öffentlichkeit mit Genugtuung, daß das Volk Vertrauen mit Vertrauen erwiderte, so fühlte der Monarch aus dem Verhalten seiner Generale fast nur mißfälliges Urteil heraus. Dort ging die Gegnerschaft gegen die Osterbotschaft so weit, daß mir der einflußreichste General des Kaiserlichen Hoflagers, mit dem mich bisher beste persönliche Beziehungen verbanden, fortan nicht mehr die Hand reichte.

Die Oberste Heeresleitung war entschiedene Gegnerin. Dem General Ludendorff galt die Osterbotschaft als Kotau vor der russischen Revolution[1]), und die Streiks des April hielt er für die herausfordernde Antwort des Proletariats auf eine von der Angst der Regierung heraufbeschworene Nachgiebigkeit des Monarchen. Politische Reformen überhaupt, die demokratisch wirkten oder die Parlamentsrechte erweiterten, verurteilte er als schwächliche Konzessionen an den sogenannten „Zeitgeist"[2]).

Unbekannt blieb diese Stellung, auch wenn sie offiziell nicht bekundet wurde, den politischen Parteien nicht. Bei der Linken erweckte sie immer neue Zweifel, ob sich die Politik der Osterbotschaft auch werde durchsetzen können, während der Widerstand der Rechten ein Gewicht erhielt, das schwerer war, als die wirkliche Bedeutung, welche reaktionären Anschauungen im politischen Leben der Nation zukam.

Neue Komplikationen schufen die Vorgänge im Reichstag.

---

[1]) Wörtliche Äußerung zum Unterstaatssekretär Wahnschaffe.

[2]) Ludendorff, „Kriegserinnerungen" S. 356 und „Urkunden der Obersten Heeresleitung" S. 292.

Dort trat in den ersten Tagen des Mai der Verfassungsausschuß zusammen. Durch den Staatssekretär Dr. Helfferich hatte ich die Parteien bitten lassen, der Osterbotschaft Rechnung zu tragen und angesichts der Propaganda der Entente jeden sensationellen Kampf des Parlaments mit der Krone um die beiderseitigen Rechte zu vermeiden. Die Parteien gaben zwar beruhigende Zusicherungen, ließen auch die Frage des preußischen Wahlrechts zurücktreten, überraschten aber gleich in der ersten Sitzung durch einen langen, gemeinschaftlichen Antrag des Zentrums und der beiden liberalen Parteien, in welchem Ausbau der Ministerverantwortlichkeit, Errichtung eines Staatsgerichtshofes und außerdem insbesondere die Gegenzeichnung der Offizierspatente durch den Kriegsminister gefordert wurden. Die Fragen der Ministerverantwortlichkeit und des Staatsgerichtshofes waren mit so viel konstruktiven Schwierigkeiten überladen, daß ihre theoretische Behandlung, wenngleich sie während des Krieges unnütz Kräfte vergeudete, an sich erträglich war. Anders stand es mit den Offizierspatenten. Hier handelte es sich nicht um ein nach Theorien zu behandelndes Problem, sondern um ein Moment von der allerhöchsten psychologischen Bedeutung. Nicht ohne Recht sah der Kaiser in der Forderung des Ausschusses einen Einbruch in sein ganz persönliches Verhältnis zu seinen Offizieren. Das Band, das eine individuelle Signatur der deutschen Armee, das ein Element von unberechenbarer Stärke in sich schloß, schien zerrissen werden zu sollen. Das Gespenst eines vom Kaiser losgelösten Parlamentsheeres tauchte auf, die kaiserliche Kommandogewalt schien angetastet. Und das mitten im Krieg, wo tausende von Offizieren am Feinde standen, wo schon tausende der grüne Rasen deckte! Die Erregung war ungeheuer. Blind gegen Imponderabilien, die doch wahrlich nicht mit der Laterne gesucht zu werden brauchten, wälzte die Linke des Reichstages in unentschuldbarem Betätigungsdrange meiner Politik die größten Steine in den Weg. Zwar gelang es durch ruhige Behandlung die Frage im Ausschuß abzubiegen, und auch im Plenum hielten später die Antragsteller unter Worten warmer Anerkennung für den Chef des Militärkabinetts wohl noch theoretisch, aber nicht mehr praktisch an ihrer Forderung fest. Beim Kaiser jedoch blieb eine Verstimmung schwerster Art zurück. Die Vorstellungen meiner politischen und militärischen Gegner, daß ich dem Reichstage öffentlich ein Quos ego hätte zurufen müssen, anstatt dessen aber die Krone bloßstellte, blieben nicht ungehört. Es fiel das Wort: „Bis hierher und nicht weiter!“ Konsequenter Fortschritt auf dem mit der Osterbotschaft eingeschlagenen Wege ist mir durch diese Aktion der Linken für Wochen verbaut worden. Meine auch in einzelnen Details bereits vorbereitete Absicht der Berufung geeigneter Parlamentarier auf Ministerposten im Reich und in Preußen ließ sich vor der Hand nicht mehr ausführen.

Etwa um dieselbe Zeit begannen die Widerstände gegen meine Politik auch auf eine Stelle innerhalb der Regierung überzugreifen.

Von vielen meiner preußischen Ministerkollegen trennten mich politische Grundanschauungen. Aber gerade diejenigen von ihnen, denen konservative Grundsätze Sache innerster Überzeugung waren, wie der Kultusminister Trott zu Solz und der Landwirtschaftsminister Freiherr von Schorlemer, haben, solange ihnen ihre Überzeugung das Verbleiben auf ihrem Posten erlaubte, niemals auch nur im entferntesten daran gedacht, meine Wege politisch zu kreuzen. Der für die preußischen Reformarbeiten in erster Reihe zuständige Minister des Innern, Herr von Loebell, hatte unter der Kanzlerschaft des Fürsten Bülow so starke liberale Tendenzen gezeigt, daß ich annahm, er werde den reaktionären Einflüssen, denen jeder preußische Minister des Innern ausgesetzt war, widerstehen. Als Ministerpräsident war ich nicht sein Vorgesetzter und konnte ihm nicht verwehren, ein Pluralwahlrecht mit der Osterbotschaft für vereinbar zu halten. Immerhin kannte er aus der Vorbereitung dieser Botschaft im Staatsministerium meine persönliche Stellung genau. Mehr als überrascht war ich deshalb, als Herr von Loebell es unternahm, hinter meinem und des Staatsministeriums Rücken durch einen Vertrauensmann die Mehrheitsparteien des preußischen Landtags auf ein Pluralwahlrecht festzulegen. Sobald ich von der

Sache erfuhr, setzte ich einen Beschluß des Staatsmini=
steriums durch, der den Minister beauftragte, den Partei=
führern zur Kenntnis zu bringen, daß das Staats=
ministerium sich die volle Freiheit seiner Entschließungen
wahre. An sich hätte ich es bei dieser Desavouierung
des Ministers nicht bewenden lassen, sondern einen
Ministerwechsel fordern sollen. Sehr fraglich freilich war
bei der damaligen Stimmung im Großen Hauptquartier,
ob ich diesen auch durchgesetzt hätte. Zu einer Kanzler=
krisis glaubte ich diesen Anlaß, soviel Nahrung er auch
der inneren Unsicherheit aufs neue zuführte, nicht aus=
wachsen lassen zu dürfen[1]).

            *   *

        *

Militärisch und außerpolitisch hatten sich während
dieser Wochen und Monate größte Ereignisse abgespielt.
Der von der Entente für den Frühsommer 1917 ge=
plante Generalsturm auf allen Fronten setzte im Westen

---

[1]) Die Verhandlungen mit den Mehrheitsparteien des Abgeordneten=
hauses waren durch den Geheimen Regierungsrat von Berger geführt
worden, denselben, der in den Jahren 1919/20 preußischer Kommissar für
die öffentliche Sicherheit gewesen ist. — Die Stellung des Ministers
von Loebell selbst blieb schwankend. Während er im Laufe der Julikrisis
im S t a a t s m i n i s t e r i u m deutlich erkennen ließ, daß größer als seine
Bedenken gegen das gleiche Wahlrecht sein Verlangen nach einem Kanzler=
wechsel war, bekannte er sich im K r o n r a t vom 9. Juli als einen der
schärfsten prinzipiellen Gegner des gleichen Wahlrechts.

mit voller Gewalt ein. Durch das geniale Ausweichen in die Siegfriedstellung gelang es der Obersten Heeresleitung dank der unvergleichlichen Leistungen der Truppe, trotz erheblicher Rückschläge die Westfront im großen intakt zu halten. Damit waren die feindlichen Absichten zunichte gemacht. Im Süden erzielten die Italiener auch in der zehnten Isonzoschlacht keinen Erfolg. In Mazedonien wehrten die Bulgaren eine große feindliche Offensive siegreich ab. Die Türken erlitten zwar in Mesopotamien empfindliche Einbußen, aber keinerlei entscheidende Niederlage. An der Ostfront blieb die russische Offensive infolge der Revolution aus. Erst im Juli setzte sie ein, zu spät, um dem englisch-französischen Vorstoß im Westen erfolgreich zu sekundieren. So hatten wir uns mit unseren Verbündeten überall behauptet. Ob die Entente, rein militärisch genommen, ihre Chancen an der Westfront für das Jahr 1918 verbessert hatte, entzog sich meinem Urteil.

Die russischen Zustände blieben zunächst undurchsichtig. Daß das neue Regime noch weniger als das alte den Weg eines Sonderfriedens gehen werde und könne, zeigten schon die ersten Wochen. Der Zar war über dem Verdacht, den Frieden zu suchen, von der Entente und dem russischen Liberalismus gestürzt worden. Minister des Äußern war unser erklärtester Feind, der Hauptträger des englischen Einflusses, Miljukow. Er predigte den Krieg à outrance und forderte die Liquidierung des

Deutschen Reichs. Die Entente, die ein Jahrzehnt mit dem Zarismus gegen Deutschland verbündet gewesen war, propagierte nunmehr die Einheitsfront der westlichen und russischen Demokratie gegen die deutsche Autokratie. Der russische Liberalismus, stolz auf die neue Freiheit, behauptete und glaubte, bei dem deutschen Siege nicht bestehen zu können, und die Treue zu den Verbündeten, vordem Ehrenpunkt des Zaren, wurde Ehrenpunkt der liberalen Revolution. Immerhin: Insbesondere bei den russischen Arbeitern war Friedensstimmung nicht zu verkennen. Von ihr konnte ein Druck auf die liberale Führung und im weiteren Verfolg ein Druck Rußlands auf die Westmächte für den allgemeinen Frieden erhofft werden. Diese Entwicklung galt es zu fördern. Ich habe daher schon am 29. März im Reichstag alle Gerüchte über eine deutsche Einmischung in die inneren Angelegenheiten Rußlands zurückgewiesen und mit Betonung versichert, daß Deutschland nichts anderes begehre, als möglichst bald wieder mit dem russischen Volk in einem für alle Teile ehrenvollen Frieden zu leben. Tatsächlich mußte dann auch unter dem Einfluß der Arbeiter- und Soldatenräte die russische Regierung am 10. April eine Erklärung ergehen lassen, in der sie jede Absicht, fremde Völker zu beherrschen, ableugnete und einen Frieden auf Grund des Selbstbestimmungsrechts der Völker anzustreben behauptete. Sowohl die deutsche als die österreichisch-ungarische Regierung haben diese Kundgebung sofort mit der Feststellung beantwortet, daß sie mit den eigenen Absichten der Mittelmächte übereinstimmte. Wenige Tage später faßte der Kongreß der russischen Arbeiter- und Soldatenräte eine Resolution für einen allgemeinen Frieden ohne Annexionen und Entschädigungen, die die deutsche Sozialdemokratie alsbald mit einer analogen Resolution beantwortete.

Neben dieser, auch an der Front durch Verbrüderungsaktionen genährten pazifistischen Strömung gingen indessen Anzeichen einher, daß man in Rußland noch gar nicht daran dachte, militärisch aus dem Kriege auszuscheiden. Kerenski, dessen Einfluß seit dem Mai immer entscheidender wurde, war sichtlich für Fortsetzung des Krieges an Seite der Alliierten. Die Entente arbeitete fieberhaft im gleichen Sinne. Während die russische Militärgewalt ihren im Juli ausgeführten Offensivplan vorbereitete, war die militärische Lage im Westen noch durchaus in der Schwebe. Unsere eigenen inneren Verhältnisse waren in Gärung. Der österreichische Pessimismus war aller Welt sichtbar, und von der Sixtus-Parma-Affäre wußten unzweifelhaft auch die Russen. Alle diese Momente wirkten für die russische Kriegsstimmung. So entschieden die russische Friedensbewegung zu stärken war, so bestimmt mußte der Eindruck wankender Zuversicht in Deutschland auf Bundesgenossen wie Feinde vermieden werden. Eine offizielle Erklärung der deutschen Regierung für einen Frieden ohne Annexionen und Ent-

fchädigungen, wie er von der Sozialdemokratie verlangt
wurde, hätte zwar in beftimmten ruffifchen Volkſchichten
nützlich wirken können. Ihre praktifche Bedeutung aber
wäre bei den allgemeinen Tendenzen der ruffifchen Regierung und deren abfoluter Abhängigkeit vom Weften
überaus zweifelhaft gewefen. Den Peffimismus in
Öfterreich hätte fie eher gefteigert als abgefchwächt. Mit
den bulgarifchen Verträgen wäre fie unvereinbar gewefen[1]). Uns felbft hätte fie angefichts der Kämpfe im
Weften und der von der Entente proklamierten Kriegsziele nach innen und außen gefchadet. Aus allen diefen
Gründen habe ich in meiner Reichstagsrede vom 15. Mai
Rußland keine formelhafte Antwort gegeben, aber ganz
unmißverftändlich ausgefprochen, daß, wenn Rußland
ein dauerndes Verhältnis friedlichen Nebeneinander-
lebens zu uns herftellen wolle, wir gar nicht daran dächten, dies auch von uns erftrebte Verhältnis mit Forderungen zu belaften, die fich mit der Freiheit und dem
Willen der Völker nicht vertrügen, und die in das ruffifche Volk felbft nur den Keim zu neuer Feindfchaft legen
würden. Kurz darauf wurde das ruffifche Kabinett um-
gebildet. Die neue Regierung ftellte fich grundfätzlich

---

[1]) Dem holländifch-fkandinavifchen Ausfchuß in Stockholm erklärten
die bulgarifchen Sozialiften zwar, daß auch fie für einen Frieden ohne
Annexionen feien, daß aber die Erwerbung der Dobrudfcha und Mazedoniens durch Bulgarien nicht unter den Begriff der Annexion falle.
Ähnlich hatte bekanntlich Frankreich die Annexion Elfaß-Lothringens in
„désannexion" umgetauft.

auf den Boden eines Friedens ohne Annexionen und Entschädigungen und stellte Schritte in Aussicht, um ihre Verbündeten für einen solchen Frieden zu gewinnen.

Der politisch schwächste Punkt der Ententefront war Rußland, der der unseren Österreich-Ungarn geworden. Über den Wert der militärischen Leistungen Österreichs im Kriege und über die Rückwirkung der Nackenschläge an der österreichischen Front auf den Gesamtverlauf des Krieges mag militärisches Urteil sprechen. Politisch war die österreichische Bundestreue während der Lebzeiten des Kaisers Franz Joseph über allem Zweifel erhaben. Kaiser Karl, persönlich gutgewillt aber schwach, entbehrte aller politischen Erfahrung. Stark unterstand er dem Einfluß seiner Gemahlin, und die Sympathien der Kaiserin Zita waren, wie jeder mit den Verhältnissen der Häuser Bourbon und Braganza Vertraute wußte, west-mächtlich gerichtet. Auch ohne Kenntnis der später ans Licht gekommenen Transaktionen konnte auf das Stand-halten des jungen Kaisers mit Sicherheit nicht vertraut werden.

Graf Czernin erblickte nur in einem Verhandlungs-frieden ein erträgliches Kriegsende. Wenn der Uboot-krieg nicht durchschlagend wirke, was er für ausgeschlos-sen hielt, werde die physische und moralische Widerstands-kraft der Zentralmächte früher zusammenbrechen als die der Feinde. Österreichs Erschöpfung sah er kommen, aber auch die deutschen innerpolitischen Verhältnisse beurteilte er pessimistisch. Gerade dem außenstehenden Beobachter mochte der durch unser Volk gehende Riß und der Zwiespalt zwischen der militärischen und politischen Gewalt ganz besonders verhängnisvoll erscheinen. Czernins Politik war darauf gerichtet, bei den Feinden die Basis für einen Verhandlungsfrieden zu schaffen und von dessen absoluter Notwendigkeit auch alle deutschen Machtfaktoren zu überzeugen.

Erkannte ich auch die Czerninsche Auffassung in ihren Grundlagen als richtig an, so habe ich doch die Art ihrer Ausführung, auch wenn ich die inzwischen enthüllten Vorgänge nicht kannte, rein unter dem Gesichtspunkt politischer Zweckmäßigkeit schon im Frühjahr 1917 nicht als glücklich ansehen können.

Daß Elsaß-Lothringen eine Zentralfrage für jeden Frieden war, den wir nicht diktierten, war klar. Frankreichs Aspirationen auf den Rückerwerb der Reichslande waren ein Hauptglied der Kette gewesen, welche die Entente um uns geschlungen hatte. In der äußersten Gefahr seines Landes war ein österreichischer Staatsmann verleitet, die elsaß-lothringische Frage ebensowenig als ein noli me tangere anzusehen, wie wir die Frage des Trento. Ich war daher nicht überrascht, daß Graf Czernin mir in Gesprächen wiederholt den Gedanken hinwarf, durch Konnivenz bezüglich französischer Grenzbezirke

Elſaß-Lothringens die Ausſichten für einen Verhandlungsfrieden zu erhöhen. Stark befremdet aber war ich,
als Graf Czernin am 3. April, bei einem Beſuche des
Kaiſers Karl in Homburg, vorſchlug, wir ſollten ganz
Elſaß-Lothringen abtreten und dafür eine Anwartſchaft
auf Polen einſchließlich Galiziens eintauſchen. Die Anwartſchaft taugte nichts, und daß die freiwillige Zeſſion
der ganzen Reichslande für uns unannehmbar war,
bedurfte keiner ausdrücklichen Feſtſtellung.

Im Zuſammenhang mit dieſem Vorſchlag und ſeiner
Ablehnung durch uns gewann es erhöhte Bedeutung,
daß Kaiſer Karl ſchon am Tage darauf Seiner Majeſtät
dem Kaiſer das bekannte Expoſé des Grafen Czernin über-
ſandte, das, in tiefſten Peſſimismus getaucht, kaum miß-
verſtändlich andeutete, Öſterreich werde bald am Ende
ſeiner Kräfte ſein. Sollte auf einen Zerfall der Koalition,
der uns dann ſicher Elſaß-Lothringen koſten würde, vorbereitet werden? Die Überſendung des Expoſés ver-
kannte die pſychologiſchen Momente. Im großen Hauptquartier wurden ſeine offenſichtlichen Übertreibungen
als Ausdruck zuſammenbrechender Nerven, nicht aber als
Wiedergabe von Tatſachen aufgefaßt. Nicht nur eine
etwa beabſichtigte Beeinfluſſung der Oberſten Heeresleitung wurde verfehlt, ſondern auch ſonſtige Bemühungen um Verhütung übertriebener Erwartungen
wurden geſchwächt. Zudem war der Zeitpunkt beſonders
ungünſtig gewählt. Wir ſtanden unmittelbar vor dem

Beginn der großen feindlichen Westoffensive. Am 9. April wurde die Schlacht von Arras geschlagen. Gerade jetzt galt es die Front unserer Koalition ungebrochen zu bewahren und ihre Undurchbrechbarkeit glaubhaft zu erhalten. Meine vom 4. Mai datierte Antwort auf das Exposé stellte der pessimistischen Darstellung des Grafen Czernin die nicht minder berechtigten günstigen Momente unserer Lage entgegen.

Wenige Tage darauf bat mich Graf Czernin zum Zwecke einer wichtigen Mitteilung um eine mündliche Besprechung. Ein Friedensangebot der Feinde liege vor. Da Czernin nicht nach Berlin kommen konnte, fuhr ich meinerseits am 12. Mai abends nach Wien. Dort teilte mir Graf Czernin am 13. folgendes mit: England, Frankreich und Italien hätten Österreich-Ungarn ein Angebot zu einem Sonderfrieden gegen Abtretung des Trentino und einiger Inseln an Italien gemacht. Österreich-Ungarn, so führte der Graf aus, würde uns durch den Abschluß eines solchen Friedens nicht schädigen; denn die an der italienischen Front freiwerdenden österreichischen Truppen könnten den Schutz unserer Ostfront so übernehmen, daß wir unsere eigenen östlichen Truppen an die Westfront werfen könnten. Auch würde die Blokkade in der Adria aufhören und Österreich von den dort hereinkommenden Lebensmitteln uns nach Bedarf abgeben können. Czernin erklärte mir, er habe einstweilen geantwortet, daß er von dem Angebot Akt nehme und nach Rücksprache mit seinen Verbündeten Antwort erteilen werde. Darauf sei ihm erwidert worden, diese Rücksprache würde als selbstverständlich erachtet und man denke nur an einen legitimen Sonderfrieden. Eine Zwischenfrage nach dem Überbringer des Angebots erklärte mir Czernin wegen ehrenwörtlicher Bindung nicht beantworten zu können.

In meiner Antwort an den Grafen Czernin habe ich offenes Zusammenwirken bei jeder sich bietenden Friedensaussicht als ebenso selbstverständlich bezeichnet wie die Verfolgung aller realen Friedensmöglichkeiten als notwendig. Unter diesen beiden Gesichtspunkten erklärte ich meine Zustimmung dazu, daß Graf Czernin die mir als feindliche Demarche dargestellte Angelegenheit weiter verfolge. Eine formulierte gemeinschaftliche Antwort an die angeblich einen Frieden offerierenden feindlichen Mächte kam nicht in Frage. Auf eine an die österreichische Adresse gerichtete Offerte mußte auch Österreich antworten. Mit der Antwort des Grafen Czernin, die betonen sollte, daß Österreich nur in loyalem Einvernehmen mit den Bundesgenossen Friedensmöglichkeiten erörtern werde, konnte ich einverstanden sein. Auf spätere mündliche Rückfragen hat mir Czernin lediglich geantwortet, die feindlichen Mächte hätten sich nicht wieder gemeldet.

Dies ist die Form gewesen, in der mir, und zwar zum ersten und einzigen Male, durch den verbündeten Außenminister von der Affäre Kenntnis gegeben worden ist, die den Namen Sixtus von Parma trägt. Die ehren= wörtliche Bindung, den Prinzen Sixtus nicht zu nennen, mag es erklären, daß Graf Czernin in diesem Falle die Offenheit vermissen ließ, die dem Bundesverhältnis und unseren persönlichen Beziehungen entsprach. Gedeckt frei= lich wurde dadurch nicht eine Darstellung, die von einem feindlichen Angebot sprach, während in Wirklichkeit die Antwort auf eine österreichische Invite vorlag. War mir auch die Beteiligung des Hauses Parma nicht zweifel= haft, als Czernin erklärte, den Namen des Vermittlers nicht nennen zu können, und sickerten auch bald Nach= richten von der wiederholten Anwesenheit des Prinzen in Österreich durch, so ist mir doch von den wirklichen Her= gängen nichts vor meinem Rücktritt vom Amt bekannt geworden.

Praktisch habe ich die Gefahr eines österreichischen Sonderfriedens auf der mir vom Grafen Czernin mit= geteilten Grundlage nicht für akut gehalten, weil ich im damaligen Moment an die Vereinbarkeit der territorialen Aspirationen Italiens selbst mit dem Standpunkt, den Kaiser Karl einnehmen könne, nicht glaubte. Die Tat= sachen haben mir Recht gegeben. Trotzdem mußte mich das heftige Drängen des Grafen Czernin nach baldigem Frieden besorgt machen. In Verbindung mit seinem Vorschlag vom April wegen Abtretung Elsaß=Lothrin= gens und mit den Verhältnissen im österreichischen

Kaiserhause waren hier Momente gegeben, welche mich zwangen, in die Beurteilung unserer Gesamtlage Öster= reich=Ungarn als einen bedrohlich schwächer werdenden Faktor einzustellen[1]).

*   *

*

Unabhängig von den österreichischen Demarchen haben sich zum ersten Male während des Krieges im Frühjahr 1917 Anzeichen aufgetan, als ob die Entente zu Ge= sprächen über den Frieden bereit zu werden beginne. Verläßlich wurde festgestellt, daß einflußreiche Männer Belgiens und Frankreichs nicht abgeneigt sein würden, sich mit uns zu begegnen. Für Frankreich war es Briand, dessen Bereitwilligkeit zu einer Aussprache angedeutet wurde. Die Fäden wurden von der Gegenseite ohne Ge= schäftigkeit gesponnen, aber den ganzen Sommer über nicht fallen gelassen. Für den September ist eine Zu= sammenkunft des Barons von der Lancken mit Herrn Briand in der Schweiz fest vereinbart, dann allerdings im letzten Augenblick durch Herrn Ribot verhindert worden.

___

[1]) General Ludendorff charakterisiert in seiner Urkundensammlung der Obersten Heeresleitung (S. 370 ff.) meine Stellung in der Sixtus=Parma= Affäre unrichtig. Der General tut dies, obwohl er selbst erklärt, über den Umfang meiner Orientierung durch den Grafen Czernin nicht unterrichtet zu sein. Schlußfolgerungen, die ohne solche Kenntnis gezogen werden, sind haltlos.

Sichtlich erlitt die feindliche Kriegsstimmung einen Stoß. Daß General Pétain in öffentlichem Aufruf seine Soldaten zum Durchhalten ermahnen mußte, ließ auf wirkliche Mißstimmungen in der französischen Armee schließen. Nachdem Lloyd George im April seinen bekannten Hilferuf nach „Schiffen" ausgestoßen hatte, richtete der König Georg einen feierlichen Appell an sein Land, den Lebensmittelverbrauch einzuschränken, und das englische Unterhaus hielt es für erforderlich, die ernste Lage in geheimer Sitzung zu erörtern. Selbst Ribot betonte im Juni nach einem Aufenthalt in England nachdrücklich und öffentlich die Gefahren des Ubootkrieges.

Diese äußeren Anzeichen, unterstützt durch Auffassungen auch in neutralen Ländern, gaben mehr als auf den gleichen Ton gestimmte Agentennachrichten der Bereitwilligkeit zu Unterredungen ein besonderes Gewicht. Die Tatsachen selbst zeigten folgendes Bild:

Die russische Revolution hatte die Gesamtlage zweifellos zu unseren Gunsten verschoben. Auch wenn das Regime Kerenski ebenso wie das Miljukows von Frieden nichts wissen wollte, vielmehr die Fortsetzung des Krieges mit praktischem Erfolge propagierte, forderte Petersburg doch immer lauter die Revision der ausschweifenden mit dem Zartum vereinbarten Kriegszielprogramme. Die die russische Kriegskraft schwächenden Wirkungen der Revolution waren unverkennbar. Im Westen brach die große französisch-englische Offensive nicht durch. Der Effekt des

Ubootkrieges war größer, als die Feinde vermutet hatten. Nicht als ob England vor der Aushungerung oder Kapitulation gestanden hätte. Aber die wachsenden Schiffsverluste rührten doch an seinen Lebensnerv. Wirksame amerikanische Kriegshilfe aber stand noch in weitem Felde. Gegenüber diesen nicht ungünstigen Momenten war unser eigenes Konto mit folgenden Faktoren belastet:

Daß der Ubootkrieg in absehbarer Zeit keine Katastrophe auf feindlicher Seite herbeiführen werde, war klar. Entscheidende Schläge auf dem Lande waren nicht in Sicht. Unsere Reserven an Menschen und Material verringerten sich quantitativ und qualitativ. Österreich wurde steigend unsicherer. Die Zeit lief gegen uns.

Aus dieser Situation der Schwebe habe ich folgende Schlüsse gezogen:

Im Unterschied zu den im Volk umgehenden Meinungen hatte der Admiralstab selbst nie in Aussicht gestellt, England durch den Ubootkrieg „auf die Knie zu zwingen". Friedenswillig hatte er gehofft England machen zu können. Auf diese Chance hin hatte die Oberste Heeresleitung den Ubootkrieg als ein von der allgemeinen Kriegslage gebieterisch erheischtes Kriegsmittel gefordert und durchgesetzt. Auch unter militärischem Gesichtspunkt erfüllte also sich zeigende feindliche Verhandlungsbereitschaft das von uns gewollte Ziel, mußte deshalb von uns aufgegriffen werden. Die uns günstigen Wirkungen der russischen Revolution waren, nachdem Amerika in den

Krieg gegen uns eingetreten war, nicht groß genug, als daß wir jetzt einem Diktatfrieden hätten nachjagen dürfen. Daß ein Verhandlungsfriede günstigsten Falles nur ein Frieden der Behauptung sein könne, war offenbar. Die Entente kannte unsere eigenen Verhältnisse zur Genüge, die österreichischen besser, als wir selbst. Auch sie taxierte nach meiner Überzeugung die Situation als einen Zustand der Schwebe. Daß sie bereit sei, sich als besiegt zu erklären, durfte selbst äußerster Optimismus nicht annehmen. Die feindlichen Staatsmänner haben im Frühsommer 1917 feststellen wollen, ob wir zu einem Frieden bereit seien, der keiner Seite die Rolle des vollen Siegers oder Besiegten zusprach. Ein solcher Friede erforderte vor allem die volle Wiederherstellung Belgiens. Das war selbstverständlich. Daß Frankreich bei allen Verständigungsversuchen, und das hieß Verhandlungsfriede, Teile von Elsaß-Lothringen fordern werde, war sicher. Zu völliger Intransigenz in dieser Frage berechtigte uns die allgemeine Kriegslage nicht. Wie ich mich schon ein Jahr früher versichert hatte, war der Kaiser zur Abtretung von Grenzbezirken grundsätzlich bereit, wenn dadurch der Friede zu erlangen war. Der Kronprinz vertrat im Jahre 1917 denselben Standpunkt, vielleicht sogar mit noch größerer Entschiedenheit.

Die Konsequenzen, die sich daraus für die zu haltende Politik ergaben, waren zwingend.

Deutschland mußte der Entente glaubhaft machen, daß es sich zu verständigen bereit sei, bei Ablehnung der Verständigung aber mit voller Entschlossenheit weiterkämpfen werde. Der Einwurf, daß jedes Zeigen von Verständigungsbereitschaft Schwäche verrate, war mehr als billig. Wir hätten sonst warten müssen, bis uns die Feinde um Frieden baten. Die von der Obersten Heeresleitung verlangte Entflammung des Volkes durch die Aufzeigung großer Kriegsziele war gerade in diesem Augenblick völlig untauglich, die Widerstandskraft zu steigern. Ein hungerndes Volk, das sah, daß die ausschweifenden Hoffnungen auf den Ubootkrieg zerrannen, war weder mit der flandrischen Küste noch mit dem Baltikum satt zu machen. Gerade jetzt wären die gefährdetsten Kreise bei uns und in Österreich durch große Kriegsziele heillos vor den Kopf gestoßen worden. Und was die Hauptsache war, dem Ausland hätten wir den bündigen Beweis geliefert, daß wir an einen Verhandlungsfrieden gar nicht dächten. Wir hätten selbst die Politik zunichte gemacht, zu der uns die Wirklichkeit zwang. Darüber können auch hohe Worte nicht hinwegtäuschen.

Noch Ende Juni bot sich mir die Gelegenheit, meine Stellung in einer Form zu präzisieren, von der ich annehmen durfte, daß sie vielleicht nicht ohne Einfluß auf die feindlichen Entschlüsse sein werde.

Am 26. Juni suchte mich der päpstliche Nuntius Monsignore Pacelli in Berlin auf. Er war beauftragt, im

Großen Hauptquartier Seiner Majestät dem Kaiser einen Brief des Papstes zu überbringen. Unter persönlichen Wünschen für den Kaiser und sein Haus erinnerte der Papst in dem Briefe daran, wie er unablässig die krieg=führenden Völker beschworen habe, die brudermörde=rischen Waffen niederzulegen, und versicherte den Kaiser, daß alle seine Anstrengungen darauf gerichtet blieben, die Tage dieses ungeheuren Unheils zu schließen.

Anknüpfend an den Inhalt dieses Briefes, den mich der Nuntius in Abschrift lesen ließ, unterstrich ich die durch unser Friedensangebot vom 12. Dezember vor aller Welt bekundete Friedensbereitschaft Deutschlands, die sich jedoch an dem starren Kriegswillen der Entente gebrochen habe. Der Nuntius hob hervor, daß es nichts=destoweniger immerhin von größtem Nutzen sein würde, wenn der Papst, dessen Sorge um den Weltfrieden mir wohl bekannt sei, über die deutsche Auffassung der Kriegs= und Friedensprobleme unter der Zusicherung vollster Diskretion so genau orientiert werde, daß er im psycho=logischen Moment eine sichere Basis für friedenfördern=des Wirken habe. Auf meine Zustimmung zu diesem Gedanken legte mir der Nuntius eine Reihe bestimmt gefaßter Fragen über unsere Kriegsziele und Friedens=bedingungen vor. Aus der Art der Fragestellung gewann ich den später bestätigten Eindruck, daß es sich um etwas anderes, als um eine unverbindliche Konversation über Friedensmöglichkeiten handele, der Nuntius sich viel=

mehr eines genau formulierten Auftrages entledigte. In Verbindung mit meiner Auffassung der Gesamtlage, welche mir Verhandlungsmöglichkeiten nicht ausgeschlossen erscheinen ließ, überzeugte ich mich, daß ich durch möglichst bestimmte Antworten auf die gestellten Fragen die Grundlage für Verhandlungen über einen Frieden schaffen könne, auf den das durch den Ubootkrieg zwar nicht auf die Kniee gezwungene, aber doch bedrohte England mit seinen Bundesgenossen eingehen würde.

Unter diesem Gesichtspunkte habe ich die einzelnen Fragen des Nuntius dahin beantwortet, daß wir zu Rüstungsbeschränkungen im Falle der Allseitigkeit durchaus bereit seien, und daß wir in gleicher Weise grundsätzlich Schiedsgerichten zustimmten, die bestimmt seien, internationalen Konflikten vorzubeugen. Auf die Frage über unsere Ziele bezüglich Belgiens erwiderte ich, daß wir seine volle Unabhängigkeit wiederherstellen würden. Mit dieser vollen Unabhängigkeit würde es freilich unverträglich sein, wenn Belgien politisch, militärisch und finanziell unter die Herrschaft Englands und Frankreichs gerate, welche Mächte diese Herrschaft dann zu Deutschlands Schaden ausnützen würden. Auf die Frage endlich, welches die Pläne Deutschlands mit Bezug auf Elsaß-Lothringen seien und ob die deutsche Regierung zu Gebietsabtretungen an Frankreich bereit sei, erwiderte ich, daß, falls Frankreich verständigungsbereit sei, hieran der Frieden nicht scheitern werde. Unter der Form gewiſſer gegenſeitiger Grenzberichtigungen werde ſich ein Weg finden laſſen.

Über die öſtlichen Fragen habe ich lediglich bemerkt, daß mir die chaotiſchen Zuſtände Rußlands Friedens= möglichkeiten zur Zeit ausgeſchloſſen erſcheinen ließen, da es an einer verhandlungsfähigen Regierung fehle.

Am 29. Juni wurde der Nuntius im Großen Haupt= quartier von Seiner Majeſtät dem Kaiſer empfangen. Auf eingehende Vorſtellungen, die der Nuntius im Auf= trage des Papſtes wegen der belgiſchen Arbeiterdeporta= tionen erhob — ein Thema, das er auch ſchon in Berlin behandelt hatte — ſagte der Kaiſer zu, ſein Möglichſtes zu tun, und begrüßte darauf, ohne Details zu berühren, in längerem und eingehendem Geſpräch ſehr nachdrucks= voll und warm jede Tätigkeit des Papſtes, die uns dem Frieden näherbringen könne. Seine Majeſtät führte da= bei aus, wie nach ſeiner Überzeugung für die katholiſche Kirche und den Papſt ganz beſonders jetzt die Zeit zum Handeln gekommen ſei. Vermöge ihrer internationalen Organiſation ſei die Kirche die berufenſte Inſtanz in einem Kriege, in den ſo viele Nationen verwickelt ſeien, den Friedensgedanken zu propagieren, denn ſie verfüge techniſch über die beſten Mittel hierfür. Die andere große internationale Organiſation, die Sozialdemokratie, habe die Bedeutung einer ſolchen Propaganda richtig erkannt und habe als erſte den Mut gehabt, ſich mit ihrer Or= ganiſation in den Dienſt des Friedens zu ſtellen. Das werde ein dauerndes Verdienst der Sozialdemokratie bleiben, und wenn man nicht wolle und es für verhängnisvoll ansähe, daß ihr allein dieses Verdienst zukomme, so müsse die katholische Kirche die Gelegenheit ergreifen, die ihr durch die Verhältnisse geboten werde. Im Interesse der katholischen Kirche läge es — das müsse er auch als protestantischer Fürst anerkennen — daß der Friede, oder vielmehr die Möglichkeit, ernsthaft über den Frieden zu reden, nicht durch die Sozialdemokratie, sondern durch den Papst herbeigeführt werde.

Ob diese Sendung des Nuntius Pacelli tatsächliche Friedensmöglichkeiten anzeigte, konnte ich weder damals endgültig beantworten noch kann ich es heute tun. In ihrem Stolz, den Krieg bis zum Weißbluten durchgeführt zu haben, wird die Entente wohl noch fernerhin ableugnen, jemals zu Verhandlungen bereit gewesen zu sein. Entscheidend aber ist das nicht. Eine so kluge und vorsichtige Diplomatie wie die des Vatikans — das ist damals im Zusammenhang mit der allgemeinen Situation meine Auffassung gewesen — hätte nicht den Nuntius mit dem geschilderten Auftrag zu mir gesandt, wenn sie nicht ihrerseits einen gewissen Anhalt für kommende Friedensmöglichkeiten gehabt hätte. Auch gewann ich damals den bestimmten, durch spätere Mitteilungen bestätigten Eindruck, daß der Nuntius meine Erklärungen als geeignet angesehen hat, den Frieden zu fördern.

Auf jeden Fall mußte der Vorgang auf das behut=
samste behandelt werden. Nur ein zarter Keim schien
aufzusprossen. Irgendwelche Form der Verwertung
während der Julikrisis war ausgeschlossen. Bei deren
politischer Verworrenheit wäre die zum ersten Male win=
kende Friedensmöglichkeit im Entstehen erstickt worden,
wenn ich, der ich sie bis zum Ziele verfolgen wollte, Fak=
toren ins Vertrauen setzte, die in meiner Beseitigung
die Rettung des Vaterlandes sahen.

*   *

*

Unterdes hatten sich die inneren Gegensätze immer
weiter versteift. Je handgreiflicher sich die Notwendigkeit
der inneren Reformen darstellte, desto leidenschaftlicher
kämpfte die Rechte gegen die Sozialdemokratie. Deren
Regierungsfähigkeit und das gleiche Wahlrecht in Preu=
ßen waren das Ende der konservativen Machtstellung.
Am Himmelfahrtstage hielt Herr von Heydebrand in
Herford die heftigste seiner Reden. Irgendeine Einsicht in
die Lage, eine hemmende Rücksicht auf die innere Front,
auf die Sinnesart anderer, für die Kriegführung wesent=
lichster Volksschichten war nicht zu erkennen, desto sicht=
barer aber das Bestreben, die Bedrohung der Machtstel=
lung der konservativen Partei mit einer Bedrohung von
Kronrechten zu identifizieren und den Kaiser und König

zu ihrer Verteidigung und Rettung zu engagieren. In der Agitation gegen jeden Verzichtfrieden redete man sich, teils verführt und teils verführend, in eine Auffassung der Gesamtlage hinein, die die Zustimmung zu einem solchen Frieden zum Volksverbrechen machte. Die Millionenziffern des Ubootkrieges, die Zersetzung der russischen Armee, das Halten der West- und Südfront hatten in weiten Oberschichten Wünsche mit Tatsachen verwechseln und einen ehrlichen Glauben an ein baldiges siegreiches Ende entstehen lassen. Solchen Gedanken folgte die Unterschicht nicht. Auf ihr lastete die Ernährungsnot am schärfsten. Die alten, immer knappen Vorräte gingen zu Ende, und die neue Ernte reifte erst. In den Betrieben wußte man vor allem von der Erschöpfung Deutschlands an Menschen und Material, und die Sehnsucht nach baldigem Ende begann in der Stimmung manches von der Front kommenden Urlaubers Nahrung zu finden. Den materiellen Instinkten der Massen glaubten auch die bestgesinnten sozialdemokratischen Führer mit internationalen Ideologien begegnen zu müssen. Mit der Wahnvorstellung, daß die Friedensformel „ohne Annexionen und Entschädigungen" nur deshalb nicht ausgereicht habe, den Frieden zu bringen, weil die eigene Regierung die heilbringende Formel nicht wörtlich übernommen hätte, wurde die Opposition der Massen mehr und mehr in ein antinationales Fahrwasser geleitet. Mehr als je redeten beide Hälften des Volkes eine völlig verschiedene Sprache. Die Lage war weder so gut, wie die Rechte, noch so schlecht, wie die Linke glaubte.

Während die große Masse des rechtsstehenden Bürgertums noch durchaus an ihrem Glauben und Vertrauen festhielt, begannen in den, dem politischen Leben näherstehenden Kreisen pessimistische Gerüchte zu zirkulieren. Daß England infolge des Ubootkrieges nicht zusammenbrach, war offenbar. Nachrichten von einer großen Getreideflotte von 69 Schiffen, die den Ubooten entgangen wären, tauchten auf. Statt übertriebene Hoffnungen zurückzuschrauben, fielen viele in übertriebene Ängste. Man sprach davon, daß der Großadmiral von Tirpitz, der doch Hauptrepräsentant des Ubootgedankens war, vor dem Ubootkrieg von 1917 als verspätet gewarnt habe. Das Gerücht wurde geglaubt und fand Mitte Juni seinen Weg sogar in die „Times"[1]). Viele, die bisher in einer Welt des Gefühls und der patriotischen Phantasie gelebt hatten, waren gegen die Gefahr einer Panik wehrloser als die, die von Anfang an bescheidener, aber realer gedacht hatten. Die Krisis wäre ohne offenen Ausbruch zu überwinden gewesen, wenn sich nicht gleichzeitig der Gegensatz der militärischen Leitung gegen die politische immer offenkundiger zugespitzt hätte. Parlamentarier und Großindustrielle pflegten sich bei Äußerungen gegen

---

[1]) „Times" vom 14. 6. Berlin to-day.

den Reichskanzler immer häufiger auf die Autorität des Generals Ludendorff zu berufen. Das Wissen um diesen Gegensatz bestärkte auf der Rechten die Hoffnung, auf der Linken das Mißtrauen. Der Zwiespalt wurde legitimiert.

Noch einmal versuchte ich Ende Juni durch rückhaltlose Aussprache eine Kooperation der beiden obersten Gewalten herbeizuführen. Der Versuch schlug trotz der Mahnung des Kaisers an die beiden Generale, sich mit mir zu verständigen, fehl. Die Aussprache mit dem Generalfeldmarschall von Hindenburg verlief korrekt, — über ihren praktischen Wert aber konnte ich mich nicht täuschen, da der Generalfeldmarschall die Hinzuziehung des Generals Ludendorff ablehnte. Dieser bekannte sich in einer Unterredung mit dem Unterstaatssekretär Wahnschaffe als Gegner meiner Politik, insbesondere der in der Osterbotschaft angekündigten politischen Konzessionen, da sie nur den Frieden verzögerten, und lehnte meine Unterstützung ab, weil ich das Volk nicht durch große außerpolitische Ziele zu begeistern verstehe. Auf die Erwiderung, daß nicht Unterstützung, sondern nur Verzicht auf aktive Bekämpfung verlangt werde, ging der General nicht ein. Bei den nahen Beziehungen und dem ständigen telephonischen Kontakt einzelner Parteiführer mit dem Hauptquartier, der Verbindung der in Berlin weilenden politisierenden Generalstabsoffiziere mit meinen Gegnern in Parlament und Presse konnte mir das

218

Schweigen des Generals nichts anderes als den offenen
Kampf, und zwar nicht nur bei dem Kaiser und in der
Presse, sondern auch hinter den Kulissen des erregten
Parlaments bedeuten.

*   *
*

Unter diesen Auspizien trat am 5. Juli der Reichstag
zusammen. In der nun ausbrechenden inneren Krisis
haben außer- und innerpolitische, parlamentarische und
höfische, sachliche und persönliche Faktoren in verwirrter
Front zusammengewirkt. Als einheitlicher Gedanke des
Kampfes schälte sich schließlich nur der von der Obersten
Heeresleitung proklamierte Sturz des Reichskanzlers
heraus. Einzeln genommen und rein sachlich waren die
Fragen lösbar, forderten auch keinen Kampf gerade des
Reichstages gegen die Reichsleitung heraus.

Vom Kaiser hatte ich Ende Juni die Genehmigung
zur Berufung von Parlamentariern in die Regierung
erlangt. Damit waren der Parlamentarisierung, soweit
sie praktisch überhaupt möglich war, die Wege geebnet.
Meine Absicht, sie in diesem Umfange herbeizuführen,
früher vor allem an dem unpolitischen Verhalten des
Verfassungsausschusses gescheitert, hatte sich jetzt durchsetzen können[1].

---

[1] *Maßgebende Führer der Mehrheitsparteien des Reichstags waren
vom Reichskanzler hierüber unterrichtet worden und hatten freudige Zu-*

In der Frage der preußischen Wahlreform stießen meine Pläne bei einer übergroßen Reichstagsmehrheit auf keinerlei Widerspruch. Vielmehr drängte der interfraktionelle Ausschuß in der allgemeinen politischen Erregung auf ihre Verwirklichung und machte Miene, das preußische Wahlproblem durch Reichsgesetz zu lösen.

Die Stellung des preußischen Staatsministeriums war die alte geblieben. Seine allerdings schwache Majorität für das gleiche Wahlrecht war mit mir der Ansicht, daß nunmehr keine Zeit mehr verloren werden dürfe, wenn nicht der Krone vor dem Drängen des Reichstages jede Führung entgleiten solle.

Dem Kaiser, der am 7. Juli in Berlin eingetroffen war, entwickelte ich mündlich, daß und weshalb nach meiner Überzeugung das gleiche Wahlrecht verheißen werden müsse. Ich bat Seine Majestät, nicht nur die sämtlichen Staatsminister, sondern auch die Reichsstaatssekretäre zu hören. Das preußische Wahlproblem sei ein Kernstück der Reichspolitik geworden. Dementsprechend hielt der Kaiser den Kronrat vom 9. Juli ab. In Würdigung der allgemeinen politischen Situation begründeten Gegner wie Anhänger des gleichen Wahlrechts in rückhaltloser Aussprache scharf und eingehend

---

stimmung geäußert. Besprechungen über die in die Regierung zu berufenden Persönlichkeiten waren im Gange. (Notizen, die der Verfasser in den Text aufzunehmen gedachte, aber noch nicht endgültig formuliert hatte.) D. H.

ihren Standpunkt. Sechs Staatsminister und vier Staatssekretäre sprachen dafür, fünf Minister und ein Staatssekretär dagegen. Eine eigentliche Abstimmung fand nicht statt. Indem er sich seine Entscheidung vorbehielt, schloß der Kaiser nach fast vierstündiger Verhandlung die Sitzung.

Noch in der Nacht berief der Kaiser telegraphisch den Kronprinzen. Über eine Maßregel — so sagte mir der Kaiser am nächsten Mittag —, deren Verwirklichung nach der Ansicht der Einen den Untergang Preußens, deren Unterlassung nach der Ansicht der Anderen den Untergang nicht nur Preußens, sondern auch Deutschlands bedeute, müsse er vor endgültiger Entscheidung den Erben der Krone hören. Dem Pessimismus bezüglich der Zukunft Preußens trat ich entschieden entgegen. Die Gründe für die Proklamierung des gleichen Wahlrechts seien so zwingend, daß Seine Majestät es werde bewilligen müssen, möge Reichskanzler sein, wer wolle. Ernstlich aber bat ich den Kaiser, zu erwägen, ob er nicht vor der Entscheidung einen Kanzlerwechsel vornehmen wolle. Eifrig werde herumgetragen, ich suche durch das Wahlrecht nur meine eigene erschütterte Stellung zu befestigen. Solchen Anschuldigungen dürfe, so töricht sie auch seien, um der Sache willen auf keinen Fall Nahrung gegeben werden. Wie dringlich die Konservativen, Nationalliberalen und Alldeutschen sowie die Oberste Heeresleitung meine Beseitigung verlangten, wisse Seine Ma-

jeſtät ſelbſt und vielleicht beſſer als ich. Namentlich die
Gegnerſchaft der beiden großen Generale werde immer
heftiger. In dem Glauben, Seiner Majeſtät und dem
Lande noch Dienſte leiſten zu können, hätte ich bisher
ausgehalten, ſei auch bereit, es noch weiter zu tun. Die
Situation habe ſich aber ſo zugeſpitzt, daß es mir fraglich werde, ob mein Verbleiben im Amt überhaupt noch
von Nutzen ſein könne. Darüber zu entſcheiden bäte ich
Seine Majeſtät.

Der Kaiſer erkannte ausdrücklich an, daß die Wahlrechtsfrage in keinerlei Beziehung zur Perſonenfrage
geſetzt werden dürfe. Für ihn ſelbſt ſei der Entſchluß, den
er über das Wahlrecht faſſen werde, gänzlich unabhängig
von der Frage meines Bleibens oder Ausſcheidens aus
dem Amte. Eine ſofortige Entſcheidung über den von
mir angeregten Kanzlerwechſel traf Seine Majeſtät nicht.

Am 11. Juli vormittags beriet der Kaiſer mit dem
Kronprinzen und teilte mir um Mittag telephoniſch mit,
auch der Kronprinz habe ſich von der Notwendigkeit ſo-
wohl der Ankündigung des gleichen Wahlrechts wie meines Verbleibens im Amt überzeugt. Ich möge die Ge-
ſchäfte weiterführen und die Kabinettsorder wegen Ankündigung des gleichen Wahlrechts vorlegen. Wenige
Augenblicke ſpäter erſchien der Kronprinz perſönlich bei
mir, um mir zu erklären, daß er trotz äußerſten Miß-
fallens an der Wahlreform und trotz ausgeſprochener
Gegnerſchaft gegen meine Politik überhaupt, nach der

222

ihm gegebenen Schilderung der Situation der Entscheidung seines Kaiserlichen Herrn Vaters habe zustimmen müssen. Am Abend desselben Tages wurde die Kabinettsorder publiziert, die das Staatsministerium anwies, den preußischen Wahlrechtsentwurf auf der Grundlage des gleichen Wahlrechts aufzustellen.

Damit war das preußische Wahlproblem im Sinne jedenfalls der großen Reichstagsmehrheit erledigt. Abschiedsgesuche der preußischen Minister, die sich im Kronrat gegen das gleiche Wahlrecht ausgesprochen hatten, schufen die Vorbedingung für eine entsprechende Rekonstruktion der preußischen Regierung.

Inzwischen hatten sich im Reichstag Kämpfe entwickelt, hinter denen die Wahlrechtsfrage, zwar vielfach in sie eingreifend, zurückgetreten war.

Im Hauptausschuß drängte die Sozialdemokratie auf die Formel „ohne Annexionen und Entschädigungen". Die allgemeine Lage nach innen und außen malten ihre Redner in den schwärzesten Farben. Wir seien am Ende. Der Zusammenbruch drohe. Die Uboote hätten nicht geleistet, was die Marine versprach — nun sollte der Ubootkrieg völlig versagt haben. Die Unabhängigen gingen weiter und malten die Revolution an die Wand. Erstaunlich war die veränderte Haltung der bürgerlichen Parteien. Sie entgegneten nur schwach und mit halber

Überzeugung und überließen, zum Teil von der Welle des Pessimismus selbst überwältigt, aus Gründen parlamentarischer Taktik die Abwehr der Regierung. Die Staatssekretäre Dr. Helfferich und Capelle aber drangen mit einem zumeist statistischen Material gegen die allgemeine Suggestion nicht durch. Immerhin waren die Debatten etwas ruhiger geworden, als der Abgeordnete Erzberger am 6. Juli eine im Munde eines Zentrumsführers auffällige und fast alle seine Fraktionsgenossen überraschende Rede hielt. In sensationeller Aufmachung des Ubootfiaskos schlug er sich ohne Einschränkung zu dem völligen Pessimismus der Sozialdemokratie und forderte, daß der Reichstag in öffentlicher Kundgebung allen Eroberungsabsichten entsage.

Im ersten Augenblick waren mir die Motive der Aktion nicht durchsichtig. Verabredet hatte Erzberger sie mit mir nicht. Auch daß Graf Czernin beteiligt war, war mir unbekannt geblieben. Ich nahm deshalb die mir am Nachmittag des 6. auf Befragen erteilte Auskunft Erzbergers, er habe die Aktion unternommen, um mir eine große Reichstagsmehrheit zu schaffen, mit Vorsicht auf[1]. Ich vermutete hinter der Aktion den Zauber einer Kandidatur für meine Nachfolge, dem der Leichtwendige

---

[1] Daß ich bei dieser Gelegenheit Herrn Erzberger eine für das Plenum berechnete Rede vorgelesen hätte (Erzberger, Erlebnisse im Weltkriege, S. 257), ist irrig. Die Unterredung dauerte nur wenige Minuten und wurde stehend geführt.

troß alter Gegnerschaft verfallen sein mochte. Jedenfalls vom nächsten Tage ab war mir klar, daß aus einem mit weitem Vertrauen bedachten Anhänger über Nacht ein persönlicher Gegner geworden war.

Von nun ab mischten sich die sachlichen und persönlichen Momente der Krisis in den erstaunlichsten Widersprüchen.

Ich selbst hatte von jeher den Verteidigungscharakter des Krieges gegen die Rechte verfochten. Das Zentrum hatte geschwankt, neigte in der Kriegszielfrage mehr nach rechts als nach links. Noch am 5. April 1916 hatte sein Führer die Notwendigkeit politischer, militärischer und wirtschaftlicher Beherrschung Belgiens proklamiert. Trat das Zentrum jetzt prinzipiell auf die linke Seite, dann war eine feste Parlamentsmehrheit geschaffen. Im Sinne meiner Politik konnte ich damit nur zufrieden sein. Verderblich war die Inszenierung. Drastisch wurde in den so gut wie öffentlichen Ausschußverhandlungen die Friedensresolution als notwendige Folge des Versagens des Ubootkrieges und der vor der Tür stehenden inneren Erschöpfung frisiert. Graf Westarp charakterisierte die Erzbergersche Rede zutreffend als verlorene Schlacht.

In einer langen vertraulichen Aussprache, die ich am 6. abends mit den sozialdemokratischen Führern hatte, warnte ich davor, die Erklärung der Friedensbereitschaft so mit Verzichtserklärungen zu bepacken, daß die Feinde nur zur Fortsetzung des Krieges angespornt werden

müßten. An den Verständigungstisch mich zu setzen
sei ich jederzeit bereit. Ich könne aber die Methode, die
der Reichstag jetzt anwenden wolle, nicht als zweckmäßig
ansehen. Ähnlich habe ich am 7. im Hauptausschuß ausführlich gesprochen. Meine Mahnungen faßte ich in die
Worte zusammen: „Fassen Sie keine schlappe Resolution." Bei beiden Gelegenheiten hatte ich den Eindruck, eine weitere sensationelle Behandlung der Angelegenheit nicht ganz erfolglos bekämpft zu haben.

Die Aktion des Reichstages hatte aber nicht nur eine
sachliche, sondern auch eine parlamentarisch taktische und
persönliche Seite. Über die Feststellung der Bereitschaft
zu einem Frieden ohne Eroberungen hinaus, war es
den Vätern der Friedensresolution um die selbständige
Aktivität des Parlaments zu tun. Gewissermaßen amtlich sollte die Übernahme der Führung durch den Reichstag beglaubigt werden. An die bisherige Haltung des
Reichskanzlers anknüpfen und damit die Kontinuität
aufrechterhalten, befriedigte die Linke nicht. Etwas
Neues wollte man verkünden, mit einem neuen Programm der äußeren eine neue Ära der inneren Politik
eröffnen. Die Friedensresolution sollte die programmatische Grundlage der neuen parlamentarischen Ka-
binettsbildung werden.

Die Absicht, um ein gemeinsames Friedensprogramm
eine parlamentarische Mehrheit zu sammeln, das Verlangen nach Vertretung dieser Mehrheit in der Regierung

226

selbst, die Bildung einer einheitlichen Front aus Regierung und Reichstag, alles dies waren politisch berechtigte Ziele. Aber die Absicht war mehr Gefühl, als politisch durchdachter Plan. Über die praktische Durchführung waren die Ansichten der Parteien reichlich unklar. Die einen wollten den Reichskanzler fallen lassen, die anderen ihn zunächst stützen, die dritten schwankten nach momentanen Eindrücken und Gerüchten. Über die Person des Nachfolgers und über die Auswahl der parlamentarischen Ministerkanditaten waren alle gleichmäßig im Unklaren. Die Hauptsache wurde vergessen. Die nicht bis ans Ende durchdachte Aktion verfing sich in ihrer eigenen Verworrenheit, öffnete so der Intrigue ein weites und bequemes Feld und endete praktisch mit einem Sieg von Einflüssen, deren Unterstützung gerade den Parteien der Linken mehr als ferngelegen hatte.

Diese Einflüsse machten sich gleich im Beginn der Krisis bemerkbar.

Der Kriegsminister und die Oberste Heeresleitung erbaten am 6. Juli gemeinschaftlichen Immediatvortrag beim Kaiser „behufs Stellungnahme zum Vorschlag Erzberger vom militärischen Standpunkte aus". Das geschah ohne vorherige materielle Fühlungnahme mit mir. Lediglich die Tatsache, daß ein Immediatvortrag nachgesucht sei, wurde mir vom Kriegsminister schrift-

lich mitgeteilt. Da eine ausgesprochen politische Angelegenheit behandelt werden sollte, bat ich den Kaiser,
der sich auf der Reise von Wien nach Berlin befand,
telegraphisch, mich zu dem Empfange der Generale zu-
zuziehen, vorher aber noch meinen Vortrag über die
allgemeine politische Lage zu hören. Seine Majestät kam
am 7. mittags direkt vom Bahnhof ins Reichskanzler-
palais. Ich schilderte Entstehung und bisherigen Verlauf der parlamentarischen Krise. Sie sei ernst, aber nicht
inkurabel. Im Hinblick auf den Geist der Armee hätte
ich noch an demselben Vormittag im Hauptausschuß des
Reichstages ernst davor gewarnt, sich einer hoffnungs-
losen Stimmung hinzugeben, oder diese gar öffentlich zu
bekunden. Das trage gleichmäßig politischer wie militärischer Auffassung Rechnung. Die Oberste Heeresleitung aber selbst in die Reichstagswirren hineinzuziehen,
sei mit einheitlicher Führung der Staatsgeschäfte unverträglich. Bei deren bekannter Gegnerschaft gegen mich
könne dies die Situation nur weiter zerrütten. Seine
Majestät stimmte diesen Ausführungen zu. Am Abend
desselben Tages benachrichtigte mich der Chef des Zivilkabinetts, General Ludendorff habe bei dem inzwischen
stattgehabten Immediatvortrag nach Erledigung militärischer Angelegenheiten die Situation im Reichstag
besprechen wollen, worauf Seine Majestät ziemlich scharf
jede Einmischung der Heeresleitung in die vom Reichskanzler zu führende Politik abgewiesen habe. Beide

Generale hätten sich infolgedessen noch an demselben Abend nach Kreuznach zurückbegeben[1]).

Die Ingerenz der Obersten Heeresleitung war von nun an eine doppelte.

Zunächst wandte sie sich gegen die von Herrn Erzberger propagierte Friedensresolution. Diese werde, so besorgte die Oberste Heeresleitung, als Zustimmung zu einem Verzichtfrieden, die bereits vorhandene Beunruhigung im Heere vermehren und als Zeichen innerer Schwäche den Willen der Feinde zum Durchkämpfen stärken. Am 12. Juli bat der Generalfeldmarschall den Kaiser telegraphisch, „der Reichsleitung aufzugeben, daß sie eine solche Erklärung des Reichstages verhindere"[2]). Schärfer noch äußerte sich die Oberste Heeresleitung an demselben Nachmittag in einer telephonischen Meldung an Seine Majestät dahin, daß die Friedensresolution

---

[1]) Dieser Vorgang ist in die Behauptung umgedeutet und politisch ausgebeutet worden, ich hätte es hintertrieben, daß sich die Reichstagsmitglieder ihrem Wunsche entsprechend von der Obersten Heeresleitung über die militärische Lage informieren ließen. Das habe ich weder getan, noch hätte ich es überhaupt tun können. Weder über die Dauer des Aufenthalts der Generale in Berlin, noch über die Audienzen, die sie während dieser Zeit gaben, disponierte ich. Im Großen Hauptquartier verkehrten fortgesetzt Parlamentarier mit der Obersten Heeresleitung, ohne daß ich mich jemals auch nur im geringsten darin einzumischen versucht hätte. Durch die Abreise der Generale am 7. abends wurde ich persönlich überrascht. Irgendwelche Berührung mit mir haben sie an diesem Tage nicht gesucht.

[2]) Ludendorff, Urkunden der Obersten Heeresleitung, S. 407.

„die Stoßkraft und Widerstandsfähigkeit der Armee er=
schüttern werde"[1]).

Von diesem mir wörtlich übermittelten Urteil der
Obersten Heeresleitung habe ich am späten Abend des
12. dem Abgeordneten von Payer zur Weitergabe an
den Ausschuß in der ausgesprochenen Erwartung Kennt=
nis gegeben, daß der Reichstag einem so gewichtigen
Urteil, wie dem des Feldmarschalls, Rechnung tragen
werde. Nach meinem Abgang hat sich die Oberste Heeres=
leitung bekanntlich mit der in einzelnen Punkten formal
zwar abgeschwächten, in der Tendenz aber unverändert
gebliebenen Resolution abgefunden[2]).

Während die Oberste Heeresleitung in diesen Fragen
scharf gegen die Reichstagsmehrheit kämpfte, betrieb sie
gleichzeitig unter Assistenz des Reichstages den Kanzler=
wechsel.

Innerhalb des Reichstages waren die Fronten in
beiden Fällen allerdings nicht die gleichen. In allen
Fragen konform mit der Obersten Heeresleitung waren

---

[1]) Insonderheit nahm die Oberste Heeresleitung Anstoß an folgendem
Satz der Resolution in ihrer damaligen Fassung: „Mit einem solchen
Frieden (einem Frieden der Verständigung und der dauernden Versöh=
nung der Völker) sind erzwungene Gebietserwerbungen und politische,
wirtschaftliche oder finanzielle Vergewaltigungen unvereinbar."

[2]) *Der Abgeordnete Erzberger hatte dies in den Beratungen des Zen=
trums über die Stellung der Fraktion zum Reichskanzler voraussagen
können. (Mitteilung, die der Verfasser in den Text aufnehmen wollte,
aber noch nicht endgültig formuliert hatte.) D. H.*

nur die Konservativen. Die Nationalliberalen nahmen zur Friedensresolution keine ganz klare Stellung ein. Um so lebhafter interessierten sie sich für die Berufung parlamentarischer Minister und für meine Beseitigung. Die freisinnige Volkspartei und die Sozialdemokraten waren in der Frage des Kanzlerwechsels schwankend, dagegen fest für die Friedensresolution engagiert. Drehpunkt war das Zentrum. Sein maßgebender Leiter, der Abgeordnete Erzberger, betrieb meinen von der Obersten Heeresleitung gewollten Sturz mit derselben Entschiedenheit, mit der er die der Obersten Heeresleitung anscheinend unerträgliche Friedensresolution verfocht[1]). Von der Obersten Heeresleitung waren bei der Rückkehr des Feldmarschalls von Hindenburg und des Generals Ludendorff nach Kreuznach am Abend des 7. Juli Offiziere, die in der Obersten Heeresleitung eine einflußreiche Stellung einnahmen, unter ihnen der Oberstleutnant Bauer, in Berlin zurückgeblieben. Sie hielten sich in reger

---

[1]) *Unmittelbar nach seiner Rede am 6. Juli vereinbarte der Abgeordnete Erzberger noch im Zimmer des Hauptausschusses eine Zusammenkunft mit dem Abgeordneten Stresemann in seinem Bureau und teilte ihm hierbei schon mit, daß er dort auch den Oberstleutnant Bauer von der Obersten Heeresleitung treffen werde. Die Unterredung der drei Herren fand, wie verabredet, am 7. 7. morgens statt. Als gemeinsames Ziel der in Fluß gebrachten Parlamentskrisis wurde ausdrücklich der Kanzlerwechsel aufgestellt, auch schon über die Person des Nachfolgers verhandelt. (Nach Aussagen im Prozeß Erzberger—Helfferich. Eine Berücksichtigung dieser Aussagen im Texte hatte der Verfasser geplant, den Wortlaut aber nicht mehr festgestellt.) D. H.*

Verbindung mit parlamentarischen Führern und nah=
men an Besprechungen teil, in denen die Maßnahmen
zu meiner Beseitigung verabredet wurden. Am 8. Juli
machten die Abgeordneten von Payer und Dr. Spahn,
am 9. Juli der Abgeordnete Dr. Südekum den Unter=
staatssekretär Wahnschaffe auf die lebhafte Einwirkung
aufmerksam, die „ein Abgesandter des Generals Luden=
dorff" auf die Parteien im Sinne eines Kanzlerwechsels
ausübe[1]). Als sich dieser hinzog und die Befürchtung
entstand, ich könne der Situation vielleicht doch noch
Herr werden, wurde das Drängen energischer. Am 11.
oder 12. Juli machten mir führende Reichstagsmitglieder
die Mitteilung, in parlamentarischen Kreisen werde unter
Berufung auf einen Auftrag des Generals Ludendorff
von Offizieren verbreitet, der General halte den Krieg
für verloren, wenn ich Kanzler bleibe, und sei entschlossen,

---

[1]) *In den Fraktionen war unter Berufung auf Mitteilungen aus der
Umgebung des Generals behauptet worden: Der Reichskanzler habe Seiner
Majestät dringend abgeraten, Parlamentarier in die Regierung aufzunehmen, weil dies eine Verkürzung der Kronrechte bedeute. Dies wider-
spreche der Meinung des Generals Ludendorff, der eine Beteiligung des
Parlaments an der Regierung für erwünscht halte. Der Unterstaatssekretär erklärte den Abgeordneten, er halte es für undenkbar, daß derartige Mitteilungen vom General Ludendorff stammten, und erbat von
diesem sofort die telegraphische Ermächtigung, sie auch in seinem Namen
zu dementieren. Der General erwiderte, daß ihn die Sache nichts angehe
und daß er sich nicht um politischen Klatsch bekümmern könne. (Depeschenwechsel des Unterstaatssekretärs Wahnschaffe mit dem General
Ludendorff.) D. H.*

in diesem Falle selbst den Abschied zu nehmen. Der Führer der Nationalliberalen erklärte dem Staatssekretär Helfferich sogar, er sei genötigt, seiner Fraktion eine Mitteilung gleichen Inhalts zu machen[1]).

General Ludendorff, vom Unterstaatssekretär Wahnschaffe auf diese Vorgänge aufmerksam gemacht, stellte in Abrede, zu irgend jemand Boten geschickt oder den erwähnten Auftrag erteilt zu haben. Es bleibt also nur die Annahme übrig, daß Oberstleutnant Bauer eigenmächtig agiert hat, in seiner Aktion aber von der Obersten Heeresleitung, obwohl sie avertiert war, nicht behindert worden ist.

Die Rückwirkung auf die Parteien war durchschlagend.

Unter den Gründen der Bekämpfung meiner Kanzlerschaft figurierte auch die Behauptung, meine Person sei ein Friedenshindernis. Auch das Zentrum, das wie häufig, so auch jetzt die parlamentarische Entscheidung in der Hand hatte, befaßte sich mit diesem Thema. Es ließ indessen noch am 11. Juli durch Herrn Fehrenbach erklären, im Augenblick keinen Grund für einen Kanzlerwechsel zu erkennen. Sollten Ereignisse eintreten, die mich als ein Hindernis für Friedensverhandlungen erscheinen ließen, so vertraue das Zentrum, daß ich dann aus eigener Entschließung zurücktreten werde. Über Nacht drehte sich der Wind. Am 12. beschloß dieselbe

---

[1]) Helfferich, Der Weltkrieg, Band 3, S. 125.

Fraktion des Zentrums gegen nur wenige Stimmen, es müsse in meiner weiteren Kanzlerschaft eine Erschwernis für die Herbeiführung des Friedens erblicken und habe deshalb keine Veranlassung, mich zu halten.

Während dieser Zeit hatte auch der Kronprinz aktiv in die Vorgänge eingegriffen. Bei seiner Ankunft in Berlin am 11. Juli hatte er zunächst mit dem Kriegsminister von Stein und dem Oberstleutnant Bauer, die beide energisch auf den Kanzlerwechsel hinarbeiteten, konferiert. Nach seiner Aussprache mit Seiner Majestät dem Kaiser und darauf mit mir suchte sich der Kronprinz bei preußischen Ministern und bei den diplomatischen Vertretern Österreichs und Bulgariens sowohl über die äußere wie über die innere Situation weiter zu informieren. Darauf wandte er sich an die Parlamentarier. Am 12. morgens wurden Vertreter sämtlicher Reichstagsparteien in das Palais des Kronprinzen gebeten, um sich über ihre Stellung zu mir zu äußern. Die Konservativen, die Nationalliberalen und das Zentrum lehnten kategorisch jede weitere Zusammenarbeit mit mir ab, die Freisinnigen erklärten, mich bedingt unterstützen, die Sozialdemokraten, mich so lange halten zu wollen, als ich ihren Forderungen nachkomme und kein Hindernis für einen Scheidemannfrieden bilde. Der Oberstleutnant Bauer führte in einem Nebenraum das Protokoll[1]).

---

[1]) Das Protokoll ist in Ludendorff, Urkunden der Obersten Heeresleitung, S. 408 ff., abgedruckt.

Um jeden von mir etwa herbeizuführenden Umschwung ganz unmöglich zu machen, ließ sich der Kronprinz am 13. früh die Stellungnahme der Konservativen, der National= liberalen und des Zentrums auch noch schriftlich be= stätigen.

Die Entscheidung war aber inzwischen bereits ge= fallen.

Am Nachmittag des 12. war ich zum Vortrag beim Kaiser in Schloß Bellevue. Seine Majestät erörterte mit mir zunächst die Frage der Friedensresolution, deren Tenor er telephonisch der Obersten Heeresleitung mit= teilen ließ. Das darauf einlaufende Gutachten des Generalfeldmarschalls von Hindenburg ist vorhin mit= geteilt. Noch vor Abschluß dieser Sache meldete der Chef des Militärkabinetts Seiner Majestät, daß nach einer soeben aus Kreuznach telephonisch eingetroffenen Nach= richt Abschiedsgesuche des Generalfeldmarschalls von Hindenburg und des Generals Ludendorff unterwegs seien. Der Abschied werde damit begründet, daß beide Generale mit mir als Kanzler nicht arbeiten könnten. Hinzugefügt habe bei Übermittlung der Nachricht der Oberst von Marschall, General Ludendorff sei entschlos= sen, diesmal nicht nachzugeben, sondern unter allen Um= ständen auf seinem Willen zu bestehen. Auf die erstattete Meldung kennzeichnete Seine Majestät in meiner Gegen= wart scharf und bitter die unerträgliche Stellung, in die er als Monarch durch dieses Ultimatum seiner obersten

Generale gedrängt werden solle. Er befahl deren schleu-
niges Kommen nach Berlin. Meinerseits erklärte ich,
daß eine Entlassung der beiden so verdienstreichen und
von dem einmütigen Vertrauen der Nation getragenen
Heerführer selbstverständlich ausgeschlossen sei, und be-
endete meinen Vortrag. Am nächsten Morgen reichte
ich mein Abschiedsgesuch ein. Um dem Kaiser wenigstens
formal die Möglichkeit zu geben, meinen Rücktritt unabhängig von dem Ultimatum der Generale zu bewilligen, nahm ich auf dieses überhaupt keinen Bezug, sondern motivierte mein Gesuch lediglich mit der parlamentarischen Konstellation. Tatsächlich hat denn auch der
Kaiser beiden Heerführern, noch bevor sie auf ihr eigenes
Abschiedsgesuch zu sprechen kamen, mitgeteilt, ich habe
den Abschied erbeten und bewilligt erhalten.

Mit der Bestellung des Herrn Michaelis zu meinem
Nachfolger habe ich nichts zu tun gehabt.

*   *

*

Gegenüber[1]) dem ungeheuren Schicksal, dem wir verfallen sind, ist die Julikrisis eine armselige Nichtigkeit.
Im Moment selbst hatte sie ihre Bedeutung. Das auf

---

[1]) *Nicht mehr überarbeiteter und unbeendeter Entwurf einer Schlußbetrachtung. D. H.*

die Mitwirkung des Parlamentes gestützte Ultimatum der Generale erschütterte die Staatsdisziplin und versetzte dem Träger der Krone einen harten Stoß. Der Parlamentarismus machte, unterstützt vom Militär und vom Erben der Krone, einen Schritt vorwärts. Aber der Reichstag begnügte sich mit der Beseitigung des ihm mißliebigen Kanzlers. Fortführung der Politik im Sinne seiner Mehrheit sicherte er sich nicht. Auch bei den folgenden Kanzlerwechseln ist die Parlamentarisierung äußere Form ohne materielle Wirkung geblieben. Überall war die letzte Entscheidung auf die Heeresleitung übergegangen.

Nach außen konnten die Zuckungen der Julikrisis, ihre Halbheiten und Widersprüche nur verwirrend wirken. Die Feinde sahen auf der einen Seite eine Reichstagsmehrheit sich auf eine panikartig entstandene und von der Heeresleitung leidenschaftlich bekämpfte Friedensresolution verpflichten, auf der anderen Seite dieselbe Heeresleitung als unumstrittene Siegerin aus einem erregten und undurchsichtigen Kampfe hervorgehen. Was die Reichstagsmehrheit, was auch der von der Notwendigkeit eines Verständigungsfriedens absolut überzeugte Kronprinz gerade wegen der Rückwirkung auf die Feinde streng vermieden wissen wollte, die entscheidende Beeinflussung der Politik durch Militarismus und Annexionismus, war das tatsächliche Fazit. Größte Phasen des Krieges, den päpstlichen Friedensschritt, das definitive

237

Ausscheiden Rußlands und Rumäniens aus der Reihe unserer Feinde, die große Offensive des Jahres 1918, hat Deutschland unter dem Regime durchgemacht, dem seine Volksvertretung zur Machtvollkommenheit verholfen hat.

Anlagen

1. Der österreichisch-serbische Streit.

Denkschrift des Reichskanzlers a. D. von Bethmann Hollweg aus seiner an den 1. Unterausschuß des Untersuchungsausschusses erstatteten Auskunft[1]).

Das Urteil über unsere Behandlung der österreichischen Anträge vom 5. Juli 1914 hängt wesentlich davon ab, welcher Wert der Erhaltung der österreichisch-ungarischen Großmachtstellung beizumessen war. Die Notwendigkeit eines starken Österreich ist von deutschen Staatsmännern so oft und nachdrücklich ausgesprochen worden, daß ein fester Grundsatz unserer auswärtigen Politik als vorliegend anerkannt werden wird. Fürst Bismarck ist auch in der Zeit, wo er im Abschluß des Rückversicherungsvertrages den russischen Balkanwünschen Entgegenkommen bewies, nicht von der Auffassung abgewichen, daß „die Existenz Österreich-Ungarns als einer starken und unabhängigen Großmacht für Deutschland eine Notwendigkeit" sei, ja „eine Notwendigkeit allererften Ranges"[2]), die uns gebieten würde, selbst mit der Waffe für die Aufrechterhaltung dieses Zustandes einzutreten. Die Nachfolger des Fürsten Bismarck waren auf ein bündnisfähiges Österreich um so mehr angewiesen, je weiter sich die gegnerische Koalition, die Sorge des Reichsgründers, entwickelte und befestigte. Als Fürst Bülow während der Annexionskrise 1908/09 „das deutsche Schwert in die Wagschale der euro-

---

[1]) Beilagen zu den stenographischen Berichten des Untersuchungsausschusses, 1. Unterausschuß Nr. 1, Zur Vorgeschichte des Weltkrieges, S. 12—23.

[2]) Brief an Lord Salisbury vom 22. November 1887.

päischen Entscheidung")[1] warf, als ich während der Balkankrise 1912/13 unsere Entschlossenheit aussprach, unserem Bundesgenossen bei der Verfolgung seiner legitimen Interessen zur Seite zu stehen[2]), ging es um dieses von Bismarck aufgestellte Prinzip. Eine Bedrohung der Unabhängigkeit Österreichs gefährdete unsere eigene Weltstellung und zwang uns unseren politischen Kurs auf.

Es wird nicht nachgewiesen werden können, daß die Wahrung der österreichischen Machtstellung für uns im Jahre 1914 von minderer Bedeutung gewesen wäre als zuvor. Die Anschauung, daß Österreich-Ungarn ein zum Sterben verdammter Staat, ja bereits eine Leiche sei, und daß es Deutschland als Pflicht der Selbsterhaltung betrachten müsse, sein Schicksal von dem seines alten Bundesgenossen zu trennen, ist zwar mehrfach vertreten worden, ließ aber die entscheidenden Momente außer acht. Die Abwendung von Österreich hätte uns keine neuen Freunde verschafft. Der Sassonowsche Wink: „Lâchez l'Autriche et nous lâcherons la France" hatte doch nur den Wert eines gelegentlichen Aperçus ohne die Möglichkeit politischer Konsequenzen. Österreich aber wäre in die Lage gekommen, neue Freunde zu wählen, es hätte bei den Westmächten offene Arme gefunden. Das angeblich sterbende Österreich würde sich als für die Zwecke der Einkreisungspolitik lebenskräftig genug erwiesen haben, und die Isolierung des Deutschen Reiches wäre vollendet gewesen. Für den Gedanken einer deutsch-russischen Aufteilung Österreich-Ungarns, der gelegentlich aufgetaucht ist, wäre nicht nur die öffentliche Meinung Deutschlands unzugänglich gewesen, er hätte auch realpolitisch die slawischen Probleme in einer für Deutschland unerträglichen und dauernd den Frieden mit Rußland ausschließenden Weise verschoben. Für Deutschland gab es keine

---

[1] Fürst von Bülow, Deutsche Politik, Seite 60.
[2] Rede im Reichstag vom 3. Dezember 1912.

Möglichkeiten von Optionen. Die Weltlage war starr geworden und hatte sich seit den beiden letzten Balkankrisen auf der allgemein unveränderten Basis nur insofern weiter entwickelt, als die deutschfeindliche Koalition nach dem Anschluß Englands an den russisch-französischen Zweibund in ihren Absprachen und Vorbereitungen eine diplomatisch und militärisch gebundene Konsistenz gewonnen hatte. Ein Rückzug aus unserer bisher, trotz ständigen Kriegsrisikos, festgehaltenen Position mit der Preisgabe Österreich-Ungarns hätte den kampflosen Abbau unserer eigenen Weltstellung bedeutet. Indem wir Österreich in der neuen Krise bundestreue Haltung zusicherten, nahmen wir ein deutsches Interesse wahr, das anerkannte Interesse der Erhaltung Österreich-Ungarns als bündnisfähiger Großmacht.

War die österreichische Großmachtstellung bedroht? Von 1902 bis 1908 konnte Österreich noch in der mazedonischen Frage als Partner Rußlands auf dem Balkan auftreten. Es war die Zeit des gemeinsamen mazedonischen Reformplanes von 1902, des Mürzsteger Programms von 1903, die Zeit, wo Rußland zunächst wegen seiner ostasiatischen Pläne das balkanische Feuer klein zu halten wünschte und mit der nicht besonders aktiven Balkanpolitik des Grafen Goluchowsky ein Auskommen suchte und fand. Obwohl Rußland freilich auch in diesen Jahren am Balkan nicht ganz stille saß, vermochte sich Österreich-Ungarn während der Periode Graf Lambsdorff-Graf Goluchowsky dort zu behaupten. 1908 setzte dann mit Iswolski und Ährenthal von beiden Seiten eine lebhafte Tätigkeit am Balkan ein, als Iswolski in Buchlau die Dardanellenfrage aufwarf und Ährenthal die Gelegenheit wahrnahm, um eine durch die politische Veränderung in der Türkei nötig gewordene Klärung der Stellung Österreichs in Bosnien herbeizuführen. Zuerst ist die österreichische Politik dank der fortdauernden militärischen Gebundenheit Rußlands in der

Vorhand. Die gemeinsame mazedonische Aktion nimmt ihr Ende, nachdem Baron von Ahrenthal im Januar 1908 den Bau der Sandschakbahn angekündigt hat. Dies Zeichen österreichischer Aktivität wird in Serbien sofort mit gewaltigem Lärm beantwortet. Herr von Iswolski aber verständigt sich in Reval mit den englischen Staatsmännern über ein mazedonisches Programm. Und als am 5. Oktober 1908 die Annexion von Bosnien und der Herzegowina ausgesprochen wird, tritt England offen gegen Österreich auf. Die Entente hat sich auch am Balkan gefunden. Sie ist jedoch in ihrer Stoßkraft noch durch mancherlei Rücksichten behindert. Iswolski läßt zwar den panslawistischen Chorus ungehemmt rasen, ist aber selber zu einer politischen Aktion nicht imstande. Die militärische Lage zwingt Rußland, kurz zu treten. England ist zwar nicht bereit, Iswolskis Wünsche in den Dardanellen zu befriedigen, bläst aber so stark ins Feuer, daß sogar von Paris zur Vorsicht gemahnt wird.

So endigt schließlich, da Österreich und Deutschland fest zusammenhalten, die Krise mit einem klaren diplomatischen Erfolge Österreichs und einer persönlichen Niederlage Iswolskis. Trotzdem wird die Bilanz durch die Ergebnisse der Krisis zuungunsten der Mittelmächte erheblich belastet. Der Balkan ist wieder Mittelpunkt der europäischen Aufmerksamkeit geworden. Es hat sich gezeigt, daß die Entente hier noch eine offene Front besitzt. Die Vorstellung, daß die Einkreisungspolitik an den harten Tatsachen gescheitert sei, erweist sich im weiteren Gang der Dinge als irrig. Die Entente setzt vielmehr einen neuen Hebel an, indem sie sich in steigendem Maße in das Nachbarverhältnis Serbiens zu Österreich einmischt. Die großserbischen Pläne finden an Rußland offenkundigen Rückhalt und damit bei den Westmächten jedenfalls keine klare Zurückweisung. Die südslawische Frage wird ein Gegenstand aktiver Ententepolitik. Einer der schärfsten Treiber war von jetzt ab Jswolski. Seine diplomatische Niederlage hatte ihn zum unbedingten Gegner Österreich-Ungarns gemacht und schließlich zu einem der Väter des Weltkrieges. Die von ihm berichtete Äußerung „c'est ma petite guerre" mag richtig oder falsch sein, jedenfalls stimmt sie genau zu seiner Pariser Berichterstattung in den entscheidenden Tagen, über die wir aus den bolschewistischen Veröffentlichungen Kenntnis erlangt haben.

Ich greife auf die Entwicklung des Verhältnisses zwischen Österreich und Serbien zurück. Das Jahr 1903, die Beseitigung der Obrenowitsch und die Erhöhung der Karageorgewitsch auf den serbischen Thron, bildet in dieser Entwicklung einen radikalen Einschnitt. Schon auf dem Wege nach Belgrad wird König Peter auf österreichischem Boden mit dem demonstrativen Ruf begrüßt: „Heil dem König von Kroatien!" Die fortschreitende Radikalisierung der südslawischen Bewegung wird an zahllosen Zeichen gemessen. Darüber besteht eine reichhaltige Literatur, die dartut, wie weit die Gefahr schon in der Zeit der Annexionskrise 1909 fortgeschritten ist. Die serbische Regierung bekannte sich zu einem Programm, dessen Durchführung die Zertrümmerung Österreichs bedeutete. In einer auf Veranlassung von Paschitsch verfaßten Denkschrift war schon 1904 als wesentlichster Programmpunkt der Propaganda formuliert: „Agitation in Bosnien behufs Anschlusses an Serbien. Diskreditierung der dortigen österreichisch-ungarischen Administration durch systematische publizistische Propaganda und Nährung der Unzufriedenheit der orthodoxen und mohammedanischen Bevölkerung Bosniens und der Herzegowina"[1]. Zu Neujahr 1909 verstieg sich der damalige serbische Minister des Auswärtigen, Milowanowitsch, in der Skupschtina zu der Äußerung: „Österreich muß aufhören, ein Balkanstaat zu

---

[1] Näheres bei Mandl, Österreich-Ungarn und Serbien, Seite 15 f.

sein." Der Führer der Ultrarikalen, Protitsch, ging noch weiter: „Zwischen uns und Österreich-Ungarn kann es nur dann Frieden und gute Nachbarschaft geben, wenn Österreich-Ungarn darauf verzichtet, eine Großmacht zu sein"[1]. Die nationalen Aspirationen der Serben beschränkten sich nicht auf Bosnien, sie griffen auch auf Kroatien und Dalmatien, selbst auf Krain über. Das Treiben der Serben wurde so wild, daß selbst der Pariser „Temps" von „unerträglichen" Provokationen sprach. Nur widerwillig fügte sich Serbien den Mächten, die damals zu den letzten Konsequenzen nicht entschlossen waren, indem es sich Österreich-Ungarn gegenüber verpflichtete (31. März 1909), „die Richtung seiner gegenwärtigen Politik gegen Österreich-Ungarn zu ändern und künftighin mit diesem letzteren auf dem Fuße freundnachbarlicher Beziehungen zu leben." In der tatsächlichen Haltung Serbiens aber änderte diese Erklärung nicht das mindeste, vielmehr gingen die Wühlereien in den slawischen Gebieten Österreich-Ungarns unvermindert fort.

Die Organe der großserbischen Propaganda sind, wie bekannt, vornehmlich in der Narodna Odbrana vereinigt gewesen, die im engsten Einvernehmen mit der serbischen Regierung und in Verbindung mit einem ganzen Netz von Vereinen und Vertrauten die Revolutionierung der österreichischen Südslawen mit allen Mitteln geheimer Organisation betrieb. Man arbeitete besonders in der Studentenschaft und an den Mittelschulen. Der Jugendbund der Omladina war schon älteren Ursprungs. Die Zentrale aller dieser Bestrebungen lag in Belgrad. Die serbische Regierung hat selbst zugegeben, daß sie seit 1903 alle Fäden der unitarischen Bewegung in Österreich-Ungarn in Händen hielt[2]. Der politische Mord wurde innerhalb dieser Organisationen als erlaubtes Mittel

---

[1] Zitiert bei Th. v. Sosnosky, Die Balkanpolitik Österreich-Ungarns, Bd. II, Seite 204 f.

[2] Mandl, Die Habsburger und die serbische Frage, S. 97, bringt die Belege.

246

im Kampfe um die serbische Einheit propagiert. Von 1910 ab folgten sich die Anfälle auf prominente und besonders verhaßte Persönlichkeiten mit kurzen Unterbrechungen[1]. Die Angreifer waren junge Fanatiker, die in unzweifelhafter Verbindung mit der Belgrader Zentrale standen. Es waren dieselben Kreise, aus denen die jungen Leute stammten, die 1914 mit serbischen Bomben die Mordtat an dem Erzherzog Franz Ferdinand vollbracht haben. Bemerkenswert ist, daß ein französischer Schriftsteller während des Krieges in einem Buche über Serbien folgendes mitteilt: „Herr Paschitsch versuchte heimlich den Ballplatz zu verständigen, daß sich der Erzherzog durch seine Reise nach Bosnien Gefahren aussetze. Am 21. Juni teilte der serbische Gesandte in Wien dem Ministerium in Wien mit, daß die serbische Regierung Grund zu glauben habe, daß sich ein Konflikt in Bosnien organisiert hätte. Der Kanzler legte auf diesen Wink keinen Wert." Vom Grafen Berchtold ist später festgestellt worden, daß der serbische Gesandte in Wien diese Demarche niemals ausgeführt hat, wobei natürlich offen bleibt, ob er einen Auftrag von Paschitsch erhalten und ignoriert hat[2]. Ob nun Paschitsch vorher von dem Serajewoer Attentat unterrichtet war oder nicht, jedenfalls hat er nach dem Morde bis zur Überreichung der österreichischen Note nichts getan, um Österreich eine Sühne zu bieten. Die serbische Presse erging sich in schlecht verhehltem Jubel über den Tod des österreichischen Thronfolgers.

Wie wenig die Entente gewillt war, Österreich seinen Erfolg aus der Annexionskrise in Ruhe genießen zu lassen, darüber haben uns die in den serbischen Staatsarchiven gefundenen Dokumente

---

[1] Eine Liste der Attentate auf die „Satrapen der Habsburger Herren" gibt u. a. Kossutsch, Die Südslawenfrage, S. 40f.

[2] Näheres berichtet hierüber Mandl, Die Habsburger und die serbische Frage, S. 150ff.

belehrt[1]). Aus allen Hauptstädten der Entente liegen Beweis-
stücke dafür vor, wie man mit den nun einmal durch die Umstände
gebotenen Mahnungen zur Ruhe die serbischen Emissäre zugleich
mit nicht mißzuverstehenden Tröstungen auf eine nahe Zukunft
nach Hause geschickt hat. Auch das ist bezeichnend, daß die serbischen Gesandten ganz unverblümt mit den Staatsmännern der
Entente von der Notwendigkeit nahen Krieges sprechen durften[2]).
England suchte schon unmittelbar nach der Annexionskrise eine
Verständigung zwischen Serbien und Bulgarien herbeizuführen[3]).
Iswolski aber betrachtete die Schaffung des Balkanbundes als
seine wichtigste Aufgabe. Der Wechsel im Petersburger Ministerium
des Äußern und die Übersiedlung Iswolskis in die Pariser Botschaft änderten in diesen Tendenzen nichts. Paris und Petersburg arbeiteten nur noch besser Hand in Hand, besonders von dem
Tage ab, wo Poincaré am Qual d'Orsay einzog. Um aus den
serbischen Akten ein Echo dieser schärferen französischen Stimmun-
gen wiederzugeben, sei ein Bericht aus London vom September
1911 erwähnt, nach dem Paul Cambon damals den großen Krieg
für 1914 oder 1915 in Aussicht stellte[4]). Daß Rußland im Herbst
1909 in Racconigi eine Verständigung mit Italien herbeiführte,
die den Italienern für ihre Zustimmung zur Öffnung der Dardanellen freie Hand für Tripolis gab, war im Gesamtgewebe der
russischen Diplomatie von Bedeutung. Der Charakter dieser
Entrevue wurde, wie erinnerlich, den Österreichern dadurch kennt-
lich gemacht, daß man den Zaren mit einem weiten Umweg unter
Vermeidung österreichischen Gebietes nach Racconigi fahren ließ.
Es dauerte noch zwei Jahre, bis Italien auf die ausgestellten

---

[1]) Weißbuch, betreffend die Verantwortlichkeit der Urheber am Kriege, Große
Ausgabe, Seite 73 ff. (Oktavausgabe S. 93 ff.)

[2]) Ebenda, S. 83 ff. (Oktavausgabe S. 103 ff.)

[3]) Ebenda, S. 97. (Oktavausgabe S. 115 f.)

[4]) Ebenda, S. 101. (Oktavausgabe S. 120.)

Wechsel zog. Das Faktum bleibt im Vergleich mit der Haltung der Entente zu dem österreichischen Ultimatum bemerkenswert, daß dieselben Mächte an der Eröffnung des Tripoliskrieges nach einem scharfen 24stündigen Ultimatum, das den Raubkrieg nicht verhüllte, keinen besonderen Anstoß nahmen. Im übrigen interessiert der Tripoliskrieg in diesem Zusammenhange nur insofern, als er das Vorspiel zu den Balkankriegen bildet, nach deren Abschluß die radikale Umgestaltung der Balkanlage zuungunsten Österreichs vollzogen war.

Die Geschichte des Balkanbundes läßt die wachsende Bedrohung Österreichs deutlich erkennen. Die russische Diplomatie hatte den Balkanbund ursprünglich als eine Vereinigung aller Balkanmächte mit Einschluß der Türkei in Front gegen Österreich gedacht. Die Entwicklung ging dann einen anderen Gang, und das erste Glied im Bunde, der serbisch-bulgarische Vertrag, war auf Aneignung türkischen Gebietes gerichtet. Er stellte aber auch die Verpflichtung Bulgariens fest, den Serben für den Fall eines österreichischen Angriffs oder eines Einmarsches in den Sandschak Novibazar mit 200 000 Mann zu Hilfe zu kommen. Die starke Defensivfront dieses Vertrages gegen Österreich sollte sich nach serbischer Ansicht in eine Offensivfront verwandeln, die Aufteilung der Türkei sollte nur die erste Etappe sein, der der Vormarsch gegen Österreich zu folgen hätte. Vor den Mittelmächten hat man dies Abkommen geheim zu halten versucht, und Herr Sassonow hat, als ihn der Staatssekretär von Kiderlen in Kenntnis der Vorgänge bei seinem damaligen Aufenthalt in Berlin auf den Vertrag ansprach, sein Herz nicht geöffnet. Der englische Gesandte in Sofia hatte von dem Abschluß sofort vertrauliche Mitteilung durch die Beteiligten erhalten. Und die französische Regierung ist von Anfang an in die Bündnisverhandlungen eingeweiht gewesen.

Im Herbst des Jahres 1912 hat Rußland auf Drängen Frankreichs in London von dem serbisch-bulgarischen Abkommen und seiner eigenen Mitwirkung amtlich Mitteilung gemacht. Es ist nicht bekannt, daß England irgendwelche Einwendungen gegen den Inhalt und Zweck dieser Abmachung erhoben hätte. Vielmehr hat sich gerade um diese Zeit jener Vorgang in Balmoral abgespielt, über den Sassonow an den Zaren mit den Worten berichtet: „Grey erklärte, ohne zu schwanken, daß, wenn die in Frage stehenden Umstände (d. h. der europäische Krieg) eingetreten sein würden, England alles daran setzen würde, um der deutschen Machtstellung den fühlbarsten Schlag zuzufügen." Und gleichzeitig fiel die Äußerung des Königs, die nach Sassonows Bericht in dem Satze ausklang: „We shall sink every single German merchant-ship we shall get hold of!"[1]). Betont zu werden verdient, daß England seine Kriegsteilnahme gegen Deutschland in Aussicht stellte ganz ohne Rücksicht darauf, durch wessen Schuld der Krieg entstehen würde. Welche erhebliche Bedeutung man in Frankreich für den Fall eines großen Zusammenstoßes einer Diversion der vereinigten Kräfte der Balkanstaaten gegen Österreich-Ungarn beimaß, ergibt sich aus einem Bericht Iswolskis vom 30. August (12. September) 1912, wonach Poincaré ihm mitteilte, daß die französischen Militärs die Chancen Rußlands und Frankreichs für diesen Fall u. a. mit Rücksicht auf jene Diversion „überaus optimistisch" beurteilten[2]). Die große Gefahr der Balkankombination, wie sie durch die Entente weitsichtig geschaffen worden war, ist damit ausgesprochen.

Als der Balkankrieg ausgebrochen ist, tritt Frankreich-Rußland sofort mit der Formel des désintéressement absolu auf den Plan, um jedes Eingreifen Österreichs abzuschneiden. Der Kern der

---

[1]) Weißbuch, betr. die Verantwortlichkeit usw., S. 175f. (Oktavausgabe S. 194f.)
[2]) Ebenda, S. 132. (Oktavausgabe S. 149.)

diplomatischen Kämpfe, die gleichzeitig mit der bewaffneten Auseinandersetzung der Balkanvölker von und zwischen den Großmächten geführt wurden, war ein doppelter: einmal war es Rußlands erfolgreiches Bemühen, im Hinblick auf seine eigenen Dardanellenpläne die siegreichen Balkanheere von Konstantinopel fernzuhalten; sodann ging es darum, Österreich und seinen Einfluß vom Balkan zu eliminieren. Dieser Tendenz setzte Österreich seinen Anspruch entgegen, „daß die legitimen Interessen der Monarchie durch eine Neuregelung der Dinge keinen Schaden erleiden dürften"[1]). Und es gelang immerhin noch einmal durch den Einsatz der deutschen Hilfe, in den adriatischen Küstenfragen die österreichischen Interessen einigermaßen zu wahren. Gegenüber den sonstigen Änderungen am Balkan war dies aber ein magerer Erfolg. Das von der Londoner Konferenz fixierte Ergebnis der Balkankriege war ein starkes Zurückdrängen des Einflusses der Mittelmächte am Balkan. Bei dem zweiten Balkankriege hatte sich, was noch erwähnt zu werden verdient, der Einfluß Rußlands in einer für die Bulgaren überraschenden Weise geltend gemacht; es war der russische, von Frankreich unterstützte Rat, der die Rumänen zum Vorgehen gegen die Bulgaren bestimmte. Petersburg wollte Serbien, den Vorposten gegen Österreich, nicht aus der Hand lassen und nach Möglichkeit verstärken. Serbien konnte, als es Albanien hatte fahren lassen müssen, nur auf Kosten Bulgariens und unter Druck auf Bulgarien befriedigt werden, unter Vorbehalt späterer Entschädigung Bulgariens, wenn der womöglich um Rumänien verstärkte Balkanbund gegen Österreich angesetzt wurde und Beute in den slawischen Teilen der zertrümmerten Monarchie fand. So war die russische Rechnung. Von dem russischen Gesandten Hartwig wird folgende Äußerung berichtet: „Wir brauchen ein starkes Serbien. Nach der Türkei

---

[1]) Exposé des Grafen Berchtold vom 5. November 1912.

kommt die österreichische Frage an die Reihe und Serbien wird
unser bestes Werkzeug sein. Ihr Bulgaren werdet Mazedonien
an dem Tage bekommen, an dem Serbien sein Bosnien und die
Herzegowina zurücknehmen wird"[1]. Der Friede von Bukarest
(10. August 1913) wurde von keiner Seite als endgültige Regelung,
sondern lediglich als ein vorübergehender Waffenstillstand aufgefaßt. Serbien, durch seine Erfolge angestachelt, hörte nur noch
auf die Stimme, die es auf den Weg der weiteren Ausdehnung
und Eroberung rief, und war der russischen Hilfe sicher, wenn es
den entscheidenden Vorstoß gegen Österreich unternehmen würde.

Was nun aber die Bedrohung Österreichs ungemessen verschärfte,
das war die alsbald sich mit Klarheit abzeichnende Tatsache, daß
die Balkankriege die Gewichte innerhalb der slawischen Welt nicht
nur jenseits der österreichischen Grenzen verschoben hatten. Durch
seinen siegreichen Aufstieg und durch die so unverhüllte Gönner-
schaft der Entente hatte Serbien auf die slawischen Völker der
Monarchie einen Einfluß gewonnen, der das staatliche Gefüge
ernstlich schädigen mußte. Die Idee des großserbischen Reiches
wurde greifbar, das „Piemont" am Balkan eilte seiner „historischen Bestimmung" entgegen. Die verstärkte nationale Schwung-
kraft des Serbentums wandte sich nunmehr vollbewußt dem
österreichisch-ungarischen Gebiet zu. „La première manche est
gagnée", sagte Paschitsch nach der Unterzeichnung des Bukarester
Friedens, „maintenant il faut préparer la seconde manche
contre l'Autriche"[2]. Gegenüber dem früheren serbischen Geschäftsträger in Berlin, Herrn Boghitschewitsch, hat sich Herr
Paschitsch um dieselbe Zeit ausdrücklich dazu bekannt, daß er es
schon im ersten Balkankriege hätte auf den europäischen Krieg

---

[1] Zitiert bei Th. v. Sosnosky, Die Balkanpolitik Österreich-Ungarns, Bd. II,
S. 358.

[2] Boghitschewitsch, Kriegsursachen, S. 65.

ankommen lassen können, um Bosnien und die Herzegowina zu erwerben. Er habe aber zunächst den Besitz Mazedoniens für Serbien sichern wollen, „um dann erst zur Erwerbung Bosniens und der Herzegowina schreiten zu können"[1]). Bei diesen Plänen der führenden serbischen Köpfe mußte sehr schnell der Augenblick eintreten, wo Österreich zu kämpfen hatte, wollte es nicht vor dem serbischen Nachbarn abbanken und die Auflösung als sein Schicksal hinnehmen. Trat Serbien vor der österreichischen Entschlossenheit den Rückzug an und konnte Österreich seine Position ohne Krieg wahren, um so besser. Einem Volke gegenüber, das den Appell an die Waffen als sein gutes Recht betrachtete und soeben zweimal ausgeführt hatte, durfte aber Österreich vor der Eventualität eines Krieges nicht zurückschrecken.

Nun ergibt sich aus dem am 5. Juli 1914 überreichten Promemoria, daß die österreichische Politik die Möglichkeit einer diplomatischen Wiederherstellung des österreichischen Einflusses am Balkan keineswegs außer Betracht gelassen hat. Ein Programm auf lange Sicht war entworfen worden, das erst durch das Ereignis von Serajewo modifiziert worden ist.

Mit dieser Mordtat mußte sich allerdings für die österreichischen Staatsmänner die Frage stellen, ob sie überhaupt Zeit haben würden, das großangelegte Balkanprogramm mit diplomatischen Mitteln durchzuführen, oder ob ihnen nicht die serbische Aktionslust ihr Konzept sofort zerreißen würde. Der schwerwiegende Entschluß, die Regelung der Balkanfragen im Sinne Österreich-Ungarns mit der Niederwerfung Serbiens zu beginnen, wurde also gefaßt unter dem Drange nicht in die Rechnung eingestellter Ereignisse. Ein so scharfer Schlag gegen die österreichisch-ungarische Autorität verlangte eine sofortige scharfe Erwiderung. In dieser Auffassung der Lage stimmten wir unserem Bundesgenossen zu.

---

[1]) Ebenda, S. 65.

Die Wahl der Mittel überließen wir ihm, ohne dabei den Krieg mit Serbien ausdrücklich auszuschließen.

Die Ermordung des österreichischen Thronfolgers war der Explosionspunkt der großserbischen Propaganda. Kein Zweifel kann sein, daß die Urheber des Attentates, wohin auch immer die äußere und die intellektuelle Verantwortung reichen mag, als seine Folge die Aufrollung der südslawischen Frage ins Auge gefaßt und gewollt haben. Wie auch Österreich-Ungarn sich zu diesem Morde stellen wollte, das Serbentum rechnete auf einen Gewinn für seine Sache. Ließ Österreich-Ungarn diese politische Mordtat ungesühnt, so erhob das Slawentum in der Monarchie nur noch kühner das Haupt und setzte seine Konspirationen mit den Serben des Königreiches um so ungenierter fort. Setzte Österreich sich aber zur Wehr, so rechneten die Serben mit der Entzündung des europäischen Krieges, bei dem sie selbst viel aufs Spiel setzten, aber auch viel zu gewinnen hoffen durften.

Wie sehr sich die serbischen Staatsmänner als die wahren Angreifer gefühlt haben, ergibt noch nachträglich eine Erklärung, die Paschitsch am 12. August 1915 in der serbischen Skupschtina abgegeben hat. Er sagte: „Wir haben im günstigsten Moment losgeschlagen, der für die Verwirklichung unserer Ideale überhaupt denkbar war." Wer könnte glaubwürdiger als der serbische Ministerpräsident bekunden, wie sehr Österreich von dem aggressiven Serbentum bedroht war, wie ausschließlich es in der Abwehr und in der Verteidigung stand?

Die Kraft zu seiner herausfordernden Haltung zog Serbien aber nicht allein aus seinen Idealen, sondern aus der Ermunterung und Unterstützung, die es in Rußland fand. Ein dokumentarisches Beispiel aus dem Jahre 1913! Der serbische Gesandte in Petersburg berichtet im April: „Wiederum sagte er (Sassonow) mir, daß wir für die künftige Zeit arbeiten müssen, wenn wir viel

Land von Österreich-Ungarn bekommen werden. Ich entgegnete ihm, daß wir Bitolla den Bulgaren schenken werden, wenn wir Bosnien und andere Länder bekommen werden"[1]). Man sieht, wie offen die Serben in Petersburg von ihren Aspirationen sprechen durften, die nicht nur auf Bosnien, sondern noch auf „andere Länder", Kroatien, Dalmatien, Krain gingen.

Von abschließender Bedeutung ist hier die Audienz, die Paschitsch am 2. Februar 1914 beim Zaren gehabt hat[2]). Deutlicher konnte, so lange noch Frieden war, kein Monarch zu einem Gesandten sprechen. Nach dieser Audienz wußte Paschitsch, daß Serbien nicht allein bleiben würde, wenn es marschierte. Die Schlußworte des Zaren waren ja ein feierliches Versprechen: „Für Serbien werden wir alles tun. Grüßen Sie den König und sagen Sie ihm: Für Serbien werden wir alles tun!" Sein volles Gewicht erhält dieser Vorgang, wenn man in Betracht zieht, daß mit Anfang des Jahres 1914 in Petersburg die Erwägungen über die große Dardanellenaktion begonnen haben, die nach Sassonows Worten „nicht außerhalb eines europäischen Krieges" unternommen werden könnte, „wobei Serbien seine ganze Macht gegen Österreich werfen" müßte, daß am 21. Februar die Pläne für die „Besitzergreifung der Meerengen in nicht ferner Zukunft" erörtert wurden, daß es nach dem Sassonowschen Immediatbericht über diese Beratungen „Aufgabe der zielbewußten Arbeit des Ministeriums des Äußeren" bildete, einen „günstigen politischen Boden" für die Meerengenaktion vorzubereiten[3]). Den serbischen Drang zur Vereinigung aller Stämme serbischer Sprache gegen Österreich anzufeuern, war die wichtigste vorbereitende Aufgabe

---

[1]) Deutsches Weißbuch, betr. die Verantwortlichkeit usw., S. 110. (Oktavausgabe S. 127).

[2]) Ebenda, S. 114ff. (Oktavausgabe S. 130 ff.)

[3]) Ebenda, S. 152ff. (Oktavausgabe S. 173 ff.)

der zielbewußten russischen Politik. Es war die Vorbereitung auf den Weltkrieg, dessen die russischen Machthaber zu bedürfen glaubten, um Herren der Dardanellen zu werden. Dies war die Situation, in die am 28. Juni 1914 die Katastrophe von Serajewo fiel. Die Existenzfrage war gestellt, Österreich gezwungen, sie zu beantworten. Damit war auch Deutschland vor unausweichliche Entscheidungen gestellt.

Dem Überblick über die große, lebenbedrohende Gefahr, die sich für Österreich an der serbischen Grenze entwickelt und nun plötzlich in ihrer ganzen Furchtbarkeit aufgerichtet hatte, lasse ich noch wenige Worte über die zu ihrer Bekämpfung gewählten Mittel folgen. Die absolute Treulosigkeit der serbischen Politiker war in Wien bekannt. Mit milden Mitteln war nichts mehr zu erreichen. Versprechungen wären mit dem Willen gegeben worden, sie bei der ersten guten Gelegenheit zu brechen. Ließ sich Österreich auf diese oft geübte serbische Taktik ein, so war die moralische Auflösung des österreichisch-ungarischen Staates vollzogen. Der letzte mögliche Augenblick war da, um die österreichische Autorität bei der südslawischen Welt wieder herzustellen. Sollte er nicht unwiederbringlich verloren gehen, so mußte fest und schnell zugegriffen werden. Der Krieg mit Serbien war damit möglich und wahrscheinlich. Wir haben ihn in unseren Instruktionen nicht ausgeschlossen, aber ihn weder gefordert, noch dazu getrieben. Geraten haben wir aber zu schnellem Vorgehen, weil damit am ehesten Weltkomplikationen vermeidbar schienen. Nur indem wir den Österreichern bei der Wahl der Mittel freie Hand ließen, behielten wir die Möglichkeit, zur Verhütung des Auswachsens des Streitfalles zu einem europäischen Konflikt vermittelnd einzugreifen.

Die Politik der Lokalisierung, so stark sie später verurteilt worden ist, und so skeptisch und ironisch sie auch schon, während wir sie betrieben, von einer Reihe fremder Staatsmänner und auch von einem deutschen Botschafter beurteilt wurde, war doch nicht von vornherein aussichtslos. Sollte diese Politik möglich bleiben, so mußten wir für Vermittelungsaktionen die Hände frei behalten. Wir hätten uns die Hände gebunden, wenn wir das österreichische Vorgehen gegen Serbien in allen Einzelheiten mitbestimmt und genau kontrolliert hätten. Dabei darf weiterhin nicht übersehen werden, daß es sich zunächst um eine Lebensfrage unseres Bundesgenossen handelte. Über die Wege und Mittel des Prozedierens mußte diejenige Macht entscheiden, um deren Lebensinteresse es sich drehte. Der Großmacht Österreich konnten wir die Verantwortung für ihre Entscheidungen nicht abnehmen.

Die Entfesselung des europäischen Konfliktes war von dieser Politik weder bezweckt noch ihre notwendige Folge. Im Gegenteil. Dem Weltfrieden war gedient, er war für lange Zeit gesichert, wenn es gelang, die großserbischen Umtriebe zur Ruhe zu bringen. Der europäische Konflikt ist erst aus dem Kriegswillen Rußlands hervorgegangen, der die Situation maßgebend hatte schaffen helfen, den Anlaß begierig ergriff, von Frankreich begünstigt und von England nicht gezügelt wurde.

Der Ausschnitt aus dem Bild der Weltlage, der in den vorstehenden Ausführungen gezeichnet worden ist, stand zu der Zeit, als wir unsere Entschlüsse zu fassen hatten, noch nicht in jedem Detail mit so deutlich vor Augen wie heute. Unsere Kenntnis der russischen Pläne war nicht auf so beweiskräftigen dokumentarischen Unterlagen begründet, wie sie die späteren Veröffentlichungen aus den russischen Archiven geboten haben. Wohl kannten wir die russischen Treibereien am Balkan recht genau aus Geheimberichten. Auch die Verhandlungen Rußlands mit England über eine Marinekonvention, die den immer enger werdenden Zusammenschluß der Entente besonders grell beleuchteten, waren zu unserer Kenntnis gekommen. Was uns fehlte, war die Kenntnis, daß die militärisch-politischen Pläne Rußlands im Frühjahr 1914 sich bereits zu so weitgehenden akuten Erwägungen über die gewaltsame Eröffnung der Dardanellen unter Herbeiführung eines europäischen Krieges verdichtet hatten. Alle nachträglich hinzugekommene Kenntnis vervollständigt jedoch nur das Bild, das in großen Zügen aus den uns bekannt gewordenen Tatsachen konstruiert werden mußte. Das Bild einer immer gefahrvoller sich entwickelnden europäischen Lage, die uns das feste Zusammenhalten mit unserem Bundesgenossen zur Pflicht machte, wollten wir in den offenbar drohenden Stürmen nicht völlig vereinsamt stehen.

Auch wenn unsere in allem Wesentlichen zutreffende Beurteilung der Gesamtlage in Einzelheiten noch ergänzt gewesen wäre, die Tragweite der im Juli zu fassenden Entscheidungen wäre doch immer dieselbe geblieben. Nur um so klarer hätte sich dann der Zwang der Lage enthüllt, unter dem wir standen. Auch dann war zu entscheiden, ob der Versuch gemacht werden sollte, die Position der Mittelmächte durch Abwehr eines in den Anfängen möglicherweise noch aufzuhaltenden Vorstoßes zu wahren, oder ob es dazu bereits zu spät war und wir uns darein finden mußten, den Zerfall Österreichs und damit die Verkleinerung unserer eigenen Stellung hinzunehmen.

Der Pazifismus von 1920 und große Teile der Volksmeinung, die den unglücklichen Ausgang des Krieges vor Augen hat, stimmen dahin überein, daß eine Politik, die das Risiko des europäischen Krieges einschloß, auf jeden Fall vermieden werden mußte. Verkannt wird dabei, daß eine Verzichtspolitik der Mittelmächte die kriegerischen Tendenzen auf der Gegenseite keineswegs beseitigt hätte. Wenn Österreich, weil die deutsche Hilfe versagte, vor Serbien zurückwich, so war damit zwar der österreichisch-serbische Krieg für den Augenblick vermieden, die Gesamtlage Europas aber nicht um ein Haar friedlicher, sondern für Deutschland nur noch unendlich gefährlicher ge-

258

worden. Welche Rezepte hatte der Pazifismus für diese Situation? Keins jedenfalls, dessen Ausführung nicht auf Kosten der deutschen Weltstellung ging. Wenn es aus den Kreisen des deutschen Pazifismus jetzt so dargestellt wird, als bezeichne der 5. Juli die Grenze zweier Epochen, vor diesem Termin Gedankensünden, nach ihm Tatsünden, und als fielen der Entente lediglich Gedankensünden, den Mittelmächten aber die Tatsünden zur Last, so liegt der flagrante Widerspruch dieser Geschichtskonstruktion zu den historischen Tatsachen auf der Hand. Es sind klar nachweisbare Taten, mit denen die Entente die Weltlage von 1914 geschaffen hat. Pazifistischen Idealen hat die Entente nicht gehuldigt. Alle unsere Gegner im Kriege haben den Krieg als legitimes Mittel betrachtet und angewandt während einer Zeit, in der Deutschland sich völlig friedlich verhalten hat. Amerika hat den spanischen Krieg, England den Transvaalkrieg, Rußland den japanischen Krieg, Frankreich zahllose Kolonialkriege, Italien den Tripoliskrieg geführt. Vor keinem dieser Kriege ist den Großmächten Gelegenheit gegeben worden, ausgleichend einzugreifen, in keinem dieser Fälle ist erlaubt worden, den Streit vor das Forum der Großmächte zu ziehen; niemand hat es auch nur versucht, weil man genau wußte, daß England, Amerika, Rußland, Italien derartige Versuche abgelehnt haben würden. Keine dieser Großmächte hat sich durch pazifistische Lehrmeinungen daran hindern lassen, mit den Waffen durchzusetzen, was ihnen gutes Recht oder Gebot des Interesses schien. Auch 1914 war der Krieg als legitimes Mittel staatlicher Selbstbehauptung noch nicht ausgeschaltet. Daß der Krieg gegen Serbien zur Lösung des österreichisch-serbischen Streitfalles in Betracht gezogen worden ist, mag also vielleicht von den Anhängern des Pazifismus theoretisch verurteilt, nicht aber unter Verleugnung ihrer eigenen Geschichte von denjenigen Regierungen als Frevel gebrandmarkt werden, deren Staatsmänner den Friedensvertrag von Versailles unterzeichnet haben.

2. Denkschrift des Reichskanzlers über den Ubootkrieg vom 29. Februar 1916.

Berlin, 29. Februar 1916.

Die Ankündigung des Ubootkrieges in den Formen, in denen ihn der Admiralstab durchführen will, d. h. in der ohne Warnung erfolgenden unterschiedslosen Torpedierung von Frachtdampfern und Passagierdampfern, unter neutraler wie unter feindlicher Flagge, würde als sichere Folge das Eintreten der Vereinigten Staaten in den Krieg an der Seite unserer Gegner haben.

An diesem Ergebnis würden auch etwaige Einschränkungen zugunsten des regelmäßigen amerikanischen Schiffsverkehrs nichts ändern. Sie können günstigstenfalls die Wirkung haben, die Entschließung der Vereinigten Staaten etwas hinauszuziehen. Andererseits erwartet die Marine als Folge ihres Vorgehens das Ausscheiden Englands als Kriegsgegner in einer Frist von etwa 6 bis 8 Monaten. Die Oberste Heeresleitung hat ihren Standpunkt dahin präzisiert, daß, da die Widerstandskraft Österreich-Ungarns kaum über das Jahr 1916 hinausreichen werde, jedes verfügbare Mittel angewandt werden müsse, um den Krieg vorher zu beenden.

Vorausgesetzt, daß diese Prämisse richtig ist, ergibt sich für die Entscheidung, ob die rücksichtslose Führung des Ubootkrieges aufzunehmen ist, die Prüfung folgender Fragen:

1. Besteht die Sicherheit, daß der neue Ubootkrieg in dem angegebenen Zeitraume eine Verringerung des Raumgehaltes der verfügbaren englischen Handelsflotte um annähernd 4 000 000 t, wie Admiral v. Holtzendorff das erwartet, herbeiführen wird?

Beilagen zu den stenographischen Berichten des Untersuchungsausschusses 2. Unterausschuß, Nr. 3, Teil IV, Zur Vorgeschichte der Erklärung des uneingeschränkten Ubootkrieges. S. 149—157.

2. Ift mit Sicherheit anzunehmen, daß die erhoffte Schädigung der englischen Handelsflotte England zum Frieden zwingen wird?

3. Welche Folgen wird das zu erwartende Eintreten der Neutralen, insbesondere Amerikas, in den Krieg haben?

I.

Wieviel Schiffe durch den geplanten Ubootkrieg versenkt werden können, hat der Marinefachmann zu beantworten. Indessen weist schon der Unterschied in der Schätzung der monatlich zu vernichtenden Tonnage, die vom Admiral v. Holtzendorff auf 630 000 t bewertet wird, während Großadmiral v. Tirpitz eine entschieden geringere, ziffernmäßig jedoch nicht genau greifbare Zahl angibt, darauf hin, daß die Grundlagen dieser Schätzung unsicher sind. Sie beruhen auf einer arithmetischen Übertragung der bisherigen Ergebnisse des Ubootkrieges und des Minenkrieges in der Nordsee und dem Mittelmeer auf den neuen Ubootkrieg.

Unberücksichtigt bei dieser Schätzung sind geblieben:

1. Die Wirkung neuer Abwehrmittel gegen die Uboote, die sich England, wenn es um seine Existenz geht, im Verlaufe eines halben Jahres zweifellos beschaffen kann und beschaffen wird.

2. Der Zuwachs an neu erbauten Schiffen, der im Jahre 1915 etwa 650 000 t betragen hat.

3. Der Rückgriff auf die in neutralen Häfen liegende deutsche Handelstonnage, die für England frei wird, wenn Amerika mit uns bricht. An solchem Schiffsfrachtraum liegen in den Vereinigten Staaten, in Norwegen, Holland, Portugal, Italien, Griechenland, Afrika, Asien und in den Häfen der Südsee etwa 1,7 Millionen Tonnen. Trotz aller entgegenstehenden Schwierigkeiten werden unsere Gegner jedenfalls einen Teil dieser Tonnage während des Zeitraumes von einem halben Jahr sich dienstbar machen können.

Hiernach ist zweifellos, daß, selbst wenn innerhalb von 6 Monaten 4 Millionen Tonnen versenkt werden sollten, der für England verfügbare Schiffsraum nicht um diesen, sondern um einen wesentlich geringeren Betrag vermindert werden wird.

Die gesamte Berechnung der zu erzielenden Verminderung des englischen Schiffsraumes beruht somit auf schwankender Grundlage. Noch unsicherer ist die Bewertung der Wirkung, welche diese Verminderung auf die Kriegsentschlossenheit und Kriegsfähigkeit Englands haben wird.

II.

Bestimmte Zahlen über die England zur Zeit zur Verfügung stehende Handelstonnage liegen nicht vor. Treffen die jüngsten Erklärungen des Herrn Runciman im Unterhause zu — und sie bestätigen im wesentlichen auch anderwärts vorliegende Schätzungen —, so ist sie um ein Drittel zurückgegangen und hat England zur Zeit für die Bedürfnisse seines Handelsverkehrs noch 13 bis 14 Millionen Tonnen verfügbar, wovon 9 Millionen englische Schiffe, 4 bis 5 Millionen neutrale Schiffe wären. Wahrscheinlich ist die Zahl höher, da dieser Rechnung nur die englische Tonnage bei Ausbruch des Krieges zugrunde gelegt ist. Daß diese Tonnage bis zum Herbst um 4 Millionen vermindert werden könne, ist nach den Ausführungen zu I nicht wahrscheinlich, geschweige denn sicher. Aber selbst, wenn sie es könnte, ist es lediglich eine Vermutung, daß diese Verminderung ausreichen würde, um England zum Frieden zu zwingen.

Durch die Steigerung der Frachtraten und die Erschwerung des Exportes ist England in erhebliche wirtschaftliche Schwierigkeiten geraten. Die Knappheit an Schiffsraum hat viel dazu beigetragen, aber die alleinige Ursache ist sie nicht. Mangelnde Organisation sowie Schwierigkeiten in den Hafen- und Arbeiterverhältnissen haben mitgewirkt. Wird durch den geplanten Ubootkrieg der Schiffsraum weiter vermindert, so werden Englands Nöte wachsen. Bevor England aber kapituliert — und darum handelt es sich — wird es alle Hebel ansetzen, um seiner Nöte Herr zu werden. Vermögen schon bessere Dispositionen über den verfügbaren Schiffsraum, Beschränkungen der Einfuhr auf die für die Volksernährung sowie die Fortsetzung des Krieges unbedingt erforderlichen Waren bis zu einem gewissen Grade Abhilfe zu schaffen, so hat die englische Regierung in der freiwilligen oder erzwungenen Aufgabe des Saloniki-Unternehmens ein Mittel, um seinem Handelsverkehr wieder so viel Tonnage zuzuführen, daß der durch den Ubootkrieg entstehende Verlust zu einem guten Teil ausgeglichen wird.

Eine gänzliche Absperrung Englands ist bei der beschränkten Zahl unserer Uboote und ihrer Aktionsunfähigkeit bei Nacht ausgeschlossen. Sei es mit, sei es ohne Convoi wird England eine gewisse Anzahl von Schiffen durch unsere weitmaschige Ubootsperre und auch durch die Minensperre unter allen Umständen, eventuell über Frankreich, durchbringen können. Selbst wenn man die Getreide-reserven außer Betracht läßt, über die die englische Regierung verfügt, genügen bei einer durchaus erträglichen Einschränkung des Verbrauches 4 bis 5 Schiffe mittlerer Größe täglich, um die Versorgung Englands mit Brotgetreide zu sichern.

Faßt man alles zusammen, so wird die zu erwartende Verminderung des Schiffsraumes England zwar schädigen, aber ihm nicht bis zum Herbst die Fortsetzung des Krieges unmöglich machen und es damit zum Frieden zwingen. Denn davor darf man die Augen nicht verschließen: Wird der Ubootkrieg in der geplanten Weise angekündigt und geführt und tritt infolgedessen Amerika in das Lager unserer Feinde, so kommt ein durch solchen Ubootkrieg erzwungenes Friedensangebot Englands dem öffentlichen Eingeständnis gleich, daß die Seeherrschaft Albions durch Deutschlands Seemacht vernichtet worden ist. Ehe sich England zu einem solchen Eingeständnis entschließt, opfert es den letzten Mann und letzten Groschen. Steht die Sache aber so, dann müssen gegen die Schädigungen, die England durch den Ubootkrieg zugefügt werden, diejenigen Schädigungen abgewogen werden, die wir selbst durch den Bruch mit Amerika erleiden.

III.

Daß der Bruch mit Amerika eintritt, wenn wir den Ubootkrieg in der geplanten Weise ankündigen und führen, ist nach der Haltung, die die Union bisher eingenommen hat, und die sie jetzt in der Frage der bewaffneten Handelsschiffe einnimmt, unzweifelhaft. Verhandlungen mit Amerika über die Modalitäten des von uns zu führenden Ubootkrieges sind ausgeschlossen, weil sie, wenn überhaupt, erst nach Monaten zum Ziel führen würden. Die gegen unsere Ankündigung von Amerika zu erwartenden Proteste müßten wir zurückweisen. Mit dieser Zurückweisung ist der Bruch da.

Der Bruch mit Amerika wird die nachstehenden Folgen haben:

1. Die Sache unserer Feinde erhält durch den offenen Übertritt Amerikas in ihr Lager eine neue ungeheure moralische Unterstützung. Die Zuversicht in die siegreiche Durchführung des Krieges wird neu belebt, der Wille zum Durchhalten gekräftigt. Die offensichtlich vorhandenen starken Unstimmigkeiten innerhalb der Entente verschwinden mit einem Schlage, die schon jetzt für die Haltung Frankreichs und Rußlands ausschlaggebenden Hoffnungen auf den Erschöpfungskrieg werden nahezu zur Gewißheit erhoben, wenn sich die einzige noch neutrale Weltmacht ihnen anschließt.

2. Der Unwille der neutralen Staaten gegen die englische Willkür ist in dauerndem Wachsen, wird aber mit dem Augenblick zu Schanden, in dem England, des amerikanischen Beistandes sicher, seinen Vergewaltigungen keine Zügel mehr anzulegen braucht.

264

3. Zu den ernstesten Bedenken gibt der Eindruck Anlaß, den der Eintritt der Vereinigten Staaten in den Krieg bei unseren Bundesgenossen machen würde. Baron Burian hat wiederholt betont, wir möchten es durch die Art der Führung des Ubootkrieges im Mittelmeer nicht zum Bruche mit Amerika treiben. Jetzt hatte er sogar dazu geraten, den Krieg gegen die bewaffneten feindlichen Handelsschiffe auf den Einspruch Amerikas aufzuschieben. Können wir dem Wiener Kabinett nicht die sichere Überzeugung von der bevorstehenden Niederzwingung Englands beibringen, so ist damit zu rechnen, daß es gegen die Wiederaufnahme eines den Bruch mit Amerika herbeiführenden Ubootkrieges, die wir ihm aus Loyalitätsgründen vorher mitteilen müßten, Einspruch erheben wird. Zum mindesten wird die Kriegsentschlossenheit Österreichs, das nach der Niederwerfung Serbiens und Montenegros saturiert zu werden beginnt und in dem starke anglophile Neigungen auch heute noch fortbestehen, durch den Bruch mit Amerika nicht erhöht werden.

Auch der türkische Botschafter hat bereits seine ernsten Besorgnisse über die möglichen Folgen eines Bruches mit den Vereinigten Staaten zum Ausdruck gebracht.

Diese Bedenken gelten naturgemäß auch für Bulgarien.

Schon die moralischen Wirkungen des Bruches mit Amerika auf unsere Bundesgenossen, die Neutralen und unsere Gegner dürfen nicht unterschätzt werden. Je länger der Krieg dauert, um so mehr bewahrheitet es sich, daß den Krieg gewinnt, wer die besten Nerven behält. Die Geschichte lehrt, daß in Koalitionskriegen, die in entscheidenden militärischen Schlägen nicht beendet werden können, Unstimmigkeiten unter den Alliierten das Ende herbeizuführen pflegen. Diese Unstimmigkeiten zu beseitigen, wenn man des Erfolges nicht sicher ist, bleibt ein gefährliches Wagnis.

Auch die Stimmung in Deutschland darf nicht lediglich nach den Artikeln der alldeutschen Presse beurteilt werden. Die Überzahl unserer Feinde hat uns bisher daran gehindert, den Krieg siegreich zu beenden. Man wird fragen, ob es sich denn nicht habe umgehen lassen, die Zahl unserer Feinde noch zu vermehren, und das Eintreten Amerikas in den Krieg wird in weiten Kreisen des deutschen Volkes niederschlagend und entmutigend wirken.

Materiell hat der Bruch mit Amerika folgende Konsequenzen:

1. Die bisherigen Versuche der Entente, von Amerika Geld zu bekommen, haben nur ein bescheidenes Ergebnis gehabt. Bricht Amerika mit uns, so wird es von seinem Prestige und seinen materiellen Interessen dazu getrieben, alles aufzuwenden, damit der Krieg schnell zugunsten der Entente beendet werde. Alle seine finanziellen Ressourcen werden der Entente zur Verfügung stehen, und England wird die Folgen seiner finanziellen Abhängigkeit von den Vereinigten Staaten, die sowieso schon jetzt vorliegt, gern in Kauf nehmen, wenn es nur gelingt, die gesamte angelsächsische Welt in Waffenbrüderschaft gegen uns zu vereinigen, um uns niederzuringen. Mögen auch die Finanzen allein den Krieg nicht entscheiden, so bedeutet doch die amerikanische Geldhilfe eine sehr wesentliche Stärkung der Kriegsrüstung unserer Gegner.

Die oft vorgebrachte Behauptung, die finanzielle Hilfe Amerikas werde England nichts nützen, wenn England durch den Ubootkrieg von der Außenwelt abgeschnitten sei und infolgedessen von dem amerikanischen Geld keinen Gebrauch machen könne, beruht auf der Voraussetzung, daß England durch den Ubootkrieg wie durch einen eisernen Vorhang von der Außenwelt abgetrennt werde. Diese Voraussetzung ist unzutreffend, wird auch vom Admiralstab nicht erwartet.

2. Die Versorgung Belgiens und Nordfrankreichs mit amerikanischem Getreide hört auf. Die schwebenden Verhandlungen über die Versorgung Polens werden unterbrochen. Der Generalgouverneur von Belgien hat zwar erklärt, falls die neue Ernte nicht versage, mit

266

eigenen Vorräten zur Not bis zum 1. Januar 1917 auskommen zu können. Danach ist dieser Punkt nicht ausschlaggebend. Immerhin nimmt die Unsicherheit der Zustände hinter unserer Front zu, wenn die Belgier hungern müssen.

3. Amerikanische Waffenhilfe wird militärisch gering eingeschätzt; es kann aber kaum zweifelhaft sein, daß das Eingreifen der Vereinigten Staaten in diesen Krieg unseren Gegnern weiteres Kriegsmaterial zuführen würde, insbesondere solches, bezüglich dessen die Vereinigten Staaten sich bis jetzt wenigstens formell, aus völkerrechtlichen Gründen, Beschränkungen auferlegt haben, so bezüglich der direkten Lieferung von Ubooten. Auch wird kein Kenner amerikanischer Verhältnisse darüber im Zweifel sein, daß der nach englischem Vorbild entwickelte amerikanische Sportsinn unseren Gegnern Freiwilligenkontingente zuführen dürfte, die nach einigen Hunderttausenden zu beziffern, kaum gewagt erscheint.

4. (Folgen Ausführungen über europäische Neutrale.)

Die lauernde und schwankende Haltung Rumäniens wird durch den Bruch mit Amerika in ententefreundlichem Sinne beeinflußt werden. Es will sich dem Sieger anschließen. Wie der König selbst sagt, glaubt Bratianu, daß wir der Erschöpfung erliegen müssen. Sieht Rumänien, daß sich mehr oder weniger alle von uns abwenden, daß der Ring der Absperrung sich immer enger schließt, so wird es uns zweifellos verloren geben und dementsprechend handeln.

Als die mit Sicherheit zu erwartenden Folgen eines den Bruch mit Amerika herbeiführenden Ubootkrieges ergeben sich somit eine Koalition fast aller in Betracht kommenden neutralen Staaten gegen uns, die militärische Bedrohung des Reiches von Holland und Dänemark aus, erhebliche Verschärfung unserer wirtschaftlichen Schwierigkeiten; auf der anderen Seite eine schwer ins Gewicht fallende Stärkung der militärischen, wirtschaftlichen und finanziellen Hilfsmittel unserer Gegner. Die Frage, ob wir imstande sein würden, den Krieg auch noch unter diesen erschwerenden Umständen zu einem siegreichen Ende durchzuführen, muß vernünftiger Überlegung nach verneint werden. Dazu kommt, daß wir nicht allein stehen und daß wir auf ein gleiches Maß von Widerstandskraft, wie wir es im Falle der äußersten Not schließlich doch noch aufwenden würden, bei unseren Bundesgenossen nicht rechnen können.

So erhebt sich die Frage, ob unsere Lage eine so verzweifelte ist, daß wir gezwungen sind, ein Vabanquespiel zu spielen, dessen Einsatz unsere Existenz als Großmacht und unsere ganze nationale Zukunft sein würden, während die Gewinnchancen, d. h. die Aussicht, England bis zum Herbst niederzuzwingen, sehr unsicher sind. Die Frage ist unbedingt zu verneinen.

Die Oberste Heeresleitung stellt die Möglichkeit in Abrede, den Krieg durch vernichtende Schläge auf dem Lande zu Ende zu bringen. Sie hält eine Beendigung des Krieges überhaupt nur für möglich, nachdem England oder wir selbst zu Boden geworfen worden sind. Kein Mensch kann mit zwingender Gewißheit behaupten, daß diese Ansicht irrig sei. Sie hat sogar die Erklärungen von Mr. Asquith und Herrn Sassonow für sich. Ebensowenig aber kann mit Sicherheit die Möglichkeit bestritten werden, den Krieg auch ohne rücksichtslosen Ubootkrieg im Laufe des Jahres 1916 zu beendigen. Es ist durchaus denkbar, daß unsere militärischen Erfolge im Westen ein Mißlingen der großen angesagten feindlichen Frühjahrsoffensive, die steigenden finanziellen Nöte der Entente und die Aussichtslosigkeit, uns im laufenden Jahre auszuhungern, in England die Erkenntnis davon, daß die Fortsetzung des Krieges auch vom Standpunkt der englischen Interessen aus ein schlechtes Geschäft ist, so steigern, daß England einlenkt, ohne den Krieg bis zu unserer Erschöpfung fortzusetzen. Alle diese Möglichkeiten schneiden wir uns ab, wenn wir durch den rücksichtslosen Ubootkrieg Amerika und mit Amerika noch andere Neutrale in den Krieg mit uns treiben. Erst dann entsteht

268

ein Zustand, und zwar sind wir es selbst, die ihn schaffen, bei dem der Krieg bis zum allerbittersten Ende unter allen Umständen durchgekämpft werden muß. Unsere Aufgabe ist es deshalb, den Ubootskrieg in Formen zu führen, die den Bruch mit Amerika vermeiden lassen. Dann können wir allen Schaden, den wir dadurch England zufügen, als reinen Gewinn buchen. Daß dieser Schaden nicht unbeträchtlich ist, zeigen die Erfolge des seit dem Sommer 1915 geführten abgeschwächten Ubootkrieges. Die erhöhte Zahl der jetzt verfügbaren Uboote wird die Erfolge vervielfachen.

IV.

Wir können den Bruch mit Amerika mit aller Wahrscheinlichkeit vermeiden, wenn wir den Ubootkrieg, soweit amerikanische Interessen in Betracht kommen, in den Grenzen des Völkerrechts und der hierüber der amerikanischen Regierung gegebenen Zusicherungen führen. Danach sind für die Verwendung der Unterseeboote vier Möglichkeiten gegeben, nämlich:

1. der Kreuzerkrieg gegen feindliche und neutrale Kauffahrteischiffe in allen Meeren;

2. der Minenkrieg an den feindlichen Küsten;

3. der rücksichtslose Ubootkrieg gegen bewaffnete feindliche Schiffe in allen Meeren;

4. der rücksichtslose Ubootkrieg gegen unbewaffnete feindliche Frachtschiffe im Seekriegsgebiet um Großbritannien und Irland.

Zu 1: Der Kreuzerkrieg richtet sich gegen feindliche Kauffahrteischiffe im allgemeinen und gegen neutrale Kauffahrteischiffe mit Bannware. Er setzt voraus, daß die Schiffe, soweit sie nicht fliehen oder Widerstand leisten, nicht ohne Warnung und Rettung der Menschenleben zerstört werden. Auch können neutrale Schiffe nur unter den Voraussetzungen der Artikel 49, 50 der Londoner Seekriegsrechtserklärung versenkt werden, d. h. nur dann, wenn das Schiff wenigstens zur Hälfte mit Bannware beladen ist und seine Einbringung das Unterseeboot einer Gefahr aussetzen oder den Erfolg seiner Operationen beeinträchtigen könnte.

Zu 2: In der Legung von Minen vor feindlichen Küsten läßt das Haager Minenabkommen vom 18. Oktober 1907 unseren Unterseebooten tatsächlich freie Hand. Der Artikel 2, wonach Minen zum Zwecke der Handelssperre nicht gelegt werden dürfen, ist von mehreren Großmächten, darunter von Deutschland und Frankreich, abgelehnt worden.

Zu 3: Der Krieg gegen bewaffnete feindliche Schiffe, die nach der deutschen Denkschrift vom 8. Februar 1916 völkerrechtlich als Kriegführende zu behandeln sind, verpflichtet im Gegensatz zum Kreuzerkrieg unsere Unterseeboote weder zur Warnung noch zur Vorsorge für die Rettung der Menschenleben.

Zu 4: Der Krieg gegen unbewaffnete feindliche Frachtschiffe in dem durch die Bekanntmachung des Admiralstabes vom 4. Februar 1915 bezeichneten Seekriegsgebiete rechtfertigt sich als Vergeltungsmaßnahme gegen die Aushungerungspolitik Englands. Dagegen würde eine entsprechende Behandlung unbewaffneter feindlicher Frachtschiffe außerhalb des Seekriegsgebietes, insbesondere im Mittelmeer, unzulässig sein, weil hier sowohl Deutschland wie Österreich-Ungarn entgegenstehende Zusicherungen abgegeben haben.

Ein Ubootkrieg innerhalb der vorstehend dargelegten Grenzen würde von Deutschland voraussichtlich ohne Bruch mit Amerika durchgeführt werden können, wenngleich nachstehende Bedenken nicht ausgeräumt sind.

A. Nach den letzten Erklärungen der amerikanischen Regierung erscheint es zweifelhaft, ob sie sich während des Krieges die deutsche Auffassung von dem kriegerischen Charakter der bewaffneten Kauffahrteischiffe zu eigen machen wird. Da indes der Staatssekretär Lansing offenbar die innere Berechtigung dieser Auffassung anerkennt, dürfte die Meinungsverschiedenheit kaum zum Kriege führen, vorausgesetzt, daß wir in jedem einzelnen Falle den Nachweis der Bewaffnung des versenkten Schiffes erbringen können. Sollte sich über die Beweisfrage keine Einigung erzielen lassen, so würde ein Bruch aller Wahrscheinlichkeit nach dadurch abzuwenden sein, daß die Einsetzung einer internationalen Untersuchungskommission gemäß dem dritten Titel des Haager Schiedsabkommens vom 18. Oktober 1907 vorgeschlagen wird. Unsere während der „Lusitania"-Verhandlungen gegebene Zusicherung, Passagierschiffe, die weder fliehen noch Widerstand leisten, nicht ohne Warnung und Rettung der Menschenleben anzugreifen, steht unserem Vorgehen nicht entgegen, da diese Zusicherung sich keinesfalls auf Passagierschiffe bezog, die auch zu Angriffszwecken bewaffnet sind. Indessen ist es notwendig, daß sich „Lusitania"-Fälle, auch wenn es sich um einen bewaffneten Liner handelt, nicht wiederholen. Ein neuer „Lusitania"-Fall bewirkt unter allen Umständen den Bruch mit Amerika. Ein strikter Befehl, daß Liners nicht versenkt werden, auch wenn sie bewaffnet sind, ist deshalb bis zur Verständigung mit Amerika unbedingt erforderlich. Den tatsächlichen Erfolg des Ubootkrieges wird ein solcher Befehl nicht entscheidend beeinträchtigen.

B. Der Vergeltungskrieg gegen feindliche Frachtschiffe im Seekriegsgebiete könnte mit der amerikanischen Regierung dann zu Weiterungen führen, wenn auf diesen Schiffen amerikanische Matrosen angeheuert oder amerikanische Güter verladen sind. Indes treten amerikanische Matrosen durch die Anheuerung auf einem feindlichen Frachtschiff in ein solches Abhängigkeitsverhältnis zum Flaggenstaate, daß sie an dem Geschicke des Schiffes wie feindliche Matrosen teilnehmen müssen; amerikanische Güter aber auf feindlichen Frachtschiffen können nach den Grundsätzen des Völkerrechts auch im Kreuzerkriege mit dem Schiffe zugleich versenkt werden, so daß die Umstände der Versenkung keinen Grund zur Beschwerde bieten. Übrigens haben wir der amerikanischen Regierung für das Seekriegsgebiet Zusicherungen nur hinsichtlich der Passagierschiffe gegeben, ohne daß sie die gleiche Zusicherung auch hinsichtlich der Frachtschiffe verlangt hätte; es ist daher unwahrscheinlich, daß sie nachträglich auf die Frachtschiffe zurückkommen sollte.

Gefährliche Verwickelungen mit Amerika werden dann entstehen, wenn unsere Unterseeboote bei der Zerstörung von Kauffahrteischiffen über die vorbezeichneten Grenzen dadurch hinausgehen, daß sie unbewaffnete Schiffe mit bewaffneten, Passagierdampfer mit Frachtdampfern, neutrale Schiffe mit feindlichen verwechseln und infolgedessen amerikanische Interessen verletzen. Einzelne wenige Fälle würden allerdings wohl durch Entschuldigung und Entschädigung beizulegen sein; häufigere Fälle dagegen würden zweifellos als absichtlich herbeigeführt angesehen werden und den Bruch zur sicheren Folge haben. Es erscheint daher, wenn dieser vermieden werden soll, unbedingt erforderlich, daß die den Unterseebooten erteilten Befehle den Ausschluß solcher Verwechselungen gewährleisten.

Was im vorstehenden von Amerika gesagt worden ist, gilt im wesentlichen auch von den übrigen neutralen Staaten, wenigstens für den Fall, daß ihre eigenen Schiffe wiederholt versehentlich versenkt werden sollten. Dagegen wird das gleiche nicht ohne weiteres anzunehmen sein, wenn ihre Angehörigen oder Güter auf feindlichen Schiffen zu Schaden kommen. Jedenfalls sind bisher entsprechende Reklamationen nicht oder doch nur mit geringem Nachdruck vorgebracht worden; allerdings steht dahin, ob es bei diesem Verhalten sein Bewenden behält, wenn es aus gleichem Anlaß mit Amerika zum Bruche kommen sollte.

Zu der Führung eines nach diesen Regeln zu führenden Ubootkrieges ist keinerlei Ankündigung notwendig. Er kann sofort befohlen werden und wird zusammen mit den auf den Landkriegsschauplätzen erhofften Taten nachhaltigere und für uns glücklichere Wirkungen haben als ein Ubootkrieg, der den Bruch mit der noch neutralen Welt zur Folge hat und uns damit aller Wahrscheinlichkeit nach nicht dem Siege, sondern dem Untergange entgegenführt.

Daß die bestehende Differenz über die bewaffneten Handelsschiffe zum Bruche mit Amerika führen sollte, ist nicht anzunehmen. Tut sie es doch, so ist das ein Schicksal, dem wir nicht entgehen können. Denn wegen der Laune des Präsidenten Wilson können wir nicht davon ab= gehen, die mit Angriffsbefehlen ausgerüsteten bewaffneten feind= lichen Handelsschiffe als Kriegsschiffe zu behandeln. Ein Nachgeben in diesem Punkte wäre nicht vereinbar mit unserer Würde und käme dem tatsächlichen Verzicht auf die Ubootwaffe gleich. Sollte der Bruch erfolgen, so ist der rücksichtslose Ubootkrieg gegen England und Amerika die Folge. Ob dann gleichzeitig auch die Absperrung Hollands und der skandinavischen Reiche gegen England erfolgen soll, kann nur unter Berücksichtigung der Modalitäten entschieden werden, unter denen der Bruch mit Amerika eintritt. Jedenfalls würde bei einem von Amerika provozierten Bruch unsere Lage gegen= über den übrigen Neutralen eine leichtere sein, als wenn der Bruch durch die Ansage des neuen unbeschränkten Ubootkrieges, die von allen betroffenen Neutralen als eine ihnen allen gleichmäßig geltende Herausforderung aufgefaßt werden würde, von uns herbeigeführt würde.

3. Telegramm des Reichskanzlers an den Botschafter Grafen Bernstorff vom 29. Januar 1917 über die Friedensvermittlung.

Berlin, 29. Januar 1917.

Bitte dem Präsidenten Dank Kaiserlicher Regierung für seine Mitteilung aussprechen. Wir bringen ihm volles Vertrauen entgegen und bitten ihn, dasselbe auch uns zu schenken. Deutschland ist bereit, die von ihm vertraulich angebotene Vermittelung zur Herbeiführung einer direkten Konferenz der Kriegführenden anzunehmen und wird seinen Verbündeten das Gleiche empfehlen. Wir bitten, unsere Annahme ebenso wie das Angebot ganz vertraulich zu behandeln. Öffentliche Bekanntgabe unserer Friedensbedingungen ist jetzt unmöglich, nachdem Entente Friedensbedingungen publiziert hat, die auf Entehrung und Vernichtung Deutschlands und seiner Bundesgenossen hinauslaufen und vom Präsidenten selbst als unmöglich bezeichnet werden. Als Bluff können wir sie nicht auffassen, da sie vollkommen mit den Reden übereinstimmen, die feindliche Machthaber nicht nur vorher, sondern auch nachher gehalten haben, und sich genau mit Zielen decken, um derentwillen Italien und Rumänien überhaupt in Krieg eingetreten sind, auch, was die Türkei anlangt, den von England und Frankreich vertraglich an Rußland gemachten Zusicherungen entsprechen. So lange diese Kriegsziele unserer Gegner öffentlich aufrecht erhalten werden, würde öffentliche Bekanntgabe unserer Friedensbedingungen als Zeichen nicht vorhandener Schwäche unvertretbar sein und nur zur Verlängerung des Krieges beitragen. Um Präsidenten Wilson einen Beweis unseres Ver-

Beilagen zu den stenographischen Berichten des Untersuchungsausschusses, 2. Unterausschuß, Nr. 1, Teil I, Diplomatischer Verkehr Berlin=Washington, S. 74—76.

trauens zu geben, teilen wir ihm, jedoch ganz ausschließlich für seine Person, hiermit die Bedingungen mit, unter denen wir bereit gewesen — wären — in Friedensverhandlungen einzutreten, falls die Entente unser Friedensangebot vom 12. Dezember v. J. angenommen hätte:

„Rückerstattung des von Frankreich besetzten Teils von Oberelsaß.

Gewinnung einer Deutschland und Polen gegen Rußland strategisch und wirtschaftlich sichernden Grenze.

Koloniale Restitution in Form einer Verständigung, die Deutschland einen seiner Bevölkerungszahl und der Bedeutung seiner wirtschaftlichen Interessen entsprechenden Kolonialbesitz sichert.

Rückgabe der von Deutschland besetzten französischen Gebiete unter Vorbehalt strategischer und wirtschaftlicher Grenzberichtigungen sowie finanzieller Kompensationen.

Wiederherstellung Belgiens unter bestimmten Garantien für die Sicherheit Deutschlands, welche durch Verhandlungen mit der Belgischen Regierung festzustellen wären.

Wirtschaftlicher und finanzieller Ausgleich auf der Grundlage des Austausches der beiderseits eroberten und im Friedensschluß zu restituierenden Gebiete.

Schadloshaltung der durch den Krieg geschädigten deutschen Unternehmungen und Privatpersonen.

Verzicht auf alle wirtschaftlichen Abmachungen und Maßnahmen, welche ein Hindernis für den normalen Handel und Verkehr nach Friedensschluß bilden würden, unter Abschluß entsprechender Handelsverträge.

Sicherstellung der Freiheit der Meere.

Die Friedensbedingungen unserer Verbündeten bewegten sich in Übereinstimmung mit unseren Anschauungen in gleichmäßigen Grenzen.

18*   275

Wir sind ferner bereit, auf der Basis der Senatsbotschaft des Präsidenten Wilson in die von ihm nach Beendigung des Krieges angestrebte internationale Konferenz einzutreten."

Euere Exzellenz wollen dem Präsidenten diese Mitteilungen bei Übergabe der Note über den verschärften Ubootkrieg machen und gleichzeitig folgendes bemerken:

Wenn sein Angebot nur wenige Tage vorher erfolgt wäre, hätten wir den Beginn des neuen Ubootkrieges vertagen können. Jetzt sei es hierzu trotz bester Dispositionen aus technischen Gründen leider zu spät, da umfassende militärische Vorbereitungen getroffen, die nicht mehr rückgängig zu machen, und Uboote mit neuen Instruktionen bereits ausgelaufen seien. Form und Inhalt der feindlichen Antwortnote auf unser Friedensangebot und die Note des Präsidenten seien derart schroff gewesen, daß wir angesichts des uns aufs neue angekündigten Kampfes auf Leben und Tod die Anwendung des besten zu schneller Kriegsbeendigung geeigneten Mittels nicht mehr hinausschieben und Verzicht darauf vor unserem eigenen Volke nicht hätten verantworten können.

Wie die Instruktion wegen verschärften Ubootkrieges ergibt, sind wir jederzeit bereit, den Bedürfnissen Amerikas nach aller Möglichkeit Rechnung zu tragen. Wir bäten den Präsidenten, seine Bemühungen trotzdem aufzunehmen respektive fortzusetzen, und erklärten uns zur Einstellung des verschärften Ubootkrieges bereit, sobald volle Sicherheit dafür geboten sei, daß die Bemühungen des Präsidenten zu einem für uns annehmbaren Frieden führen würden.

Namensregister

zu Band I und II.

Aehrenthal, Graf, österr. Minister I 3; II 243, 244.

Albert I., König v. Belgien I 110, 111.

Alexander, serb. Kronprinz I 121.

Asquith, engl. Ministerpräsident I 47, 55, 176, 178; II 79, 157, 268.

Barthou, französ. Minister I 38.

Bassermann, Abgeordneter I 33.

Bauer, Oberstlnt. II 231, 233, 234.

Begbie, Harold, Schriftsteller I 58, 106.

Benckendorff, Graf, russ. Botschafter in London I 66, 67, 68, 78, 80, 124, 144; II 73.

Benedikt XV., Papst II 211.

Berchthold, Graf, österr. Minister I 125; II 247, 251.

Berger v., Geh. Regierungsrat II 195.

Bernhardi, General v. I 22.

Bernstorff, Graf, deutscher Botschafter in Washington II 112, 113, 146, 148, 150, 155, 160, 162, 165, 274.

Beseler v., General II 93, 94, 98.

Bethmann-Hollweg v., Reichskanzler I 14, 32, 56, 82, 97, 141, 182; II 19, 22, 31, 34, 36, 43, 46, 48, 49, 52, 152.

Beyens, belgischer Gesandter I 111.

Bismarck, Fürst Otto v. I 20, 23, 85, 129, 130; II 87, 177, 178, 241, 242.

Boghitschewitsch, serb. Geschäftsträger II 252.

Bolsbeffre, franz. General II 82.

Bonar Law, englischer Minister I 55, 178; II 69, 156.

Bratianu, rumän. Minister II 267.

Briand, französ. Minister II 13, 156, 158, 206.

Brussilow, russ. General II 14.

Buchanan, Lord, engl. Botschafter in Petersburg I 121, 122, 149; II 104, 158.

Bülow, Fürst I 3, 14, 17; II 194, 241, 242.

Burian, Baron, österr. Minister II 151, 153, 265.

Cambon, Jules, französ. Botschafter in Berlin I 4, 29, 39, 104, 110, 111, 160.

Cambon, Paul, franz. Botschafter in London I 38, 63, 64, 68, 123, 144, 145, 160, 162, 172, 173; II 68, 72, 73, 79, 80, 248.

Capelle v., Staatssekretär der Marine II 224.

Carol I., König von Rumänien I 84.

Cassel, Ernest (engl. Finanzmann) I 49, 50.

Chamberlain, engl. Minister I 33.

Churchill, Winston, erster Lord der Admiralität I 47, 49.

Crewe, Lord, engl. Staatsmann I 55.

Czernin, Graf, österr. Minister II 99, 200, 201, 202, 203, 204, 205, 206, 224.

Delbrück, Clemens, v., Staatssekretär I 102.

Delbrück, Prof. Hans I 140.

Delcassé, französ. Minister I 4, 8.

„Diplomaticus" I 170.

Doumergue, französ. Minister II 78, 79.

Eduard VII., König von England I 3, 5, 8, 32, 181.

Eisner, Kurt, Sozialist I 137.

Erzberger, Abgeordneter II 224, 225, 227, 229, 230, 231.
de l'Escaille, belg. Gesandter in Petersburg I 124.

Falkenhayn, v., General I 156; II 42, 43, 44, 45, 46, 115, 116, 120, 131.
Fehrenbach, Abgeordneter II 233.
Franz Ferdinand, Erzherzog I 117, 118; II 247, 254.
Franz Joseph, Kaiser von Österreich I 115, 134, 135, 136; II 200.
Frederickßz, Graf, ruff. Hofminister II 99.
Friedrich Wilhelm, Kronprinz I 34; II 209, 221, 222, 234, 235, 237.

Georg V., König von England I 88, 147, 183; II 69, 70, 71, 75, 207, 250.
Gerard, amerikan. Botschafter in Berlin II 147, 148, 149, 150.
Giers v., ruff. Botschafter I 132.
Gladstone, engl. Premierminist. I 170.
Goluchowsky, Graf, österr. Minister II 243.
Goltz-Pascha, v.b., Feldmarschall I 88.
Goschen, Sir Edward, Botschafter I 45, 179, 180.
Grey, Sir Edward, engl. Minister I 7, 8, 31, 38, 46, 47, 49, 50, 54, 56, 57, 59, 60, 61, 63, 64, 65, 66, 67, 68, 80, 122, 123, 124, 125, 126, 127, 139, 142, 143, 144, 145, 155, 160, 163, 170, 171, 172, 173, 174, 175, 177, 182; II 66, 69, 70, 71, 72, 75, 78, 79, 80, 81, 157, 250.
Gruitsch, serb. Geschäftsträger II 68.
Gurko, ruff. General II 82.
Gutschkow, ruff. Parteiführer II 65.

Haldane, Lord, engl. Minister I 5, 47, 50, 52, 53, 54, 55, 58, 61, 62, 63, 126, 130, 181.
Hardinge, engl. Minister II 66.
Hartwig v., ruff. Gesandter in Belgrad I 116; II 251.
Heeringen, v., General I 100.

Helfferich, Staatssekretär II 192, 224, 233.
Henderson, engl. Minister II 156.
Heydebrand, v., Abgeordneter I 35; II 215.
Hindenburg, v., Generalfeldmarschall II 21, 28, 30, 43, 44, 45, 46, 47, 48, 49, 93, 94, 128, 129, 130, 131, 136, 137, 154, 218, 229, 231, 235.
Hogge, Unterhausmitglied I 177.
Hohenlohe, Fürst Chlodwig, v., Reichskanzler II 87.
Holtzendorff, v., Admiralstabschef II 114, 117, 118, 260, 261.
House, amerikan. Oberst II 112, 147.

Iswolski, ruff. Minister I 3, 80; II 65, 67, 69, 78, 79, 243, 244, 245, 248, 250.

Jagow, v., Staatssekretär I 62, 135, 138, 139, 145, 153, 180.
Januschkewitsch, ruff. General I 148; II 75.
Jaurès, französ. Sozialist I 42.
Joffre, französ. Marschall II 157.

Kämpf, Dr., Reichstagspräsident II 189.
Karl, Kaiser von Österreich II 184, 200, 202, 205.
Kaunitz, Fürst I 110.
Kerenski, ruff. Parteiführer II 198, 207.
Kiderlen-Waechter, v., Staatssekretär I 30, 36, 74, 76, 77, 99; II 249.
Kokowzow, ruff. Ministerpräsident I 88, 89; II 76.
Komarow-Kurloff, ruff. General II 100.
Kossitsch, Schriftsteller II 247.
Kosutitsch, serb. Gesandter in Petersburg II 65, 67.

Lambsdorff, Graf, ruff. Minister II 243.
Landen, Baron von der, deutscher Diplomat II 206.

278

Lansdowne, Lord, engl. Staats;
mann I 55, 178.
Lansing, amerikan. Staatssekretär II
270.
Lascelles, Sir Frank, engl. Bot;
schafter in Berlin I 45.
Lichnowsky, Fürst, dt. Botschafter
I 67, 123, 170, 172, 173, 182.
Liman-Sanders, v., General I 67,
90; II 75, 76.
Loyd George, engl. Minister I 30,
31, 47, 49, 64, 107, 177; II 102,
105, 129, 149, 152, 156, 158, 207.
Loebell, v., Minister II 184, 194, 195.
Loreburn, Lord, engl. Politiker II 80.
Ludendorff, General II 8, 21, 28, 30,
43, 45, 47, 48, 49, 50, 51, 52, 53,
93, 94, 98, 128, 129, 131, 135,
163, 191, 206, 218, 228, 229, 231,
232, 233, 234, 235.

Mac Cumber, amerikan. Senator II
163, 164.
Mandl, Schriftsteller II 64, 245, 246,
247.
Margerie, de, französ. Diplomat II 79.
Marschall von Bieberstein, Freiherr,
Botschafter I 76.
Marschall, v., Oberst II 235.
Max v. Baden, Prinz, Reichskanz;
ler I 108.
Michaelis, Reichskanzler II 236.
Miljukow, russ. Abgeordneter und
Minister II 96, 103, 196, 207.
Milner, Lord, engl. Staatsmann
II 105.
Milowanowitsch, serb. Minister des
Auswärtigen II 65, 66, 245.
Moltke, v., Generalstabschef I 100,
110, 156, 167.
Mossolow, russ. General, Kabinetts;
chef II 99.

Nietzsche, Fr. I 22.
Nikolai Nikolajewitsch, russ. Groß;
fürst I 79; II 96, 157.
Nikolaus I., Zar I 133.
Nikolaus II., Zar I 78, 79, 81, 87, 88,
89, 90, 91, 120, 121, 132, 141, 145,
147, 148, 150, 151, 154, 155, 156,
162; II 66, 67, 69, 72, 77, 78,
82, 98, 99, 100, 101, 102, 104,
105, 106, 157, 196, 197, 248, 250,
255.

Oliver, F. S., engl. Schriftsteller
I 181.
Osten-Sacken, Graf, russ. Botschaf;
ter I 3.

Pacelli, päpstlicher Nuntius II 55,
154, 210, 213, 214.
Palmerston, Lord, engl. Premier;
minister I 170.
Paschitsch, serb. Ministerpräsident
II 66, 245, 247, 252, 254, 255.
Payer, von, Abgeordneter II 230,
232.
Pétain, franz. General II 207.
Peter, König von Serbien II 66, 245.
Poincaré, Präsident von Frankreich
I 37, 38, 39, 41, 42, 49, 80, 122,
128, 159, 161; II 69, 70, 71, 73,
248, 250.
Pokrowski, Prof. M., russ. Schrift;
steller II 75, 76.
Pokrowsky, russ. Minister II 156.
Popowitsch, serb. Gesandter II 66.
Pourtalès, Graf, deutsch. Botschaf;
ter in Petersburg I 89, 119, 148,
149.
Prinetti, italien. Minister I 10.
Protitsch, serb. Parteiführer II 65,
246.
Protopopow, Vicepräsident der russ.
Duma II 94, 100, 101.

Reinach, französ. Politiker I 111.
Ribot, französ. Minister II 206, 207.
Runciman, engl. Staatsmann II
262.

Salisbury, Lord, engl. Minister;
präsident I 170; II 241.
Samuel, Sir Herbert, engl. Staats;
mann I 177.

San Giuliano, Marchese, italien. Minister I 75.

Sassonow, ruff. Minister I 66, 67, 68, 77, 79, 80, 86, 88, 89, 90, 91, 119, 120, 121, 122, 123, 132, 133, 141, 148, 149, 150, 151, 152, 154, 159; II 65, 68, 69, 72, 73, 75, 76, 77, 79, 96, 101, 102, 103, 105, 242, 249, 250, 254, 255, 268.

Schäfer, Dietrich, Professor II 98.

Schiemann, Prof. I 110.

Schlieffen, Graf, Generalstabschef II 7.

Schoen, v., bayer. Geschäftsträger I 137.

Schoen, Baron v., Botschafter I 161, 162, 163.

Schorlemer, Freiherr v., Landwirtschaftsminister II 194.

Sixtus, Prinz von Parma II 55, 198, 205, 206.

Sonnino, italien. Minister II 156.

Sosnosky, Th., Schriftsteller II 246, 252.

Suchomlinow, ruff. Kriegsminister I 42, 92, 147, 148.

Stein, v., Kriegsminister II 227, 234.

Stone, amerikan. Senator II 145.

Stresemann, Abgeordneter II 231.

Stürmer, ruff. Minister II 95, 101, 102, 103, 104.

Südekum, Abgeordneter II 232.

Swerbejew, ruff. Botschafter in Berlin I 153.

Szögenyi, Graf, österr. Botschafter in Berlin I 134, 136, 137, 138, 139.

Tirpitz, v., Großadmiral I 51, 53, 101; II 114, 120, 121, 124, 217, 261.

Trott zu Solz, v. Kultusminister II 194.

Tscharikow, ruff. Botschafter I 132.

Tschirschky, v., deutscher Botschafter in Wien I 138.

Uebersberger, Schriftsteller I 116.

Valentini, v., Chef des Zivilkabinetts II 21.

Vesnitsch, serb. Gesandter II 65.

Viktor Emanuel III., König von Italien I 75.

Visconti-Venosta, italien. Staatsmann I 10.

Viviani, franzöf. Minister I 159, 161, 162, 163.

Wahnschaffe, Unterstaatssekretär II 51, 191, 218, 232, 233.

Wangenheim, v., dt. Botschafter in Konstantinopel I 132.

Westarp, Graf, Abgeordneter II 225.

Wilhelm II., I 12, 13, 14, 32, 34, 37, 45, 48, 49, 51, 53, 75, 82, 88, 100, 110, 111, 112, 133, 134, 135, 136, 145, 146, 154, 156, 162, 182, 183; II 8, 18, 19, 20, 21, 22, 23, 24, 25, 31, 39, 44, 46, 48, 52, 59, 82, 114, 119, 120, 123, 124, 131, 135, 137, 138, 152, 171, 182, 183, 184, 185, 186, 188, 189, 190, 192, 193, 202, 209, 211, 213, 219, 220, 221, 222, 227, 228, 229, 234, 235, 236.

Wilson, Präsident der Ver. Staaten I 104, 164, 196; II 54, 110, 111, 112, 129, 130, 134, 137, 143, 144, 145, 146, 147, 148, 150, 153, 155, 157, 158, 159, 160, 162, 163, 164, 165, 184, 189, 273, 274, 276.

Winterfeldt, v., Militärattaché I 40.

Wolff-Metternich, Graf, Botschafter I 31, 49, 61.

Zimmermann, Unterstaatssekretär I 135.

Zita, Kaiserin von Österreich II 200.

280